本书系北京市中国特色社会主义理论体系研究中心重点项目《法治中国研究》（ZT2014005）、国家社科基金2014年重大项目（第三批）《完善以宪法为核心的中国特色社会主义法律体系研究》（14ZDC008）和马克思主义理论研究和建设工程重大项目《全面推进依法治国重大现实问题研究》（2015MZD042）成果。

智库丛书 Think Tank Series
国家发展与战略丛书
人大国发院智库丛书

中国法治的道路与特色

The Path and Characteristics for Rule of Law in China

冯玉军 著

中国社会科学出版社

图书在版编目(CIP)数据

中国法治的道路与特色/冯玉军著. —北京：中国社会科学出版社，2017.6（2022.9重印）

（国家发展与战略丛书）

ISBN 978-7-5203-0559-4

Ⅰ.①中… Ⅱ.①冯… Ⅲ.①法治—研究—中国 Ⅳ.①D920.4

中国版本图书馆CIP数据核字（2017）第126299号

出 版 人	赵剑英
责任编辑	王 茵　李溪鹏
责任校对	石春梅
责任印制	王 超

出　　版	中国社会科学出版社
社　　址	北京鼓楼西大街甲158号
邮　　编	100720
网　　址	http://www.csspw.cn
发 行 部	010-84083685
门 市 部	010-84029450
经　　销	新华书店及其他书店
印　　刷	北京君升印刷有限公司
装　　订	廊坊市广阳区广增装订厂
版　　次	2017年6月第1版
印　　次	2022年9月第2次印刷
开　　本	710×1000　1/16
印　　张	25.5
插　　页	2
字　　数	273千字
定　　价	99.00元

凡购买中国社会科学出版社图书，如有质量问题请与本社营销中心联系调换
电话：010-84083683
版权所有　侵权必究

目 录

序言　充满希望的法治中国 …………………………………… (1)

第一章　中西法律文化比较 ………………………………… (1)

　第一节　中国文明的特质与中华法系 ……………………… (2)

　　一　中国文明的特质 ……………………………………… (2)

　　二　中华法系的形成 ……………………………………… (16)

　　三　中华法系的特征及影响 ……………………………… (19)

　第二节　道德、法律、宗教三元互补与社会和谐稳定 …… (26)

　　一　基本范畴 ……………………………………………… (26)

　　二　法律与道德的关系 …………………………………… (29)

　　三　法律（国法）与宗教（教规）的关系 …………… (34)

　　四　法律、道德、宗教三元互补、内在联系的社会稳定

　　　　结构 …………………………………………………… (44)

　第三节　儒释道思想影响下的中国法律文化 ……………… (49)

　　一　儒家思想影响下的中国法律文化 …………………… (49)

　　二　道家思想对中国法律文化的影响 …………………… (69)

　　三　佛教思想对中国法律文化的影响 …………………… (75)

第四节　中西法律文化的各自象征：獬豸 VS 正义女神 …… (81)
　　一　中国古代法律的象征——獬豸 ……………………… (81)
　　二　西方法律文化的象征——正义女神 ………………… (88)
　　三　獬豸和正义女神的历史价值和现实意义 …………… (90)
第五节　中西法律文化的综合比较：统而有序 VS 散而民主 ………………………………………………… (92)
　　一　西方法律文化的基本特点 …………………………… (92)
　　二　中西法律文化的差异性比较：认识路径与治理方法 ……………………………………………………… (97)
　　三　中西法律文化的共通性比较：法治悖论与矛盾发展 ……………………………………………………… (122)
　　四　小结：统而有序的中国法律文化 VS 散而民主的西方法律文化 ………………………………………… (126)

第二章　中西法治模式比较 ……………………………… (129)

第一节　中国与西方"法治"历史阐释的对立与超越 …… (129)
　　一　问题的提出：后发国家"法治"窘境之解读 ……… (129)
　　二　西方历史哲学的神话：从维柯到雅斯贝斯 ………… (134)
　　三　进步/停滞的历史"幻象"与法治启蒙话语 ……… (145)
　　四　中国法治的"古今中外"问题与历史反思 ………… (153)
　　五　超越全球化与本土化的东亚文明发展之路 ………… (162)
第二节　世界法治的一般性与中国法治的特殊性 ………… (167)
　　一　世界法治的一般性研究 ……………………………… (167)

二　中国法治的特殊性研究 …………………………………（173）

第三节　英法德美日新六国法治模式比较 …………………………（175）

　　一　英国的"法律至上"法治模式 …………………………（176）

　　二　法国的"公选公决"法治模式 …………………………（184）

　　三　德国的"法治国"法治模式 ……………………………（188）

　　四　美国的"宪政分权"法治模式 …………………………（192）

　　五　日本的法治模式 …………………………………………（201）

　　六　新加坡的法治模式 ………………………………………（205）

第三章　中国法治的现代发展 …………………………………（211）

第一节　法制现代化与发展理论 ……………………………………（211）

　　一　法制现代化释义 …………………………………………（211）

　　二　法制现代化的基本模式 …………………………………（217）

　　三　法治意识形态的时空叙事 ………………………………（222）

第二节　中国法治发展的历史道路及其特征 ………………………（234）

　　一　中国现代法制的起步 ……………………………………（234）

　　二　中国法治的现代发展及其特征 …………………………（241）

第三节　当代中国社会主义法治的发展 ……………………………（247）

　　一　社会主义法治的恢复建设期（1978—1996年）…（247）

　　二　社会主义法治的快速发展期（1997—2011年）…（253）

　　三　全面依法治国的新时期（2012年至今） ……………（264）

　　四　新时期法治发展的必然性分析 …………………………（268）

第四章 中国特色社会主义法治道路与法治体系 （270）

第一节 法治靠得住 （272）
一 人治好还是法治好？ （272）
二 从法制到法治 （275）

第二节 坚持中国特色社会主义法治道路 （281）
一 党的领导是社会主义法治最根本的保证 （282）
二 中国特色社会主义制度是法治的根本制度保障 （288）
三 中国特色社会主义法治理论是法治的行动指南 （293）

第三节 建设中国特色社会主义法治体系 （309）
一 完备的法律规范体系 （310）
二 高效的法治实施体系 （319）
三 严密的法治监督体系 （324）
四 有力的法治保障体系 （327）
五 完善的党内法规体系 （331）

第四节 全面依法治国的基本格局 （337）
一 坚持依法治国、依法执政、依法行政共同推进 （337）
二 坚持法治国家、法治政府、法治社会一体建设 （339）
三 实现科学立法、严格执法、公正司法、全民守法 （341）

第五章 中国法治的模式特征和法治中国实现 （346）

第一节 中国法治的模式特征 （346）
一 协商型法治 （347）

二　权力主导型法治 …………………………………… (352)

　　三　意识形态型法治 …………………………………… (358)

　　四　建构型法治 ………………………………………… (363)

　　五　混合型法治 ………………………………………… (367)

　　六　开放型法治 ………………………………………… (371)

　　七　渐进型法治 ………………………………………… (373)

　　八　学习型法治 ………………………………………… (378)

第二节　法治中国的实现原则 ……………………………… (382)

　　一　坚持中国共产党的领导 …………………………… (383)

　　二　坚持人民主体地位 ………………………………… (384)

　　三　坚持法律面前人人平等 …………………………… (385)

　　四　坚持依法治国和以德治国相结合 ………………… (386)

　　五　坚持从中国实际出发 ……………………………… (387)

第三节　结语 ………………………………………………… (388)

序　言

充满希望的法治中国

冯玉军

从 1978 年年底至今，中国共产党推行的改革开放已经快 40 年了，在这个崭新的时期，中国的法治发展同经济社会领域一样，都取得了令世人瞩目的巨大成就。可以说尽享"后发"优势，创造了"中国奇迹"。在此之际，回顾法制改革的不平凡历程，总结法治中国建设的模式特征，反思从实然的"中国法治"前进到应然的"法治中国"过程中的困难与挑战，对全面推进依法治国进行战略性前瞻，最终建成既体现人类民主法治普世价值，又具有中国历史文化特色，实现国家治理体系（良法）和治理能力（善治）现代化，无疑有着十分突出的理论价值和实践意义。

一　法治在中国的理论价值

法治是一个伟大的名词。

法治是人类文明演进的制度成果，凝结了全人类而不只是西方的自由主义智慧。它是迄今人类为驯服政治国家权力所找到的最有力的武器之一。正是借助于民主和法治，人类政治文明才迈上一个新的台阶。

法治是人类走向未来的自由标尺，体现了人类共识和普世价值。根据古希腊思想家亚里士多德的经典论述，"法治"包括两重含义："已成立的法律获得普遍的服从，而大家所服从的法律又应该本身是制定的良好的法律。"就现代社会来说，法治内在地蕴含着人民主权、国家尊重和保障人权、法律面前人人平等、权力受到有效制约等价值理念，并通过立法、执法、司法以及人权保障等诸方面的相关制度设计展现出来。这种内容与形式相统一的法治，就是"良法之治"。

法治是维护公平正义、实现经济社会稳定发展的基本治国方略，是中国治国理政经验和教训的总结，是建设中国特色社会主义的必然选择。推进国家治理体系和治理能力现代化的关键，就是依法善治。即把法治理念、法治精神贯穿到政治、经济、文化、社会和生态建设之中，从上到下形成良好的法律意识、法律文化，树立坚定的法律信仰、法律意志，将社会主义核心价值观融入法治体系，不断促进国家利益和公共利益的最大化，实现富强、民主、文明、和谐的现代化建设目标。

人民共和国治国理论的理论探索，是围绕着科学、民主、人权、法治这些基本范畴展开的。作为人类进步发展的价值追求，科学、民主、人权、法治彼此联系，不可分割。要科学就得讲民主，要民主就得讲人权，要人权就得讲法治，这似乎是人类社会从必然王国向自由王国前进的必由之路，但是这条道路的具体形态，在不同的地区、不同的民族和国度是不相同的，甚至是很不相同的，人们必须经过反复的实践探索才能找到适合自己的理论模式和具体的现实途径。在中国共产党的领导下，中国人民经过28年的艰苦斗争取得了政权，又经过新中国成立后的艰辛实践和探索，终于找到了一条适合自己的道路，这就是坚定不移地走中国特色社会主义道路，认真学习和实践科学发展观，坚持党的领导、人民民主与依法治国的辩证统一。这是中国特色社会主义民主法治理论的核心，也是马克思主义法学理论中国化的精髓。

中国民主政治建设取得的成就举世瞩目，人权保护与法律治理水平的提高使中国赢得期待。抚今追昔，中国的民主法治虽然起步很晚，步履维艰，但是起点高、发展迅速，我们的社会主义法律体系已经形成，司法、执法的各项制度渐趋完善。"依法治国，建设社会主义法治国家"已经写入我国根本大法当中，开辟了我国法治的新时代。依法治国、执法为民、公平正义、尊重人权、权力受到有效制约等法治理念也成为中华民族共同体的基本共识和共同分享的价值。在占世界人口1/5的中国进行的民主政治建设是世界政治进步的重要组成部分，中国的法治所取得的成就是对世界和谐文明发展的一大贡献。

当然，从民主法制建设上的一穷二白，到建设成中国特色社会主义法治国家，还有很长的路要走，还需要一代又一代的法律人和全体公民一道艰苦努力、不懈探索、解放思想、与时俱进。为此，我们还要在全体人民中进行遵守宪法和法律的教育，普及法律常识，强化责任意识，增强民主法治观念和人权观念，使人们懂得公民的权利和义务,懂得与自己工作和生活有关的法律,依法办事,依法律己,依法维护自身的合法权益,善于运用法律武器同违法犯罪行为做斗争。要建立健全有关的法律、法规和制度,依法加强对社会生活各个方面的管理,制裁和打击危害社会的不法行为,执法必严,违法必究。

一个现代化的国家必然是法治国家。一个富强、民主、和谐的法治国家必然是人民安居乐业、诚信守德的国家。回首新中国成立以来的光辉成就:在物质文明建设方面,我们实行了社会主义市场经济,通过改革开放,使社会生产力得到空前解放,综合国力显著提高;在精神文明建设领域,我们大力弘扬社会主义文化的主旋律,建立健全了社会主义法律体系,积极推进了民主政治建设,反对人治,厉行法治,社会公众的法律意识与守法观念明显增强。展望未来,我们更是要把改革取得巨大成就而激发出来的满腔热情转化到实际工作中去,一方面要大力加强法治建设,从实现人的全面发展的高度,更好地用法律保护人、尊重人、规范人;另一方面,又要继续鼓励和弘扬公民的爱国热情,发扬我们民族的优良道德传统,不断提高人们的道德素养和法律意识、法律文化,并将之转化为建设社会主义现代化的不竭动力,以最终实现21世纪中华民族的伟大复兴。

二 中国法制改革的历史意义

当代中国的法治建设,以党的十一届三中全会为分界点,经历了两个历史发展时期。从1949年到1978年的前28年，大致包括三个阶段：

（1）1949—1956年，新中国法制初创阶段。以"五四宪法"、《惩治反革命条例》等法律文件为标志，体现了百废待兴和巩固无产阶级专政的时代需要。虽然确立了社会主义制度的"四梁八柱"，有了基本的立法，如1950年《婚姻法》、1951年《惩治反革命条例》、1954年《宪法》等，但是总体特点是专政的法律多，民商经济法很少，移植借鉴苏联的立法多，对中国传统法律文化和西方法律文化采取了一刀切的否定态度。

（2）1957—1966年，法制建设相对停滞阶段。尽管在1961年中央先后出台了工业70条、农业60条、商业40条、手工业35条等政策法规，但是"左倾"错误也在不断滋长。"大跃进""反右"等一系列政治运动，使得共和国法制建设停滞不前。

（3）1966—1976年，民主法治被彻底破坏阶段。也是"无法无天"的十年，给国家、社会和公民造成了极大伤害。公检法机关被统统砸烂，人民代表大会及其常委会的功能、职责被废掉了。以阶级斗争为纲，"造反有理、革命无罪"和"文攻武卫"等极"左"思想和话语甚嚣尘上，实际上既无民主又无法制，整个国家经历了大的劫难。

改革开放至今，也可分为三个阶段：

（1）1978—1996年，民主法制恢复建设阶段。以制定1982年《宪法》和《民法通则》《刑法》《刑事诉讼法》为标志，制定了一系列重要法律，推进了一系列法制变革，重建了社会管理秩序，保障了基本人权和民主，确定了建立社会主义市场经济法律体系的战略取向，初步实现了社会治理的法律化、制度化。

（2）1997—2011年，依法治国方略确立和社会主义法治初步发展阶段。党的十四大确立了"社会主义市场经济"。1997年，中国共产党的第十五次代表大会正式将"依法治国，建设社会主义法治国家"作为治国基本方略和奋斗目标确定下来。现代法治的民主、人权保障、司法独立、程序公正等原则，在法律制度中开始得到体现，法律的权威越来越得到执政党和广大机关的维护和尊重。以确立依法治国，建设社会主义法治国家为治国基本方略和加入世界贸易组织为标志，开启了全球化条件下深层次法治改革。法律价值成为国民精神和国家形象的重要元素，法律权威日益受到执政党和国家机关的维护和尊重，法治原则（如保障人权、限制公权、程序公正等）在法律体系建构和法律实施中得到体现。

（3）2012年至今，全面推进依法治国、加快建设法治中国的新阶段，党的十八大特别是十八届三中、四中全会对我国法制改革和法治建设做出了全面战略部署。

2012年11月，党的十八大在布置全面建设小康社会这个总任务的同时，要求"全面推进依法治国，加快建设社会主义法治国家"。党的十八大报告以全面建成小康社会为目标，重点强调了全面推进依法治国问题；十八届三中全会决定号召全面深化改革，由点到面地阐述了推进法治中国建设的基本内容；十八届四中全会由点、线再到面、体，科学规定了全面依法治国的基本原则、工作布局和重点任务；十八届五中全会则聚焦法治经济、法治社会建设特别是法治政府的基本建成问题，由静态到动态，由总体战略布局到分解任务、贯彻执行，描画了建成小康社会的战略目标进入决胜阶段的具体任务和法治路线图。

综合起来看，这四次会议和四份重要文件之间在精神上高度一致，内容上相辅相成，其中全面建设小康社会是总目标，全面深化改革和全面推进依法治国就好比是全面建设小康社会的车之两轮、鸟之两翼，而全面推进依法治国是前两个全面建设的重要保证。整体构成当代中国法治建设与理论探索的重大突破，揭开了建设社会主义法治国家的新篇章。

客观分析新中国成立六十多年来中国政治文明进程和法律话语的变迁，从人治到法治、从强调专政统治到强调"依法治国，建设社会主义法治国家"，彰显了法治作为现代国家治理基本框架的重要作用，体现出当代中国国家治理观念和治理方式的深刻转向。党的十一届三中全会提出"发扬社会主义民主，健全社会主义法制"，为法治发展奠定了关键基础；党的十五大报告提出的"依法治国，建设社会主义法治国家"，使法治的地位得到空前提升。2012年党的十八大做出了全面推进依法治国的战略部署，十八届三中全会进一步把"完善和发展中国特色社会主义制度，推进国家治理体系和治理能力现代化"当作全面深化改革的总目标，强调"建设法治中国，必须坚持依法治国、依法执政、依法行政共同推进，坚持法治国家、法治政府、法治社会一体建设"，这是当代中国社会主义法治建设史上的第三次重大突破，揭开了中国法治建设的新篇章。

三　从中国法治到法治中国

"法治中国"是法治国家的升级版、创新版。它既是对过去法治建设经验的深刻总结，又是对未来法治建设目标的科学定位。既尊重法治发展的普遍规律，又联系现实国情民意，是法治一般原理与中国法治实践紧密结合后在法治道路、法治理论、法治制度上进行创造性转换的产物。在这个语词表述中，"法治"是普遍性概念，"中国"是特殊性概念，二者相结合，反映出"中国特色社会主义法治国家"建设理论与实践的深刻性、复杂性。它特别强调解决中国当下的现实问题，强调深刻理解中国国情的问题意识与主体性，强调现代化建设的中国模式和中国经验，强调建设中国特色社会主义的理论自信、制度自信、道路自信。对打造中国法治模式、探明法治路径、振奋中国精神、增强民族凝聚力、开创中国法治建设的新局面意义深远。

英国哲学家伯特兰·罗素在1928年所著《怀疑论》中曾说过："中国是一切规则的例外。"也有人转述黑格尔曾说："中国是一切例外的例外，西方的逻辑一到中国就行不通了。"我们且不去管他是否在刻意贬低中国，他至少提醒我们，在中国进行法治建设，其困难不是构建西方式法治的困难。由于问题、语境和背景的"例外"，中国既无必要也不可能建成西方式的法治，而只能建成中国式的法治，也即法治中国。

法治中国建设蕴含着为实现法治中国梦而努力奋斗的历史责任

和神圣使命，是实现几代中国人矢志追求的民主法治理想的紧迫要求。从实然的"中国法治"前进到应然的"法治中国"，尽管其面临许许多多的困难与挑战，具体内容也会随着时代发展而有所增益，但它必然会体现中国特色社会主义的本质要求，体现改革开放和现代化建设的时代要求，体现结构内在统一而又多层次的国情要求，体现继承中国法制文化优秀传统和借鉴人类法制文明成果的文化要求，体现动态、开放、与时俱进的发展要求，体现巩固国家长治久安、确保人民安居乐业、维护社会公平正义、全面建成小康社会的目标要求。

法治中国建设以扬弃良法善治精神为前提，将社会主义核心价值观融入法治体系，有利于实现从管理向治理的根本转变，做到治理水平与大国地位同步提升，推进改革发展稳定协调并进。法治是治理的载体、方式和必备要件，法治所蕴含的良法价值追求与治理相得益彰。无论是政党治理、政府治理，还是社会治理，法治都发挥着无可替代的重要功能。正是在这个意义上说，法治中国与富强中国、民主中国、文明中国、和谐中国、美丽中国、平安中国相辅相成，共同编织成全面建成小康社会的美好奋斗愿景。

在今天这样一个不断变革的社会环境下，面向现代化、面向世界、面向未来，法治建设的每一个小的进步都将带动整个社会大步向前，我们整体的制度构架，在这个过程中，也都会更趋科学和稳定，实现社会经济的科学发展。坚持不懈地推动民主法治进步的责任，坚定不移地建设富强民主文明和谐的社会主义现代化国家的责任落在党领导下的全体国民肩上。全面推进依法治国也一定会继续为保障社会稳定和谐发挥更大的作用。

古人云:"立善法于天下,则天下治;立善法于一国,则一国治。"放在今天解读这句话,就是我们能在党的坚强领导下,坚持走中国特色社会主义法治道路,不断完善中国特色社会主义法治体系,最终建成法治中国,使之既体现人类民主法治普世价值,又具有中国历史文化特色;既体现"良法"品格,又涵摄"善治"精髓,实现国家治理的现代化、法治化,最终为世界各国信赖,人民向往,具有先进性、文明性和可借鉴性,才能在国家竞争中立于不败之地,让中华民族在未来傲然屹立于世界民族之林。

展望未来,我们确实更加充满希望!

第一章

中西法律文化比较

> 法治优于一人之治。法治应该包含两重含义：已制定的法律获得普遍服从，而大家所服从的法律又应该本身是制定得良好的法律。
>
> ——亚里士多德《政治学》

> 道之以政，齐之以刑，民免而无耻；道之以德，齐之以礼，有耻且格。
>
> ——孔子《论语》

从东西方两位圣贤的隽永格言中，我们似乎看到了东西方国家与社会治理的思维差异，几千年治理的实践也大有区别。下面我们从中国文明的特质、中华法系的形成、中国传统法律文化与西方法律文化的主要区别、中西方法治模式的差异角度做较为深入的分析。

第一节　中国文明的特质与中华法系

党的十八届四中全会提出了全面推进依法治国的总目标，并指出，"汲取中华法律文化精华，借鉴国外法治有益经验，但决不照搬外国法治理念和模式"。习近平总书记曾强调，要治理好今天的中国，需要对中国历史和传统文化有深入了解。毫无疑问，法治作为治国理政和社会调整的基本方式，应从历史和传统中汲取养分，亦可从文明的养成与演变中一窥现实法治的内在机理。

一　中国文明的特质

（一）中华思想文化的相关研究

关于中国文明的特质，著名文化思想史专家冯天瑜总结了四个方面。[①]

其一，人文传统。有别于其他重自然（如希腊）或超自然（如印度、希伯来）的文化类型，中国文化自成一种"敬鬼神而远之"的重人生、讲入世的人文传统，人被推尊到很高地位，所谓"人为万物之灵"，"人与天地参"，将人与天地等量齐观，这使中国避免陷入欧洲中世纪那样的宗教迷狂，而发展出一种平实的经验理性。

[①] 参见冯天瑜《中国文化：生态与特质》，《中国文化研究》1994 年秋之卷（总第 5 期）。

在中国繁衍的各种宗教也熏染上厚重的人文色彩。当然，中国的"重人"，并非尊重个人价值和个人的自由发展，而是将个体融类群，强调人对宗族和国家的义务，构成一种宗法集体主义的人学，与文艺复兴开始在西方勃兴的以个性解放为旗帜的人文主义分属不同范畴。

其二，伦理中心。由氏族社会遗留下来，又在文明时代得到发展的宗法传统，使中国一向高度重视伦常规范和道德教化，从而形成以"求善"为旨趣的"伦理型文化"，同希腊以"求真"为目标的"科学型文化"各成一格。科学型文化对宇宙论、认识论与道德论分别做纵向研究，本体论和认识论得到充分发展；而伦理型的中国文化，不讲或少讲脱离伦常的智慧，齐家、治国、平天下皆以"修身为本"，伦理成为出发点和归结点。以至中国文学突出强调"教化"功能，史学以"寓褒贬，别善恶"为宗旨，教育以德育统御智育，人生追求则以"贱利贵义"为价值取向。

其三，中庸协和。崇尚中庸，是安居一处，以稳定平和为旨趣的农业自然经济和宗法社会培育的人群心态。"极高明而道中庸"，"执其两端而用其中于民"，显示出中国式智慧的特征。这种中庸之道施之于政治，是裁抑豪强，均平田产、权利，从而扩大农业—宗法社会的基础；施之于文化，则是在多种文化相汇时，异中求同，万流共包；施之于风俗，便是不偏颇，不怨尤，内外兼顾；奉行中庸的理想人格，则是执两用中，温良谦和的君子风。尚调和、主平衡的中庸之道是一种顺从自然节律的精神，它肯定变易，又认同"圆道"，这显然是农耕民族从农业生产由播种、生长到收获这一周而复始现象中得到的启示。五行相生相克学说描述的封闭式循环序列，便是这种思维方式的概括。

其四，延绵韧性。中国文化是从"农业—宗法"社会的土壤生长出来的伦理型文化。农业—宗法社会提供一种坚韧的传统力量，伦理型范式造成顽强的习惯定式，而先秦已经形成的"自强不息"和"厚德载物"精神，使中国文化的认同力和适应力双强。"认同"使中国文化具有内聚力，保持自身传统；"适应"使中国文化顺应时势变迁，不断调节发展轨迹，并汲纳异域英华，如此，中国文化方具备无与伦比的延续性。

还有一种理论是借用了耗散结构理论将中国传统社会看成一种超稳定封闭系统，从而佐证/反思中国文化和中国社会的自足性、封闭性。在金观涛、刘青峰的眼中：中国具有举世无双的，连绵不断3000多年的辉煌历史，这与中国传统社会的超稳定结构密切相关。[1] 回顾中国历史，可以发现其中的统计性规律，它可以分为长周期、短周期和分裂混战三大类。如表1—1所示。

表1—1　　　　中国传统社会超稳定结构分期分析表

长周期（年）	西周（276）	汉（231+196）		唐（290）	北宋（168）	明（277）	清（296）
分裂混战（年）	春秋战国（550）	三国（61）	东晋南北朝（274）	五代（54）	南宋（153）		
短周期（年）	秦（16）	西晋（53）	隋（38）		元（163）		

---

[1] 参见金观涛、刘青峰《兴盛与危机——论中国封建社会的超稳定结构》，湖南人民出版社1984年版。

他们借鉴了 20 世纪上半叶的哲学家柏格森（Henri Bergson，1859—1941）提出的封闭社会和开放社会之说（其特点各是暴力统治和个性自由）和普里戈金（I. Ilya Prigogine）的耗散结构理论。后者指出为避免封闭系统中必然出现的熵值和无序增大，系统趋于崩溃的结果，只有使系统开放和远离平衡，并且当该系统与外界环境交换物质和能量达到某个一定的阈值时，通过能量耗散过程和内部的非线性动力学机制，才能形成和维持宏观的时空有序结构。[①] 他们指出，应用耗散结构理论分析社会和历史可以得到一些非常具有启发意义的结论。任何领导集团，如果封闭起来，就必然年龄老化、思想僵化、作风懒化、生活腐化。熵值不断增大，最后趋于无序、混乱和崩溃。专制君主制度天下家传，就是在统治国家这种重大问题上仅仅孤立于父子这个极小的系统中。这不仅造成各种野心家为了争夺最高统治权，而产生种种阴谋诡计、明争暗斗；产生苏丹国为防止老苏丹去世后的混战而采取的极端残酷的制度，对诸子立一杀百。中国历代王朝都存在立太子的两难决策，不立又争，立的又常常太蠢，永远无法解决继承权问题。中国传统社会从思想体系、政治制度到小农经济等方面都是全面封闭的，[②] 于是这个系统的熵必然要增大，无序化、混乱和腐败逐渐增强。特别家天下传几代之后又常常出现白痴、心理病态者或疯子。有时再加上天灾、外

[①] 参见普里戈金《从存在到演化》，曾庆宏、沈小峰译，上海科学技术出版社 1986 年版，"绪论：物理学中的时间"，第 11—25 页。

[②] 参见张一方、车浩《耗散结构理论与科学社会学》，《科技导报》1987 年第 3 期。

患，无序性达到一定阈值就会出现全面崩溃，天下大乱。这是绝对的封闭走向它的反面，大规模的开放——改朝换代。新的皇帝为了自身利益和稳定民心，常进行一些有限的让步政策和改革。可是，由于中国传统社会已经形成了一整套完备的封闭体系，虽然产生了一个新的王朝，一种新的有序结构，但整个系统的本质并不随朝代、民族不同而改变，并很快又封闭起来。这样，传统社会演化的三部曲：趋于无序—改朝换代—再孤立，就不断地循环出现。由此形成社会的超稳定结构。一方面，这导致历史的发展缓慢；另一方面，又保持了整体社会的"长治久安"。

从结构上来说，中国封建社会是宗法一体化结构，它具有发达的地主经济，大一统的官僚政治，意识形态结构是儒家正统学说。从行为方式上来说：第一，中国封建社会的宗法一体化结构及其维系的内部子系统，在两千余年中保持了巨大的稳定性；第二，这种结构的巨大稳定性直接和周期性改朝换代的震荡机制相关。

超稳定系统一般都具有两重调节机制。一种调节机制是在系统稳定时期发挥调节作用的；另一种调节机制是在第一种调节机制失灵时发挥作用的，即用震荡消除不稳定因素，使系统回到原有状态。凡是具有这两重调节机制的，不论是生物个体、生态系统还是社会，都具有极大的稳定性。中国封建社会第一重调节机制是在王朝稳定时期起作用，它主要是宗法一体化结构运用国家机器强控制，使三个子系统（意识形态子系统、社会政法子系统、社会经济子系统）之间的关系保持基本相适应，同时这种机构也抑制着可能引起结构变异的新因素的萌芽的成长。当第一重调节机制被其自身异化的"无组织力量"腐蚀而丧失功能时,第二套调节机制就发挥作用了,全国性农民大起义扫荡了政治经济结构中的无组织力量,摧垮无法维持下的旧王朝。在这一时期,整个社会发生剧烈震荡,社会进步所必需的积累过程便中断了。宗法一体化结构在此基础上完成新王朝的修复与重建。两重调节机制交替发挥作用,保持社会结构基本形态的稳定。显然中国社会的结构是一个相当典型的超稳定系统。①

（二）政治法律文化的相关研究

著名政治思想史学者徐大同总结了中国传统政治文化的三个特征。

第一,注重人事,与人的政治实践紧密结合。在中国传统政治文化的比较中,有的论者提出,西方是理性的思维,中国则无理性。这种论点未免失于偏颇。实际上,中国传统政治文化中并不乏理性的思维,如在人性、天人关系、人与自然、人与社会的关系方面,中国传统政治文化均表现出很强的哲理性,并不比西方逊色。不同的是：西方的传统政治文化注重于对事物本身的认识,追求理论上的完整,如在国家问题上,总是注重对国家自身的认识。通过对国家的起源、本质、作用、分类等一系列理论论证,达到对国家完整的认识。因此,西方传统政治文化表现出较为浓厚的思辨色彩,表现出求"真"求知、追求"科学"的倾向。古希腊著名学者

---

① 参见金观涛、刘青峰《兴盛与危机：论中国社会超稳定结构》,香港中文大学出版社1992年增订本,第12页。

亚里士多德有一段话，对西方传统政治文化的这一特点做了十分精辟的表述。他说："既然人们为了摆脱无知而开始探讨哲理，那么显而易见，人们是为了理解（事物）而开始追求知识，不再是为了实用。"① 中国传统政治文化虽不乏理性思维，但并不注重事物本身，而在于人事，在于论证人事的原则，集中表现为人的行为的道德准则和为政、从政的方法。因此，中国传统政治文化表现出与人的政治行为紧密结合和追求实用的倾向。

第二，注重治国之道，而不注重制度的研究。对治国方法的研究，是中国传统政治文化十分重要的内容。从历史的横断上看，各家各派都十分关心治国方法的问题。司马谈对诸子百家的分析就是很好的说明："天下一致而百虑，同归而殊途。夫阴阳、儒、墨、名、法、道德，此务为治者也。"② 这就是说，诸子百家虽然观念不同，但目的都在于提出一套治国安邦的方策。从历史的纵向上看，治国的方法也是各朝各代政治文化的重要内容。这不仅通过历史上长期存在的人治与法治、德治与礼治、君道无为与君道有为、王道与霸道等问题的争论得到表现，而且更深刻地反映在对"政治"含义的理解上。中国古代就把政治理解为对国家事务的管理。如"政者事也""治者理也""教不善则政治"。③ 到了近代，尽管政治的实际发生了很大的变化，但关于政治的古老观念仍没有改变，政治仍被解释为对国家事务的管理。如孙中山先生所说的："政即众人之

---

① 《形而上学》卷二。
② 《六家要旨》。
③ 《国语·齐语》。

事，治即管理，管理众人之事就是政治。"

第三，重民的政治文化。对待"民"的问题，是中国传统政治文化的重要内容。早在周代就有"怀保小民""惠鲜鳏寡"① 的思想。在中国封建社会形成时期和它的长期发展过程中，对待"民"的问题更具有突出的地位，出现了"富民""养民""教民""爱民""民为邦本""民贵君轻""吏为民役"等各种有关"民"的思想。对此，有人提出，中国传统政治文化是"民本主义"的文化，也有的认为是"人本主义"的文化。我们认为，这些都不足以说明中国传统政治文化的特征。中国传统政治文化的特点应是"重民"的政治文化。尽管这些思想是作为君主维护统治的手段而提出的，却反映出历代统治者对"民"的重视。为什么历代统治者要"重民"呢？原因就在于这种国家最高所有权支配下的小农经济。小农经济是专制王权建立的基础，是国家兵力和财政的直接来源，没有民的支持，任何一个政权都无法维持。对此中国历代的统治者都是非常清楚的。孟子"得其民斯得天下"② 的"政在得民"的思想，和唐甄提出的"封疆，民国之；府库，民充之；朝廷，民尊之；官职，民养之；奈何见政不见民也"③ 的思想，很清楚地说明了封建统治者重视民的原因。

第四，伦常的政治文化。道德作为维系社会正常生活的纽带总是和政治问题联系在一起，成为政治文化的主要内容。但就道德与

---

① 《周书·无逸》。
② 《离娄上》。
③ 《潜书·明鉴》。

政治关系的表现形式来看，中国与西方又有很大的不同。其一，西方传统政治文化尽管有道德的内容，但从总体上看，道德与政治已作为独立的认识客体互相分开了，中国传统政治文化中道德与政治则始终是联系在一起的。其二，西方传统政治文化中的道德总是和理想的社会政治制度联系在一起，一般表现为善、正义等一些抽象的道德范畴，中国传统政治文化中的道德则总是和人的行为联系起来，集中表现为"三纲五常"的伦常原则。在整个中国古代社会，不管主张如何变化，伦常问题始终是政治文化的中心内容。从这个意义上说，中国传统政治文化是一种伦常的政治文化。这是中国传统政治文化很突出的一个特点。①

中国法制史学者范忠信教授总结指出四大因素构成了中华文明尤其是政治法律文明的生成土壤或背景。② 这四者总结起来就是：(1) 四周地理屏障显著；(2) 农耕生活格外依赖季候；(3) 水利农业与国家的公共职能；(4) 与游牧民族的矛盾显著。这样的自然地理和人文地理环境或者说这样的成长背景对中国传统的政治法律文化有什么样的关键影响或决定意义，是一个相当复杂的问题。对这种内在联系的任何推论，都有主观臆测、牵强附会的味道，但我们又不能不做这种推论以认识中国法文化基因的形成原因。范教授还分别从以上四种环境因素出发，分析地理因素对法律传统的影响，亦即分别分

---

① 参见徐大同《试论中国传统政治文化的基础与特征》，《文化研究》1987年第5期。

② 参见范忠信《自然人文地理与中华法律传统之特征》，《现代法学》2003年第25卷第3期。

析这四种因素在中国法律传统中留下的印记。其具体题目是：(1) 地理封闭性与法传统的封闭性①；(2) 农耕文明与法律传统的农业型②；(3) 水利工程与中华法传统；(4) 北方威胁与中华法传统。

张中秋教授对中国传统法文化有深入、全面的研究。他指出：传统中国法的原理，可以理解为传统中国法之道。如何认识这个道，不妨先看一看《唐律疏议》在开篇《名例》篇中是如何说的。它说"德礼为政教之本，刑罚为政教之用，犹昏晓阳秋相须而成者也"。从字面上理解这段文字并不难，但如仔细分析，就会发现其内涵并不简单。首先，它融合了儒、法、道三家的思想。从概念的倾向上讲，"德礼"是儒家的，"刑罚"是法家的，"昏晓阳秋"是道家的。儒、法、道三家的思想在国家法典中融为一体，这是西汉以来中国法律发展到唐代"臻于完善"的表现，唐律由此成为传统中国法的象征和代表。其次，它贯彻了中华文化之道，体现出从"阳主阴从"到"德主刑辅"的道德原理结构。③ 为更直观地阐明

---

① 以法典的封闭体例与观念为例：中国古代法典的封闭体例，可能有着中国地理封闭性的影响。从我们最早的成文法典法经六篇体例，到我们盛唐的唐律十二篇体例，直到明清律的七律二十门体例，实际上都不是一种开放的体例，而是封闭的体例。每一法典制定之时，都以为其篇名已经能够概括世间一切情况，都不设想它会有体例上重大变动或增删的必要，都设想一劳永逸，垂范百世。

② 如农业型的"太平治世"理想。农耕生活方式使我们的法制相对简单或单纯。孟德斯鸠认为："法律和各民族的谋生方式有着非常密切的关系。一个从事商业与航海的民族比一个只满足于耕种土地的民族所需要的法典，范围要广得多。从事农业的民族比那些以牧畜为生的民族所需要的法典，内容要多得多。从事畜牧的民族比以狩猎为生的民族所需要的法典，内容那就更多了。"参见［法］孟德斯鸠《论法的精神》，商务印书馆1982年版，第284页。

③ 参见张中秋《传统中国法的道德原理及其价值》，《南京大学学报》2008年第1期。

这一点，可先看下面的图示（见图1—1）：

```
         ↗ 德礼 — 本 — 晓 — 阳（春天）—（主）阳 ↖
政教                                                    道
         ↘ 刑罚 — 用 — 昏 — 秋（秋天）—（从）阴 ↙
```

图1—1　从"阳主阴从"到"德主刑辅"的道德原理结构

从图1—1中可以看到作为政教两翼的德礼与刑罚和作为道之两仪的阳与阴的对应关系。我们知道，政教是传统中国政治文化的统称，法律亦包含在其中。因此，作为政教两翼的德礼与刑罚，实际上就是传统中国法的基本内容，亦即儒、法、道三家法思想合流后的礼法结构。在这个结构中，德礼为本、刑罚为用，亦即"德主刑辅"。德主刑辅是以唐律为代表的传统中国法的基本结构，[①] 其哲学基础或者说法理依据是阳主阴从的中华文化之道。

毋庸赘言，"道"是传统中国文化的最高范畴。[②] 不论传统中国文化多么千姿百态，理念上"道"是一以贯之的东西，所谓"道生一，一生二，二生三，三生万物"[③]。道的基本构成是"阳"与"阴"，亦即所谓的两仪或二元。《周易·系辞传上》曰："易有太

[①] 参见张中秋《中西法律文化比较研究》，中国政法大学出版社2006年版，第365—367页。

[②] 金岳霖先生说："不道之道，各家所欲言而不能尽的道，国人对之油然而景仰之心的道，万事万物之所不得由，不得不依，不得不归的道才是中国思想中最崇高的概念，最基本的原动力。"（参见金岳霖《论道》，载刘梦溪主编《中国现代学术经典——金岳霖卷》上卷，河北教育出版社1996年版，第18—19页。）

[③] 《老子·四十二章》。

极，是生两仪。"两者的关系是对应中有包容和依存，包容和依存中又有支配，阳在其中起主导和支配作用，形成"阳主阴从"的结构。阳代表德性，阳主意味着属性依德。古人认为，万物的原理是道，属性是德。因此，笔者将这种文化构成理论称为道德原理。如果对照上述《唐律疏议·名例》的表述和图示，我们即可发现，传统中国法的原理不过是中国文化原理在法律上的延伸和表达，所以实质上还是道德原理，只是这个道德原理的内涵有了变化，由阳主阴从的哲学概念转换成了德主刑辅的法律概念。因此，从法哲学上说，传统中国法的原理可称为道德原理。换言之，道德是传统中国法的共通原理，是传统中国人视法之为法亦即法的正当性的理论根据。

在张中秋看来，中西法律文化的差异首先表现在法的观念上。传统中国的法的观念主要以"刑"为核心和内容。因此，在传统上，中国人往往习惯于把刑、律、法等同起来，以为法即是刑法。这种观念源于中国古代法的特殊形成，并在以后的发展中得到加强。刑与暴力相联系，而且最初主要是针对异族的，后逐渐转化和扩大到在性质上类于异族的所有违犯礼教的人。刑归根结底是一种血缘集团性的压迫法，并长期局限在血缘范围内。西方法的观念主要以权利为轴心，这是因为古希腊、古罗马国家与法肇始于平民与贵族的冲突，在某种意义上说，它们是社会妥协的结果。所以，尽管这种法不能不因为社会集团力量的消长而偏于一方，也不能不因为它是国家的强制力而具有镇压的职能，但它毕竟是用以确定和保护社会各阶层权利的重要手段，并因此获得一体遵行的效力。

中西法律文化的另一个差异是法的本位，也即法以什么为其权利义务的基本单位。在最早的时期，中西法律都是以氏族或扩大了的氏族（部族、部落联盟等）为本位，但在古代世界的转换过程中，却走了两条日益分离的道路。中国法律走上了一条从氏族/部族到宗族/家族再到国家/社会的集团本位道路，其特点是日益集团化。西方的法律本位则经历了一条从氏族到个人再经上帝/神到个人的道路，其特点是日益非集团（个人）化。不过，21世纪以来，中西法律的本位都有了很大的变化。在中国，个人在法律中的地位日益提高，而连带主义、民族主义则对西方法律本位一度产生了非个人化的影响。

从法律文化所体现的性质来说，中国传统法律文化是一种公法文化，西方法律文化传统上是一种私法文化。所谓公法文化本质上是一种刑事性（刑法化或国家化）的法律体系；私法文化则是一种民事性（民法化或私人化）的法律体系。中国传统法律中确有关于民事、婚姻、家庭、诉讼等方面的规定，但这些规定在性质上都被刑法化了，也即以刑法的规定和方式来理解和处理非刑事问题。西方法律文化作为一种传统的私法文化，其主要标志是民法和商法的发达。此外，我们还应看到，西方法律在近代以前的刑事民法化和近代以来公法的发展及其私法化现象。

伦理化与宗教性可以说是中西法律文化比较上最具对极性的差异。传统中国的法律在西汉以后逐渐为儒家伦理所控制，儒家伦理的精神和原则日益规范着法律的变化和发展，至隋唐终使中国法律完全伦理化，这一情形延及清末而毫无变化。儒家伦理使传统中国的法律成为一种道德化的法律，法律成为道德的工具，道德成了法律的灵魂。这不仅使传统中国法律丧失了独立的品格，也从根本上阻碍了它向现代的转变。西方法律文化从罗马开始就受基督教的影响，到中世纪时，基督教逐渐控制了世俗的法律，虽然近代资产阶级革命使政教分离，法律在整体上摆脱了基督教的束缚与控制，但基督教对西方法律的影响至今仍然存在，并且深入西方法律文化的思想和制度深处。

中西法律文化在体系和学术方面也有很大的差异。从某种意义上说，作为"中华法系"母法的传统中国法律文化是一个带有封闭性的体系，而代表西方法律文化的大陆和英美两大法系是开放性的。这种不同的结构形态是由它们所属的社会机制所决定的，并随着社会本身而变化。传统中国的法律学术主要表现为对法律进行注解的律学，缺乏西方那种围绕正义而展开的具有批判功能的法学。"律学"与"法学"虽然只有一字之别，但它是两种形态的法律文化的反映。

应该承认，同为人类文化组成部分的中西法律文化在存在差异与冲突的同时，也有相似、相近、相通之处。从根本上说，每一文明都有关于理想社会的设计，不同文明的理想自有差异，但都是人类心性的表现，都是人类对生活秩序化和正义性的追求。这提示我们，既不应忽视不同法律文化之间的差异，也要关注它们基于人类共性的相通性，并努力在人类文化的差异中寻求各种可能的互补，最终经由理解和化解而达于会通。①

二 中华法系的形成

中华法系是中华民族数千年法律实践的结晶。以法家思想为指导思想。它在总体精神和宏观样式上呈现出多元的特征，尤其表现在支配法律实践活动价值基础上的双元格局、法律规范内部的多层结构和法律规范与非法律规范互依互补的实施渠道。这些特征是中国古代社会农耕生产、宗法家族、集权政体三合一的社会存在所决定的。中华法系在历史上不但影响了中国古代社会，而且对古代日本、朝鲜和越南的法制也产生了重要影响。

中国早期法制中，夏、商是奠基时期。自公元前21世纪夏启建立夏代开始，夏王朝前后存在约五百年时间。在此期间，中国早期的刑罚制度、监狱制度都有了一定的发展。商取代夏以后也维持了将近五百年。在继承夏代法制经验的基础上，商代在罪名、刑罚以及司法体制诉讼制度等方面取得了长足进展。20世纪初出土的甲骨文资料证明，商代的刑法及诉讼制度已经比较完备。中国早期法制的突出特点，是以习惯法为基本形态，法律是不公开的。

中国早期法制的鼎盛时期是在西周。在西周政权存续的五个多世纪里，中国传统的统治方式、治国策略以及一些基本的政治制度已经初步形成，作为传统文化基石的哲学思想、伦理道德观念等思

---

① 参见张中秋《对中西法律文化的认识》，《民主与科学》2004年第2期。

想文化因素也都在此时发端。从法律上看，西周法制的形式和内容都达到了早期法制的顶峰。在西周时期所形成的"以德配天""明德慎罚"的法制指导思想、老幼犯罪减免刑罚、区分故意和过失等法律原则，以及"刑罚世轻世重"的刑事政策，都是具有当时世界最高水平的法律制度，对中国后世的法制也产生了重要的影响。

春秋时期处于中国历史上第一次大动荡、大变革的前半期，此时社会变革的重心在于"破"，即西周所建立的家国一体的宗法制度，包括政治、经济、思想文化等各个层面都受到否定和挑战。在法制方面，以反对"罪刑擅断"、要求"法布于众"为内容的公布成文法运动勃然兴起。郑国子产"铸刑书"、邓析著"竹刑"以及晋国"铸刑鼎"等，都是这一法制变革运动的代表性成果。从此，中国的法律开始由原来的不公开的状态，过渡到以成文法为主体的状态。

战国时期处在中国历史上第一次大动荡、大变革时代的后半期。而社会变革的许多重要成果，中国的许多思想文化精华都出自这个时期。与春秋时期相比较，战国时期社会变革的重心在于"立"。在法制方面，"立"主要表现为以成文法为主体的新的法律体制开始在更大的范围内、以更成熟的形式建立起来。其中，战国初年魏国李悝制定的《法经》，就是战国时期法制变革运动的代表性成果。法家的主要政治法律思想也在这一时期成熟并在政治舞台上发挥广泛的影响。在从战国到清代后期的两千多年中，无论是法律理论、立法技术、法制规模，还是法律内容、司法体制等各个方面，都有了根本性的变化。我们通常所说的"传统法律文化""传统法律制度",其主体就是在这一时期形成、发展和成熟的。

秦汉时期是中国古代成文法法律体系全面确立时期。公元前221年,秦始皇统一中国,建立了中国历史上第一个以中央集权为特征的统一的中央集权王朝,确立了以后几千年中国传统政治格局和政治模式。在指导思想上,秦代奉行的是法家学派的"法治""重刑"等理论,而且在实践上贯彻得比较彻底,秦代的法律制度很自然地带有明显的法家色彩。

汉代法律体制,从风格上可以分为前、后两个时期。前期是指在汉武帝"罢黜百家,独尊儒术"以前,主要是"汉承秦制",就是在秦代留下的法律框架内进行局部改造,形成了一套与秦代法制有根本差别的法律体制;后期则是指在汉武帝"罢黜百家,独尊儒术"以后,在指导思想上接受儒家的理论,使儒学成为官方的、正统的政治理论。从此,汉代的法律制度在理论、制度上开始"儒家化"。经过"儒家化"以后的法律制度,在许多方面不同于秦代及汉初的法家化的法律。

魏晋南北朝时期,虽然政权快速变更,局势持续动荡,但法律制度仍然在动荡的年代里得到了巨大的发展。首先,立法技术不断提高,法律理论也有明显发展。其次,具体法律制度的儒家化得到加强。一些重要的制度,比如"八议""官当""重罪十条"等已经成为成熟的制度。这一时期法制的发展与进步,为隋唐之际中国古代法制走向成熟并形成"中华法系"奠定了重要基础。史学家陈寅恪指出:"元魏之律遂汇集中原、河西、江左三大文化,因子于一炉而冶之,取精用宏,宜其经由北齐,至于隋唐,成为二千年来东亚刑律之准则也。"①

三 中华法系的特征及影响

如前所述,自汉朝开始,儒家文化逐渐渗透到包括法律在内的社会生活的各个方面,唐王朝建立后为适应政治经济、社会的新发展,对以往的法律制度做了重大改革,使中国封建法制进入了定型化与完备化阶段,法律的儒家化也发展到极高的水平。"以礼入法,得古今之平"的《唐律疏议》,以其完备的体例,严谨而丰富的内容成为封建法典的楷模,在中国法律发达史上起着承前启后的作用,成为中华法系的历史基础。

中华法系有一些共同的特征。一般来说包括:其一,维护封建伦理,确认家族(宗族)法规。中国封建社会是以家族为本位的,因此,宗法的伦理精神和原则渗入并影响着整个社会。封建法律不仅以法律的强制力,确认父权、夫权,维护尊卑伦常关系,并且允许家法族规发生法律效力。由宋至清,形形色色的家内成文法是对国法的重要补充,在封建法律体系中占有特殊的地位。其二,皇帝始终是立法与司法的枢纽。皇帝既是最高的立法者,所发诏、令、敕、谕是最权威的法律形式,皇帝可以一言立法,一言废法;皇帝又是最大的审判官,他或者亲自主持庭审,或者以"诏狱"的形式,敕令大臣代为审判,一切重案会审的裁决与

---

① 陈寅恪:《隋唐制度渊源略论稿》,生活·读书·新知三联书店2004年版,第107页。

死刑的复核均须上奏皇帝,他可以法外施恩,也可以法外加刑。而同时期西方国家中世纪在相当长时间里,各级封建领主都享有独立的立法权和司法权。其三,官僚、贵族享有法定特权,良、贱同罪异罚。一方面,中国封建法律从维护等级制度出发,赋予贵族官僚各种特权。从曹魏时起,便仿《周礼》八辟形成"八议"制度。至隋唐已确立了"议""请""减""赎""官当"等一系列按品级减免罪刑的法律制度。另一方面,又从法律上划分良贱,名列贱籍者在法律上受到种种歧视,同样的犯罪,以"良"犯"贱",处刑较常人相犯为轻;以"贱"犯"良",处罚较常人为重。中国的封建法律,同世界上任何国家的封建法律一样,是以公开的不平等为标志的。其四,诸法合体。中国从战国李悝著《法经》起,直到最后一部封建法典《大清律例》,都以刑法为主,兼有民事、行政和诉讼等方面的内容。这种诸法合体的混合编纂形式,贯穿整个封建时代,直到20世纪初清末修律才得以改变。其五,行政机关兼理司法。在漫长的封建时代,中央虽设有专门的司法机关,但它的活动或为皇帝所左右,或受宰相及其他中央级别行政机关所牵制,很少有可能独立地行使职权。至于地方则由行政长官兼理司法事务,二者直接合一。宋、明、清的路省一级虽专设司法官,实际仍是同一级行政机关的附庸。在整个封建时代,中央司法机关的权限不断分散,地方司法权限不断缩小,这是封建专制主义不断强化的结果。

刘海年教授总结"中华法系"或者说古代法律文化有以下几个主要特点。

其一，法律包容性大，体制稳定性强。中国是一个统一的多民族国家。法律文化为五十六个民族共同创造。在发展进程中，各民族既有主动借鉴，也有相互征服。无论何种方式都为法律文化交流提供了条件。中国古代法律制度的发展历程，决定了其法律文化的包容性，也使之具有较强的稳定性。中国古代法律文化广泛吸收不同民族的法律文化，却能保持其基本特质。这种特质产生的凝聚力，促进了民族团结和国家稳定。当然，对它的稳定性特点不宜过分强调，当形势变化时还应遵循"法与时转，制与世宜"的历史观，否则就会像晚清以后那样，形成对吸纳外来优秀法律文化的阻力。

其二，礼刑相辅相成，儒法会通合流。礼起源于中国古代社会的宗教仪式，进入阶级社会后改造成体现等级秩序的行为规范，影响广泛。它的主要功能是"别贵贱，序尊卑"。西周初，实行礼制，礼成为国家运转的大法。礼之所以被捧到如此高的地位，是由于它的原则与内容适于维护以王权、父权为核心的等级秩序。《盐铁论》称："礼周教明，不从者然后等之以刑，刑罚中，民不怨。""安上治民，莫善于礼。"这就是说封建统治者认为，礼是刑罚的指导原则，礼的规范作用又靠刑维系。董仲舒引经义断狱，儒家学者以经义注释法律，加速了儒法会通合流，礼与法的关系形成"本"与"用"的关系。所谓"德礼为政教之本，刑罚为政教之用，犹昏晓阳秋相须而成者也"。礼有治国、理家、律己的功能，礼刑结合、儒法会通，是中国古代社会长治久安所需。这种法律文化不仅与西方迥异，与东方其他国家也有区别。

其三，强化伦理道德，维护宗法制度。宗法制度是中国古代以嫡长子为中心、以血缘关系为纽带而形成的一种制度。伦理关系是人与人之间的道德准则关系。以血缘关系形成的宗法制度以男性为主体，嫡长子为大宗，其余别子为小宗；别子的长子在其世系内又为大宗，其余别子为小宗，以此相传形成宗族。由于宗法制度是以血缘关系为纽带，使得尊尊、亲亲的伦理道德与之形成天然结合体，而这种结合既有利于家庭秩序、社会安宁，又有利于政权巩固，所以为我国古代法律所维护。父亲对子女有惩治权，侵犯尊长加重治罪，近亲属犯罪得相容隐匿，以及某些犯罪依"服制"在一定的亲属间株连，均是体现宗法制度和伦理道德的原则。

其四，皇帝总揽大权，行政干预司法。从秦始皇到清宣统，皇帝作为古代封建统治制度的重要组成部分，其权力之大，延续时间之长，为世界仅见。王朝虽屡经变换，但皇帝集立法、行政、司法大权于一身的状况终无变化。

其五，刑罚手段严酷，定罪讲究规格。刑罚作为对犯罪的报复，世界各国皆然。西方有"同态复仇"，中国则是"杀人者死，伤人者刑"，或"杀人者死，伤人及盗抵罪"。其中主导思想也是报复。刑罚固然残酷，死刑尽管种类繁多，但审理时比较讲究规格，适用还是慎重的。

其六，争纷调处解决，以求息讼和睦。中国古代系农业自然经济。人民大众由血缘关系聚族而居，由地缘关系邻里相望，相互关系盘根错节、枝蔓相连。在此社会经济和文化传统下，和睦相处既是大众共同需要，也是统治者所希望。在官府的大力支持下，普遍盛行宗族调解、相邻亲友调解、基层里保调解和县州府调解。这说明调处解决争纷，既有群众基础也是官府需要，朝廷圣谕、乡规民约和家族法成为中国古代社会解决大量民事和轻微刑事案件之重要途径。①

在拙著《全球化中的东亚法治》一书中，则从以下方面对中华法系的特征做了概括。在法的观念上，受儒家思想影响，天理、国法、人情相通，表现为一种完全不同于任何其他法系的"情、理、法"观念。在法的表现形式上，法律主要表现为成文化的法典，其中"律"和"令"是主干。在法的内容和性质上，主要表现为刑事法和行政管理法，除婚姻家庭法外，成文的私法不发达。在法的实施上，中央层面的行政与司法略有分工，中央以下行政与司法不分，行政官同时兼理司法。在司法程序上，刑事司法颇为严格，民事纠纷则调解重于裁判。在法的精神价值上，法律维护帝制，追求社会稳定和人际关系和谐。在法的知识类型上，不同于西方的法学，表现为独特的"律学"，即依据礼教和帝国政治而专注于对法律注解的学术。值得一提的是，在中华法系的影响下，虽然东亚国家没有适用统一的法律规则，因为每个国家都曾经拥有不同法典编纂和独特的法律实践活动，但是在东亚传统法律中的确形成了广泛

---

① 刘海年：《我国古代法律文化主要内容、特点及影响》，《中国社科院院报》2008年第2期。

的、共同的道德价值观和在这些价值观影响下的法律制度。①

对于中华法系的定义,学界一直存在不同的认识。20 世纪 80 年代,中国法学界一般认为:"中国的封建法律由战国至清经过二千多年的发展,形成了沿革清晰、特点鲜明的法律体系,被世界上推崇为五大法系之一——中华法系。"② 进入 90 年代以后,有学者提出,中华法系"是指一个发源于夏,解体于清,以唐律为代表,以礼法结合为根本特征,其影响及于东亚诸国的法律体系"。③

日本自古以来就以擅长吸收他国长处而著称,这种特征同样表现在其对待法律制度的态度上。早在公元 604 年制定第一部成文法圣德太子《十七条宪法》时,日本就开始从古代中国法律文化中吸收养分,大化革新之后更是大量移植中国古代律令,日本文武天皇时制定的《大宝律令》、元正天皇时制定的《养老律令》,几乎都是唐律的翻版。日本古代大规模地继受中国古代的法律制度,由中国继受而来的律令法与日本武士的传统习惯融合而成的武家法构成日本近代之前的主要法律传统。正如池田温说:"日本古代的律令开创于中国隋唐时代,日本向隋唐学习过国家制度和文化,也模仿隋唐的国家制度和律令,编纂了自己的律令。"④ 古朝鲜时代的法受中国律令制度的影响,把国家基本法体系分为律与令,律通常是指刑

---

① 冯玉军:《全球化中的东亚法治:理论与实践》,中国人民大学出版社 2013 年版,第 205—213 页,特别是第五章"'中华法系'的影响"。
② 《中国大百科全书·法学》,中国大百科全书出版社 1984 年版,第 764 页。
③ 张中秋、金眉:《中华法系封闭性释证》,《南京大学学报》1991 年第 3 期。
④ [日]池田温:《隋唐律令与日本古代法律制度的关系》,《武汉大学学报》(社会科学版) 1989 年第 3 期。

法典，令是律之外的法规。韩国成文法的历史可以追溯到高丽法典，《高丽律》以唐律为蓝本制定，在此基础上出现的李氏朝鲜法，特别是1392—1910年李氏王朝所用的《经国大典》，都受到了宋元以及明代法的影响，并且直接或间接地受到了唐代法的影响。正是日本、朝鲜等国的加入，才使东亚地区形成一个以中国法为核心，以周边国家的法律制度为成员，具有相似内容、原则和特征的法律大家族，这一法律大家族就是中华法系。

19世纪以来，在内外诸多因素的共同作用下，延续了两千余年的中华法系开始解体。从外部原因看，主要是西方列强的入侵。英、法、美等西方的殖民侵略，打破了东亚诸国法律制度的原状，各国逐渐中断了各自的法律发展之路。东亚各国封闭式的自然经济结构在以武力为后盾的西方殖民地贸易和经济侵略的冲击下迅速瓦解，继续沿用旧律出现了许多弊端和困难，新的情况需要新的法律来调整新的社会关系，这就宣告了旧的立法宗旨和立法形式的结束。从内部原因看，作为中华法系母法的中国法，虽然自唐宋以来内部已有了收缩的趋势，但并没有中断自身的连续性。一直到公元19世纪中期，先是西方列强，后来是日本帝国主义，强迫清政府签订了一系列不平等的条约，确立了他们在华的"领事裁判权"后，中国自古以来的司法主权即部分丧失，中华法系在本土受到重创，并在逐渐变为半殖民地的国家的过程中，传统法律制度慢慢趋于消解。日本在西方列强的武力威胁下，先后与美、英、法等国签订不平等条约，承认了领事裁判权，丧失了关税自主决定权，随后传统的法律制度也逐渐被西方列强的法律制度取代。而朝鲜在这一时期沦为日本的殖民地，法律制度也随日本发生变化，中华法系也就解体了，东亚各国的法律逐渐从传统走向现代。

第二节　道德、法律、宗教三元互补与社会和谐稳定

中国文化是一个汇聚了不同哲学传统（儒、道、佛、墨、法等）的复杂而精致的系统。这其中，道德、法律、宗教作为维系、推动人类社会和谐的三个重要环节，这是几千年来人类历史经验的总结。法律、道德、宗教三者性质、功能、作用不同，在社会生活中，三者互相协调、配合，以缓和、解决人类社会的矛盾、冲突，维系、推动人类社会的和谐发展。

一　基本范畴

道德、法律、宗教都是人类文明的重要组成部分，均属于社会意识形态的范畴，也都是社会调整的基本手段。其中法律、道德分别以法律规定、内在或外在道德观念来协调人际关系，维护社会秩序；宗教则以其崇拜神灵和宗教道德实践而在客观上维护了社会秩序。现代法律中包含很多宗教和道德内容，道德评价甚至是法律规定的通用指标之一；而近代法律理念、精神乃至法律实践，多源于

西方基督教传统；道德训诫是宗教生活的基本内核，宗教戒律与法律规定常有异曲同工之妙。

道德：古时"道"指理想人格或社会愿景，"德"指立身根据和行为准则。道德是社会意识形态之一，是人们共同生活的行为准则，是一定社会调整人与他人、社会之间关系的行为规范的总和。道德以善恶、诚实虚假、公正偏私等道德概念为准则来评价人们的各种行为，调整人们之间的关系和约束社会生活。道德通过各种形式的教育和社会舆论的力量，使人们逐渐形成一定的内心信念、传统习惯而发生作用。道德作用于并影响着各种社会生活，尤其是它直接影响社会精神文明的发展，并通过这种影响间接影响社会物质文明的发展。

法律：由国家制定或认可并以国家强制力保证其实施的，反映统治阶级意志的规范体系。它是管理社会，维持秩序，规范物质生活所必须遵循的基本规则。如果我们分别从事实、价值、规范三个维度考察法律的内涵，可以发现，法律是得之于日常生活的经验事实和知识，它在法律人的工作与实践中不断发生作用与变迁。法律是指导人们行为的理性原则，体现价值共识和公共意志，承载着文明智慧。法律是一套借助于缜密的概念设定、逻辑体系建构起来的以合法性和有效性为基础的规范体系。它通过权利—义务、权力—责任、惩罚—激励等概念设定和行为指导，以法律原则、法律规则和技术性规定的方式进行资源配置，体现价值共识和公共意志，承载理性精神和文明智慧。在实行依法治国和政教分离原则的现代国家，法律更是管理社会、维持秩序、促进发展、化解矛盾的基本规则。

历史地看，法律制度最能体现出一个国家和民族的精神内容、文化特征。社会历史的变化，往往是从法律变革开始，并且最终归结到法律制度上来。近代以来，法律广泛借鉴和吸收其他社会调整手段的积极因素，逐步渗透到现代社会的各个领域，成为现代社会最基本的调整手段，并最终构建起"法律的帝国"。现代社会，法律的重心和目标是确认并保障公民、社会组织的基本权利和自由，维护其合法权益。法律在现代社会中无处不在，通过国家政权建立起来的法律制度和根据这种法律制度建立的社会秩序，称为"法制"。法制社会主张法治，即"以法治国"。法治国家强调所有公职人员必须严格遵守、执行法律的规定，全体公民都要守法，在法律面前人人平等。这种"法治"（Rule of law），作为一种国家治理模式，它要求的是"法律的统治和治理"。

宗教：也是社会意识形态之一，是人们的一种精神生活方式。宗教作为人类社会发展到一定阶段的历史现象，包含了宗教信仰、宗教感情、宗教仪式和宗教组织诸多因素。宗教的特质是重信仰，要求敬畏上帝、神灵、因果报应等，以达到生死解脱、往生天国的终极目的。一般而言，宗教都主张神灵崇拜，祈求转生彼岸世界，相信来世和灵魂不灭，并有相应的宗教道德规范和修行生活，普遍提倡断除妄念，去恶从善，慈悲济世，利益众人的宗教实践。宗教（关系）问题包含着宗教与国家政权、社会各方面的关系，不同宗教之间的关系，某种宗教内部不同教派的关系，本国宗教与外国宗教之间的关系等。这些关系集中表现为信教群众和不信教群众、信仰不同宗教的群众之间的矛盾。宗教的长期性、群众性、民族性、国际性特点决定了中国宗教关系的复杂性。能否处理好宗教问题，关系到加强党同人民群众的血肉联系，关系到推进两个文明建设，关系到加强民族团结，保持社会稳定，维护国家安全和祖国统一，关系到我国的对外关系。

以上简述表明，法律、道德、宗教是从不同角度规范人们的行为，三者均指向规范个人行为，也都指向维护社会秩序，其中法律、道德是分别以法律规定或道德观念来协调人际关系、维护社会秩序，宗教则以其崇拜神灵和宗教道德实践而在客观上维护社会秩序。可见，法律、道德、宗教三者特质虽有所不同，但有相通的社会价值。

二　法律与道德的关系

法律与道德的关系历来是古今中外的法理学所包含的一个重要内容，也是法学家、哲学家们一直争论不休的一个问题。它主要涉及三个方面：（1）法律是否可以与道德分离；（2）如果法律与道德不可分离，法律所包含的道德的性质如何；（3）在社会生活中法与道德的地位。

在中国古代思想家的学说中，关于法律是否可以与道德分离，有两种不同的意见。一种意见以儒家为代表，主张法律必须建立在道德的基础上。孔子说："礼乐不兴，则刑罚不中，刑罚不中，则民无所措手足。"[①] 荀子认为，君主不得任意运用权力，"不得道以

---

① 《论语·子路》。

持之，则大危也，大累也，有之不如无之"①。也就是说，体现着道德的"礼""乐""道"对君主运用权力、对法律有着巨大的指引和制约作用。另一种意见以法家为代表，韩非子说："故明主之治国也，众其守而重其罪，使民以法禁而不以廉止。"②慎子说得更明确："法虽不善，犹愈于无法。"③也就是说，他主张法不必建立在道德的基础上，恶法亦法。

关于法律所包含的道德的性质，中国古代思想家特别是儒家一般都把制约着法律的道德视为人类的普遍道德，把它们归纳为"仁、义、理、智、信"，"君为臣纲，父为子纲，夫为妻纲"。但由于人们的政治主张不同，对于法律应反映什么道德有截然不同的意见。有的主张法律以血缘关系、家庭关系为基础，有的主张应以国家利益为基础，家庭利益与国家利益相冲突时，应服从国家利益。道家一派在这个问题上走向另一个极端，他们反对法律所反映的道德具有普遍性，却主张法律、道德完全是因人而异的相对的东西，根本没有什么正义与非正义之分。庄子说："彼窃钩者诛，窃国者为诸侯。"④老子说："夫礼者，忠信之薄，而乱之首"⑤，"大道废，有仁义"⑥，"法令滋彰，盗贼多有"⑦。

法律所包含的道德的性质还包含另一个方面，即法律所包含的

---

① 《荀子·王霸》。
② 《韩非子·六反》。
③ 《慎子·威德》。
④ 《庄子·胠箧》。
⑤ 《老子·三十八章》。
⑥ 《老子·十八章》。
⑦ 《老子·五十七章》。

道德的层次。中国古代法具有道德法、情理法的特征，有时法律与道德没有一条明确的界限，浑然一体，甚至把一些纯粹属于道德的要求规定到法律中，要人们遵守。儒家曾呼吁"存天理，去人欲"。法家也曾主张对一些完全属于违反道德的行为严刑峻罚。但是这种主张也受到不少人的尖锐批判。文子就指出："故高不可及者，不可以为人量，行不可逮者，不可以为国俗。"① 也就是说，立法要以一般人能够达到的水平为标准，不要强众人所难。关于在社会生活中法与道德的地位，即"法治"与"德治"的关系，是中国古代思想家所关注的一个主要问题。在中国古代文献中，"德治"往往和"礼治"相通，主要指的是指引、教育，而"法治"又与"刑罚"相通，主要讲的是惩戒。有一种流行的说法，认为"礼者禁于将然之前"，"法者禁于已然之后"②。也就是说，礼、德侧重于教化劝善，防患于未然；而法、刑罚惩戒于后，侧重于罚恶。在二者的关系上，儒家主张德治，"德主刑辅"，"以德去刑"。孔子说："道之以政，齐之以刑，民免而无耻；道之以德，齐之以礼，有耻且格。"③ 他虽然没有完全否定法治，否定"政""刑"的作用，但他认为，只有推行德治，才能使人民从内心对犯罪感到可耻而安分守己。

在法律是否应该有道德基础的问题上，西方法学家也有不同的主张。一派类似于中国的法家，以分析法学派为代表，主张法律应

---

① 《文子·下德》。
② 《汉书·贾谊传》。
③ 《论语·为政》。

该与道德相分离。奥斯丁认为，法理学"研究实在法，或研究严格意义上的法律，而不考虑这些法律的好坏"。① 凯尔森提出："法的概念无任何道德含义，它指出一种社会组织的特定技术。"② 另一派则以自然法学派为代表，类似于中国的儒家，主张法律必须以道德为基础。古典自然法学派提出自然法观念，以代表那个时代占统治地位的道德，认为自然法高于国家制定的实在法，实在法只有符合自然法才配称为真正的法，"恶法非法"。当代自然法学派中的许多人抛弃了自然法之类的虚构，而直接诉诸道德。有的学者主张把法律建立在实体道德的基础上。德沃金认为，每个人都具有受到"平等关怀和尊重的权利"，因此政府必须"认真对待权利"。③ 有的学者对不符合道德的法律本身的合法性也持否定态度。美国学者富勒认为，一个真正的法律制度包含着自己固有的道德性，即内在道德或程序自然法，包括法律的一般性，法律的公布，非溯及既往，法律的明确性，避免法律中的矛盾，法律不应要求不可能实现的事情，法律的稳定性，官方行为与法律的一致性。他认为，这八个方向中任何一个方向上的全面失败都不仅会导致一套糟糕的法律体系，而且是一种不能被恰当地称为一套法律体系的东西。④《牛津法律大辞典》指出："道德为法律的实施规定了界限。如果某项实

---

① 参见［英］奥斯丁《法理学的范围》，刘星译，中国法制出版社2002年版，译者序第5—10页。
② ［奥］凯尔森：《法与国家德一般理论》，沈宗灵译，中国大百科全书出版社1996年版，第5页。
③ ［美］德沃金：《认真对待权利》，信春鹰、吴玉璋译，中国大百科全书出版社1998年版，第356—358页。
④ ［美］富勒：《法律的道德性》，郑戈译，商务印书馆2005年版，第47页。

法的规定被大多数人认为是违反道德的，那么，该项规定就很有可能不为人们所遵守。近代自然法学家认为：（1）注重尊重生命、爱护妇女儿童、避免伤害他人、纯洁的性关系等道德信条和道德标准是制定法律以及法律推理的基础。（2）道德要求影响对法律的解释。（3）道德标准影响法官对法律标准的确定，任何一件由法官自由裁决的案件，实质上都是在该法官的道德标准影响下处理的。"应该说，即便是主张法律与道德严格分离的实证主义法学派，其实也是承认伦理之于法律的先在性或基础性的。现代法律，特别是成文法的条文，在形式上虽然仅规定特定行为的法律后果，而实质上是以一般的伦理规范的预设为前提的。① 正是由于法律的产生是基于一定的道德背景和道德动机，脱离了一定的道德支配，法律便无从产生，所以在一个社会产生之始或社会制度急剧变革或一个社会进行大规模立法时，认为法律与道德相统一的自然法思想就特别活跃，支配法学思想。② 在法律与道德之间寻求平衡既是立法者的使命，实践中也经常把这个难题摆在法官面前。美国大法官卡多佐认为："法官有义务在他的创新权的限度之内、在法律与道德之间、在法律的戒律与那些理性和良知之间保持一种关系。"

在当下中国的意识形态领域，社会主义法与道德是社会主义上层建筑的两个紧密相连的部分。一方面，法治的加强有助于培养社会主义道德，社会主义法制定以法律的形式将社会主义道德的基本

---

① 郑成良：《法律之内的正义》，法律出版社2002年版，第54页。
② ［英］哈特：《法律的概念》，张文显等译，中国大百科全书出版社1996年版，第189页。

原则和要求确认下来。社会主义法的实施，对违法犯罪的打击和对合法行为、对社会有贡献的行为的鼓励，有利于扶持正气，压制邪气，树立和发扬社会主义道德风气；另一方面，社会主义道德建设又能为社会主义法制建设创造良好的思想道德环境，社会主义道德建设不仅是社会主义法的制定的基础，而且对社会主义法的实施也有重要影响，如果没有广大人民群众和干部道德水准的提高，就不可能提高全民族的社会主义法制观念，社会主义法不可能顺利贯彻实施。从个人角度，现实生活中走上违法犯罪道路的人，一般也是从道德上出问题开始的。因此，对社会主义现代化建设来说，它们都是必不可少、不可偏废的。我们必须有意识地发挥二者相辅相成、互相促进的作用，从中国社会主义现代化建设总体布局的高度，使依法治国与以德治国相互配合，协调发展。

三　法律（国法）与宗教（教规）的关系

宗教和法律的基本关系是：一方面，国家宪法和法律（即"国法"）适用于社会全体成员和各个方面，具有突出的强制性和普遍适用效力，任何宗教组织（包括宗教规范）及其活动，都必须遵守宪法法律；另一方面，宪法法律要保护公民的宗教信仰自由，宗教组织及其活动具有相当的自治性，具有较大的组织活动空间和信仰自主权。如何正确认识宗教规范与国家法律之间的关系，充分依法行使宗教信仰的权利和自由，是依法保障宗教信仰自由、规范宗教活动不可回避的问题。在举国上下按照"四个全面"战略布局深化改革、建设小康社会的历史征程中，深入研究并处理好国法与教规问题，对于推进国家治理体系和治理能力现代化，构建和谐稳定社会，实现良法善治，有着十分重要的学术意义和现实意义。①

结合法学界、宗教学界近年来的相关研究，笔者就国法与教规提出如下四点看法。

第一，国法与教规有共同的历史渊源和一定意义上的统一性，但在从古代社会向近现代社会转型之际，伴随着政教分离原则的确立，国法与宗教彼此分离，各自调整，总体上呈现出"（国）法主教（规）从"的关系。

古代社会，宗教对国家法律的起源和发展，发挥了至关重要的作用。基于哲学上灵魂与肉体、天国与地国相分的传统观念，西方国家历史上长期存在"政府"与"教会"两个权威、两套司法审判体系的平衡局面，这为日后启蒙思想家们提出政教分离的理性共识和政治国家法律制度体系奠定了制度基础。到了近现代，西方"三R运动"（罗马法再生 Revival of Roman law、文艺复兴 Renaissance、宗教改革 Reformation）中产生的政教分离传统直接塑造了现代宪政理念，它同时也是近代西方社会建构和精神质素的主要源头。具体而言，基督教义对世俗法律的深刻影响，包括反对酷刑、纠问主义的诉讼模式、一夫一妻制、夫妻之间在身份地位和权利享有上存在一定程度的平等，这些宗教理念和教会主张对西方近现代法治有重要贡献；其他一些法律精神（如法律面前人人平等），法律价值

---

① 冯玉军：《国法与教规关系研究的四点看法》，《中国民族报》2015年8月4日。

（如"法给每个人应有的一块"），宗教（法律）符号，宗教（法律）仪式和程序，宗教（法律）公信力、权威性以及唯一合法性依据、神灵裁判等，也都大量吸收和沉淀了宗教元素。在中国古代法律思想和法律制度当中，从"礼"这样一个聚合道德、宗教、法律于一体的核心概念出发，四千多年的中国传统法律文化，渗透着神秘化的权威主义、伦理化的实用主义。

国法与教规虽然表现形式不同，但都追求公平正义的理念价值，都是要回到人性，尊重每个人，意图实现人群和谐，让全社会充满幸福。归根究底，国法与教规存在和调整的背后都是社会关系，而社会关系的背后实际上是人类共同的精神文化或者精神文明。按照历史唯物主义的说法，社会存在决定社会意识，法律和宗教均属于社会意识形态的范畴，都是社会调整的特定手段。其中法律是以法律规定以及法律意识、法律观念协调人际关系，维护社会秩序；宗教则以其崇拜神灵和宗教道德实践而在客观上维护了社会秩序。国法和教规，就其性质、发展和演变而言，都是社会物质生活条件发展到一定阶段的产物，都要受到物质条件的影响和制约，并在此基础上不断发展更新。

西方古代社会一千多年的政教关系史多有变化，但总体上"教主法辅"的调整模式占据主流。在中世纪的欧洲，国家权力与教会权威相互结合，限制公民自由地选择自己信仰的宗教，只允许国教的存在。但从历史经验看，人类在这种国家与宗教关系中付出了十分沉重的代价。由马丁路德和加尔文领导的16世纪宗教改革运动，建立了与罗马教廷对立的改革教会派，最后经过艰难困苦的斗争，以罗马教廷承认各教派地位平等而告终。近现代以来，在寻找人类自我价值的过程中，西方社会理性地选择了国家的世俗化与信仰生活的个体化。政教分离成为世俗国家的一般原则与政治道德基础，其在本质上要求国家的宗教中立性或非宗教性，禁止"宗教的政治化"与"政治的宗教化"，从而为人类历史展开了一个新的方向。

中国封建王朝近乎两千年的历史则始终采取"德主刑辅"的调整模式，尽管也发生过多次主张"政教合一"的（农民起义）尝试，但均以失败告终。这不仅从证明中国文明并不支持宗教独大或者政教合一，而且从一个侧面上印证了目前我国采取的政教分离主张经得住历史的检验。现代社会，中西方文明殊途同归，都采取了政教分离、政主教从的基本调整模式，禁止国家把某一特定宗教定为国教，国家与宗教之间应保持各自的生活准则与领域。国家通常干预国民的世俗生活领域，而信仰生活应由国民自主地安排。这不仅是人类近代历史发展的必然，也体现了中西方文明深度互动、择善而从的自然发展规律。

第二，法律与教规在产生和实现方式、制裁程序、规范形式和稳定性上存在较大差异，宗教规范的内容、形式、程序等应随着现代社会发展的需要而与时俱进，并在法律的调整范围内展开，二者冲突时法律具有优先性。

法律与教规的产生方式不同。法的规范是由国家制定或认可的，是国家意志的表现；而宗教规范则由宗教领袖假托神的名义而制定，它被视为神意的表现，因为宗教规范的产生和国家没有直接的关系，所以，它既可以在历史上先于国家而存在，也会在实现的方式、制裁的程序和作用的范围等方面表现出与法的规范明显不同的自身特点。法律与宗教的实现方式也不同。法律规范的实现，不仅要由人们自觉地去遵守，而且它由国家强制力保证实施。宗教规范的实现，则主要依靠教徒的自愿或自我强制，当然宗教机构的权力（视实际大小）也可发挥一定的辅助作用。法律规范一般规定明确的权利和义务给人们的行动指明方向，并通过法律适用（司法）、执行（执法）活动具体地认定一个人的行为是否违法及应负何种法律责任，宗教规范大多是义务性规范，且未必要设置一个独立做出裁决的机构（中世纪宗教裁判所是一个例外）。从作用范围来看，传统的法律调整侧重于规范人的外部行为（现代法已将主观恶意纳入调整范畴），但其效力无条件地约束全体社会成员；宗教规范则兼顾调整人的外部行为与内心活动，但其效力仅限于本宗教信徒。

需要指出的是，尽管法律调整具有相当大的稳定性（法律的真谛就是给每个人的行为提供稳定预期，而不能"朝令夕改"），但是由于现代社会经济的快速发展，法律通过调整规范内容和程序要件以适应物质生活条件变化的变动频率很高，即法律立改废周期较短。相比之下，基于传统意识形态的约束和组织化之需要，宗教教规的变动相对十分缓慢，个别情况下还僵化顽固。因此，对于现代宗教的发展而言，一个很重要的问题就是实现戒律教规的现代化。当代中国宗教，有必要在社会主义政治的引导下，实事求是，解放思想，推动宗教的现代化转型，包括教规的现代化转型（伊斯兰教的解经工作即是如此，佛教、道教原来清规戒律的现代化发展亦是如此）。

当代中国，法律调整一国范围内全体公民和社会组织的所有活动，宗教教规只对本宗教信徒发挥作用，且其内容和精神，须与社会主义（政治和法律）相适应。因此，对于旧的教规，要在遵循国家法律精神的前提下进行适应性调整或修改；同时也可按照与时俱进的原则，在国法允许的限度内，颁布新教规或者提出教规的崭新解释。而对于国法和教规可以同时适用的事务，二者规定冲突时，法律具有优先性。

第三，国法与教规之间既有互补关系，又有替代关系；彼此互补、理念相合，有助于实现社会和谐稳定；彼此反对、相互替代，则产生政教冲突。需要强调的是，作为人类文明积淀和长期历史筛选之后而具有深远社会影响的宗教教规，将持续以社会规范（"软法"）内核的形式存在，它对于市民社会的养成具有极重要的涵养和形塑意义。

首先，国法与教规是互补的关系。一般来说，国家法律法规，意在维护社会公共秩序，保证公平正义，让公民和社会组织在和谐有序的氛围中生活；宗教教规，意在巩固宗教信仰，维系宗教感情，强化宗教义务，组织归属感和责任意识。二者调整范围和调整方式显然不同，但究其目的和最终效果而言，又有很大的互补性。例如，古代中国讲国法、天理、人情的结合，其中天理在很大程度上体现和反映着宗教的训诫与申命，而情理法三者又通过"礼"这样一个核心概念予以聚合、展现，宗教教义、法律规定乃至道德情怀相辅相成，共同维护了社会秩序。现代社会，尽管法律无往而不在地调整着各类社会关系，但侧重于调整法律行为、法律关系、法律权利义务的法律方法并不能解决所有社会矛盾纠纷问题，特别是难以调整人们的内心需求、终极关怀等。对此，宗教教义和诫命规则却通过宗教传统调整，即在每个人身上产生内在道德约束力的方式，对这些难题加以回答和解决。

实践中，许多虔诚的宗教信徒，将法律的外部约束和教规的内部约束联系起来。特别是基于严格的宗教修持，不但不会违法犯罪，破坏社会秩序，而且通过严格自律、内在心灵净化、道德提升和人格感染影响了周围很多人，为社会美好和谐秩序奠定了良好基础。所以，理解国法与教规的关系，首先要充分认识到它们之间的互补性。如果彼此互补、理念相合，则有助于实现社会的和谐稳定，有助于建立一个诚信修睦的公共社会秩序。

其次，国法与教规还是替代关系。国法与教规并不会天然地形成互补，国家机器和宗教组织有追求权力和影响最大化的共同属性。历史上看，基督宗教（上帝）和世俗政权（恺撒）二者间长期"争权夺利"，形成了尖锐的斗争关系：（1）公元4世纪至公元11世纪，教权服从皇权，教皇更多强调"上帝的归上帝，恺撒的归恺撒"，即教皇和国王互不干涉的阶段；（2）以"教皇革命"为标志，公元12世纪至公元16世纪，皇权服从教权，依据所谓"太阳和月亮"理论，教皇是太阳，国王是月亮，神圣罗马帝国皇帝因教皇加冕而产生，因此必须无条件服从教皇及罗马教会（教法体系由此形成）；（3）公元16世纪初至今，路德教会改革后，法国政治理论家让·布丹提出国家主权理论，即国家主权至高无上，不受其他政治权力的约束，之后经由欧洲"三十年战争"达成的《威斯特伐

第一章　中西法律文化比较　41

利亚和约》，以法律的形式确认了国家在边界内拥有最高权力，废除了教会对国家具有的高于主权的政治权威，否定了天主教超越国家主权的"世界主权"。由此可见，历史上国法与宗教存在着很大矛盾，彼此冲突，形成了替代关系。现代社会条件下，宗教虽然在法律规制的范围之外有着极大的自治权，但前提是不能违反国家法律的规定，即不能在国家边界内挑战国家的权威，挑战包括立法权、司法权、行政权在内的国家主权。所以，我们在看到二者互补性的同时，也要细心地注意和防范替代性问题。这种替代性，其一，在具体行为调整上由宗教规范、训诫代替了国家法律；其二，国家法律不作为，宗教教规大行其道，导致整体社会秩序混乱无序。当前，我国社会存在一种在食品、生活用品及生活方式领域过度"清真化"的倾向，需要高度警惕。

在法社会学、法人类学研究中，始终存在国家制定法（成文法）和民间习惯法（民间法）、硬法和软法、纸面上的法和行动中的法等概念和说法，而在特定的历史阶段或者特定的国家，国家法、城邦法、商人习惯法与宗教法也都是同时并存的。虽然在政教分离的国家，宗教组织内部的诫命、规则、仪式，不具有国家机关制定或认可，以及由国家强制力保证实施的外在条件，也不能称为法或者法律，但以法律法规为代表的"国家法律"（State law）和以教规为代表（还包括道德、社会习俗、乡规民约、组织纪律等）的"社会规范"（Social Norm）形成了人类社会二元调整结构。国家法律借助于缜密的概念设定、逻辑体系建构起一个以合法性和有效性为基础的规范体系，其必具特征是"上下有序、内外协调、体系完整、动态平衡",重要的社会关系必须由法律调整,法律规范必须明确、肯定、具体,具有可诉性和可操作性,各部门法之间、各种不同渊源的规范性法律文件之间要彼此衔接、和谐一致。社会规范显然不具备上述逻辑性、体系性、融贯性,但其对特定社会组织的特定事项具有调整的理念、诫命或者具体措施,也有直接或间接的后果意义。

从学理上看,教规作为社会规范(也即"软法")存在,对于市民社会的养成具有重要意义。"软法"看似不是国家的法律法规,可是它既有行为的软约束,更有思想上、心理上的硬约束,如果长期不遵从、相违背,不但难以维持社会整体的合法秩序,而且从根本上不利于国法权威的维护。在中国共产党十八届四中全会《关于全面推进依法治国若干重大问题的决定》中,对法律应否被信仰做出了旗帜鲜明的正面回答:"法律的权威源自人民的内心拥护和真诚信仰。……必须弘扬社会主义法治精神,建设社会主义法治文化,增强全社会厉行法治的积极性和主动性,形成守法光荣、违法可耻的社会氛围,使全体人民都成为社会主义法治的忠实崇尚者、自觉遵守者、坚定捍卫者。"这番宣示,无疑反映了深刻的现实政治需求,反映出国家公共权力和法律体系积极寻求拥有宗教般虔信权威的内在动力。

第四,中国宗教事务的管理体制和法律系统还不完善,对国法与教规应该做出进一步的技术性划分。

中国的宗教管理,已经初步形成了一个包括宪法、法律、行政法规、地方法规、部门规章与地方性规章在内的多层次的法律规章体系。但这些法律规章还没有起到应有的作用,行政管理与控制仍然是处理宗教事务的主导方式。现有管理模式存在的问题包括:其一,因受长期"左"倾思想的影响,一些干部把依法管理宗教事务同支持宗教发展壮大简单画等号,误认为在现阶段推动宗教发展在本质上与共产党所持的无神论无法融合,于是对宗教事务进行全方位严格约束,唯恐天下大乱。其二,现行法规本身赋予了宗教管理的行政机关较为独断的权力,而且对于公权力的行使还缺少相应的监督机制、程序和维权途径。与此同时,在政府各部门中,宗教管理部门通常都被看作边缘部门,得到的人力、物力、财力和政策支持都有所欠缺,影响了执法人员的积极性。其三,宗教行为同其他普通的社会行为相比有比较强烈的感情色彩,宗教信众对宗教执法工作的评价主观色彩比较浓厚。此时如果宗教管理者的工作方法简单粗暴,则其管理行为便无法得到广大信众的支持,乃至激化矛盾,使宗教管理工作遭受重大挫败。在有关实证调查中,受调查信众认为政府部门及其工作人员了解和不了解宗教的比例五五开,说明至少有一半的宗教执法工作被群众看成"瞎指挥""乱弹琴",没有维护好宗教团体的合法权益,伤害了信教群众感情,同时也败坏了宗教管理部门的声誉。其四,有关宗教事务的纠纷,包括违宪诉讼、行政诉讼、刑事诉讼甚至普通民事纠纷,一般来说进入法院寻求司法救济都比较困难。

在中国政府由传统的管制型政府向服务型政府转型的大背景下,必须转变传统上"约束为主,只管不理"的宗教管理理念向"引导为主,依法管理"方向发展;必须转变从封建王朝体制中沿袭下来的政府控制甚至操纵宗教的坏做法，修改和健全现行立法，改革宗教管理机制中的行政中心主义，对行政管理部门实施广泛的社会监督，真正使宗教事务的治理进入司法程序。充分调动宗教团体的积极主动性，引导其在社会公益特别是教育和慈善事业等事业中做出贡献，减轻政府的负担，减少审批事项和降低审批层级，提高执法人员素质，培养严格依法管理宗教事务的干部队伍，帮助他们在执法中了解宗教的特性，在实施法律的同时能够结合宗教相应特点，真正在信教群众中树立法律的权威，从而构建一个以引导为主、依法管理的宗教事务管理格局，保证法律得到实现。

四　法律、道德、宗教三元互补、内在联系的社会稳定结构

关于法律、道德、宗教三者的关系，人们一般有如下几种分析模式。

模式一：法律、道德和宗教犹如三条腿的椅子，三者完全平等，共同发挥社会功能，缺一不可。

模式二：道德是沟通法律和宗教的桥梁。没有宗教的堤坝，道德难以形成势能，一旦失范，往往一溃千里；而没有道德基础，法律就会显得苍白无力；同时，法律又是道德的最后防线。

模式三：从宗教天国到德性，再到世俗的法律。在法律之上，在宗教和道德之间（其实是二者的结合）存在"超级法"（super law）或者"高级法"（higher law）。鉴于道德对法律的基础地位，

学者提出"法律必须有德性"。而鉴于（西方天主）宗教对法律的重大影响，以美国法学家伯尔曼为代表的一些学者提出"法律必须被信仰，否则它将形同虚设"的论断。[①] 伯尔曼的箴言对法学家是一种启迪，引发了许多感悟。人们据此论证，若要建设一个法治社会，必须建立法律至高无上的权威，使法律成为人们的信仰，融入血液中，落实到行动上。人们发现，中国的落后，就在于我们的传统文化中没有对法律的信仰，我们过于注重道德和政治（权力）的作用，过于强调情理法的结合，法律在我们的社会调整中并没有起到至上的作用。为了使我们的社会走向现代化，实现依法治国，就必须让法律成为圣经，成为社会中唯一具有权威性的规范和机制。当然，伯尔曼命题也还有许多值得深入探讨的问题，例如：法律如何才能被信仰，法律信仰与宗教信仰的关系如何，等等。

模式四：先天禀赋——社会结构三元理论。笔者秉持此种观点，它类似于第一种模式，但理论表述更加全面、系统化。其一，在个人先天禀赋层面看，每个出生和存在于世的人都平等地具有灵性、心性、智性三种禀赋，即向上求索世界和个人运命之主宰的属性，向内体验个人心理、情感与关系慰藉的属性，向外获取世界万物知识与经验的属性。但由于种种主观—客观、确定—不确定的因素影

[①] 伯尔曼《法律与宗教》是在他 1971 年的一系列公开演讲的基础上整理而成的。其主要观点是：法律与宗教是两个不同然而彼此相关的方面，是社会经验的两个领域。尽管它们不容混淆，但任何一方的繁盛发达都离不开另外一方。没有宗教的法律，会退化成为机械僵死的教条；没有法律的宗教，则会丧失其社会有效性。参见伯尔曼《法律与宗教》，梁治平译，中国政法大学出版社 2003 年版。

响，并非每个人都能够全面实现和圆满这三种禀赋属性的潜能，个体间总有差异，从业结果上也必然有很大不同。其二，在整个社会结构——功能层面看，社会基本调整手段或者说三种行为存在方式分别是道德、法律、宗教。没有道德基础的法律必然得不到社会和公众的认同；没有宗教的约束和良心的谴责，法律人的职业素养和诚信人格无法建立。如果三者彼此互补、理念相合，有助于实现社会和谐稳定；彼此反对、相互替代，则产生人的内心冲突、行为冲突等，引发社会事件和动荡局面。笔者的基本观点是：法律、道德、宗教的社会价值的相通性和性质、功能、作用的差异性，为彼此的互动提供了必要和可能。

首先，必须承认法律、道德、宗教的功能、作用及其实现方式是有较大差别的。法律是人人必须遵守的，法律的实行带有强制性、外在性，而道德、宗教的实践则凭借道德素质、宗教信仰的驱动，带有自觉性、内在性。法律主要涉及人们的权利、义务问题，道德是协调人际关系，提倡超越物质利益，提升人格品位，宗教重信仰，追求心性完善、灵性完美、神性圆满。法律、道德、宗教三者实现主要社会职能及方式方法的差异，不仅反映了三者对社会生活的不同作用，而且在一定意义上也反映了社会不同人群对人生不同境界的追求。

其次，法律、道德、宗教三者的社会功能又有相合之处。法律重在治理国家，道德关注协调人际关系，宗教则偏于个人心灵修养。因此，在中国历史上往往形成这样的社会格局：以法治国、以德育人、以教（宗教）修心（见图1—2）。法治、德育、修心这种格局的形成，不仅不是偶然的，而且是互相联系、互相促进的。法律的制定与实践有助于道德建设和宗教信仰自由政策的落实，道德为法律的遵守、执行提供内在精神支撑，为尊重宗教信仰提供切实保障，宗教则为法律、道德提供信仰基础，有助于法律的实行和道德的建设。例如，当前中国道德下滑，诚信缺失，问题突出，要解决这样的问题，仅在道德自身领域努力是较为困难的，若能一方面增强法制建设，切实清除滋生贪污腐败现象的土壤，领导干部带头成为道德实践的榜样；另一方面引进宗教如因果报应理念中的合理因素，为人们自觉自愿地奉行去恶从善的道德践履提供理论机制和思想基础，则可能收事半功倍之效。法律的制定与实践有助于道德建设和宗教信仰自由政策的落实；道德为法律的遵守、执行提供内在精神支撑，为尊重宗教信仰提供切实保障；宗教为法律、道德提供信仰基础，有助于法律的实行和道德建设。人类社会历史表明，

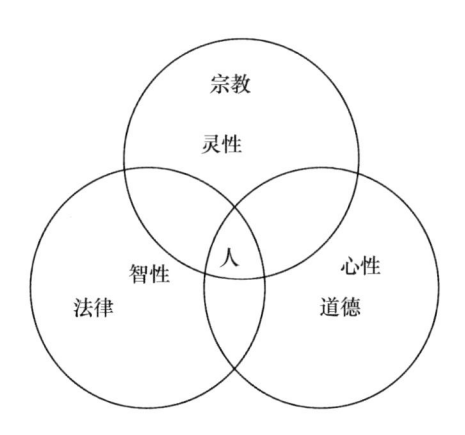

图1—2 人的天然禀赋与社会价值构图

法律、道德、宗教三种不同性质的行为规范在社会生活中互相配合、互相补充，有助于维持社会矛盾处于均衡状态，对于社会生活的正常秩序起到保障作用。

最后，从社会调整的历史性变迁角度看，古代中国（东方）社会，更多地呈现出"伦理法"的特点，强调德主刑辅以及诸法合体、以刑为主；古代西方（欧洲）社会，则更多地呈现出"宗教法"的特点，强调宗教神圣、高于世俗政权及其法律，故神判和中世纪宗教裁判所影响很大。这一切从新教革命（包括文艺复兴和罗马法复兴）之后，中西方的社会治理模式均遭遇了巨变，即殊途同归地走上了一条以法律调整为主、兼顾道德教化与宗教（团体和场所）作用的新路。

当前，把法律、道德、宗教三者联系、结合起来思考，推动彼此间的良性互动，对中国和谐社会的构建具有重要的战略意义，值得我们从理论和实践相结合的角度深入探索，分析研究。通过学术性、理论性的探讨，从社会学、文化学的角度，建设法律、道德、宗教的良性关系，以求在认知上有所突破，行动上有所落实，进而促进社会的和谐发展。

笔者在合理搭配三者关系，促进社会和谐的共时性推动方面有一个观点，即依法治国、以德育人、以教修心。如果真的能够平衡三者之间的关系，无疑将有助于纠正当前人与人之间的"信仰、信心、信任"危机，改善道德滑坡，推进依法治国，实现社会和谐均衡。

◇◇ 第三节　儒释道思想影响下的中国法律文化

如前所述，在中国几千年文明的绵延传承中，逐渐形成了法律、道德、宗教三种意识形态彼此渗透、内在联系、相辅相成的超稳定社会结构，而在传统法律文化的形成过程中，儒释道三家思想也具有影响。以下侧重于儒家思想但对三家均分别加以讨论。

一　儒家思想影响下的中国法律文化

孔子与其所创立的儒学是中华文化的主干和主体部分，并且长期居于主导地位。孔子思想最重要的作用是确立了中国文化的价值理性，奠定了中华文明的道德基础，塑造了中国文化的价值观，赋予了中国文化基本的道德精神和道德力量，"道德的文明"成为中国整体文化的突出特征。记录孔子及其弟子言论的《论语》，贯穿其中的是以"仁"为核心、以复礼为目的的思想体系。他主张"礼制""德治"和"人治"，建立"君君、臣臣、父父、子子"的伦理等级秩序。

陈来先生总结孔子思想的道德力量有以下几个主要方面：第一，崇德。崇德就是把道德置于首要的地位，在任何事情上皆是如此，无论政治、外交、内政、个人，都要以道德价值为处理和评价事务的根本立场，对人对事都须先从道德的角度加以审视，坚持道德重于一切的态度。如在治国理政方面，孔子强调："道之以政，齐之以刑，民免而无耻；道之以德，齐之以礼，有耻且格。"[1] 孔子的理想是用道德的、文化的力量，用非暴力、非法律的形式实现对国家、社会的管理和领导，这一思想也就是"以德治国"。第二，贵仁。仁是指仁慈博爱，代表了所有的德行，它是儒家思想的最高思想境界和社会理想，是在家庭伦理基础上，提出的社会文化的普世价值。其在伦理上表现为博爱、慈惠、能恕，在情感上表现为恻隐、不忍、同情，在价值上表现为关怀、宽容、和谐，在行为上表现为和平、共生、互助、扶弱以及珍爱生命、善待万物等。第三，尊义。即在处理义利关系时君子的特征和品质是尊义、明义，坚持道义高于功利；追逐功利则是小人的本质，争利必亡。这种义利之辨不仅适用于个人，也适用于社会、国家。孔子的儒学主张"国不以利为利，以义为利也"[2]，即国家不能只追逐财富利益，而应该把对道义的追求看作最根本的利益。第四，守中。"中"的本义是不偏不倚，即指对道德原则的把握要随时代环境变化而调整，使道德原则的应用实践能与时代环境的变化相协调，避免道德准则的固化僵化。"庸"即是不变之常，尽管时代环境不断变化，尽管人要不断适应时代环境变化，道德生活中终归有一些不随时代移易迁变的普遍原则。孔子主张"执其两端，用其中于民"，"中立而不倚"。[3] 中庸的思想提醒我们注意每一时代社会的两种极端主张，力求不走

---

[1]《论语·为政》。
[2]《礼记·大学》。
[3]《礼记·中庸》。

极端,避免极端,不断调整以接近中道。这种中道思想和中庸之德赋予了儒家与中华文明稳健的性格。在中华文明的历史上,在儒家思想所主导的时代,都不曾发生极端政策的失误,这体现了中庸价值的内在引导和约束。第五,尚和。儒家学者强调"和"与"同"的不同,"和"是不同事物的调和,"同"是单一事物的重复,"和"是不同元素的和谐相合,"同"是单纯的同一。这些和同之辩的讨论都主张"和"优于"同",和合优于单一,认为差别性、多样性是事物发展的前提,不同事物的配合、调和是事物发展的根本条件,崇尚多样性,反对单一性。因为单一性往往是强迫的同一,而和合、调和意味着对差异和多样性的包容、宽容,这也正是民主以及"协和万邦"的基础。①

孟子发展了孔子"仁"为核心的"德治"理论,明确提出"仁政"。他说"仁者无敌","以德行仁者王"。统治者只能"以德服人",不能"以力服人"。他的重民思想很突出,在孔子仁爱思想的基础上,提出了"民为贵,社稷次之,君为轻"。不过,他也主张"人治",在先秦思想家中首先提出"贤人政治"。

就占据主流思想地位的儒家传统对法律文化的影响而言,大体可以归纳为以下几个特点。

(一)"出礼入刑""德主刑辅"的国家治理模式

礼起源于中国古代社会的宗教仪式,进入阶级社会后改造成体

---

① 参见陈来《孔子思想有哪些道德力量》,《道德与文明》2016年第1期。

现等级秩序的行为规范，影响广泛。它的主要功能是"别贵贱，序尊卑"。西周初，实行礼制，礼成为国家运转的大法。"礼，经国家，定社稷，序民人，利后嗣者也。""道德仁义，非礼不成；教训正俗，非礼不备；分争辩讼，非礼不决；君臣上下，父子兄弟，非礼不定；宦官事师，非礼不亲；班朝治军，莅官行法，非礼威严不行。""夫礼，天之经也，地之仪也，民之行也。"礼之所以被捧到如此高的地位，是由于它的原则与内容适于维护以王权、父权为核心的等级秩序。《盐铁论》称："礼周教明，不从者，然后等之以刑。刑罚中，民不怨也。""安上治民，莫善于礼。"这就是说封建统治者认为，礼是刑罚的指导原则，礼的规范作用又靠刑维系。①

按照儒家思想，治理国家，不能一味地严刑峻法，以"杀"去杀，刑事法律规范的规定必须以道德规范为基础，并按照伦理道德原则来评价立法、司法和执法的优劣。以道德调整为主，以法律（刑罚）调整为辅，从而维护善良淳朴的社会秩序。这方面属于伦理范畴的"五伦"原则（君臣有义，父子有亲，夫妻有别，长幼有序，朋友有信）在维护社会和谐稳定方面发挥着重要作用。这五种关系中的每个角色都各有其道德要求和道德标准，即君敬臣忠、父慈子孝、夫和妻顺、兄友弟恭、朋谊友信。

自汉武帝采纳董仲舒"罢黜百家、独尊儒术"的建议，儒家学者以经义注释和施用法律之后，儒法会通合流加速，礼与法的关系形成"本"与"用"的关系。所谓"德礼为政教之本，刑罚为政

---

① 刘海年：《我国古代法律文化主要内容、特点及影响》，《中国社会科学院报》2008年第2期。

教之用，犹昏晓阳秋相须而成者也"。礼有治国、理家、律己的功能，礼刑结合、儒法会通，成为中国古代社会长治久安、国家治理的关键。

(二) 以和为贵、追求和谐的精神价值

儒家传统法律文化的核心是和谐的法律理念，以和为贵，"和合人文精神"起源于中国，儒家文化主张"仁爱、和谐、诚信、中庸"，"君子和而不同"，"和为贵"，"克己复礼"，"以诚待人"，"己所不欲，勿施于人"等思想，认为和谐比冲突更能维持社会秩序，重视和谐统一，提倡"调和""中庸"之道，追求社会整体的同一性和平衡性，达到社会政治秩序的正常运行，以政治秩序的稳定为最高的目标。[1] 和谐理念对法律体系的影响具体表现在以下三方面。

第一，在法律基点上，强调官——民、君权——民权的和谐统一。儒家传统法律文化侧重于强调国家与民众以及社会各层级主体之间的和谐共处，官员们被不正当地假设为"父母官"或"青天大老爷"，个人权利难免从属于父权、族权或国家权力。由此，以个人权利为理由要求得到法律公平对待的考虑被消融在对和谐社会生活的追求中。迄今为止，创造经济奇迹的"东亚模式"仍被认为是"威权政治"的一种表现，即重视政府在经济增长和社会进步方面的积极作用，鼓励民众为了国家整体利益而避让甚至牺牲个人利

---

[1] 冯玉军：《全球化中的东亚法治：理论与实践》，中国人民大学出版社2013年版，第218—249页，特别是第六章"和谐理念与无讼话语及其对东亚法治的影响"。

益。第二，在法律功能上，视法律为实现社会和谐的工具。国家重视发挥法律与道德在促进社会和谐方面的促进作用。在文化传统中强调法律的教化作用，表彰孝子、孝孙、义夫、贞妇，对他们同户籍者一概免除课役，对犯亲族之罪，依其亲属关系来加重处罚以促进孝道。第三，在法律运行上，偏于通过调解或其他非诉讼方式来解决纠纷。民众碍于"面子"、对法律的不信任或为了维护其声誉等原因，习惯于请求法院或者官员利用和解、调停等手段从法律之外寻求道德等其他社会规范解决纠纷。即使不满成为纠纷，也通过让步、调解等办法加以解决。

总之，儒家文化影响下的东亚法律传统是一种伦理道德意义上的法律伦理主义。它是实质的伦理法——追求道德上的正义性而非规范的法律。[①] 这一理念承认法律与道德之间的必然性联系，并以此来确立法律的价值基础，进而累积了法律整合的文化、习俗、心理和历史渊源基础。

儒家和谐理念也有其局限性。首先，和谐理念强调更多的是维护群体的秩序与和谐，而非个人正义与权利的发扬。其次，和谐被视为不易的真理，冲突是不好的，如果不能避免，最好也能迅速和解，让和谐的秩序重新恢复。再次，因为群体的秩序常常掌握在强者手里，强者容易假借群体和谐之名压制与其发生争执的弱者，一味追求和的情况下，往往只促成表面的和谐，弱者常常得不到保障，许多被害人无处申诉，只能通过非理性途径上告或上访求出

---

① 公丕祥：《东方法律文化的历史逻辑》，法律出版社2002年版，第356页。

路，一旦积压的怨怒爆发，后果有时反而更难收拾。最后，人们常用调解和谈判协商等非诉讼方式解决纠纷，这也使得法律在社会实际生活和人们的心目中会降到次要的位置，相应的，人们的权利意识也必然会相对薄弱。

(三) 人为贬抑诉讼、追求无讼的司法原则

孔子说过："听讼，吾犹人也，必也使无讼乎！"[①] 和谐是中国文化的最高价值。千百年来，人们解决纠纷的最高标准就是"和为贵"，封建官吏在审判中更是以避免诉讼、注重调解、息事宁人为能事。由此形成了"盛世无讼""天下无贼"等儒家法律理想。

依照《说文解字》的说法，"讼，争也"，即"讼"是用来指各种纠纷、争议。《周易》当中有这样一句话，即："讼，有孚窒惕，中吉，终凶。……以诉受服，亦不足敬也。"大意是说诉讼这件事情人们是要时刻警惕的，虽然通过诉讼暂时能得到些好处，但最终还是会大祸临头的……就算是通过诉讼得到了荣耀，也并不让人佩服。无讼，它既包括人们厌讼、贱诉的一种心理状态即无讼观，也包括人们不喜欢到官府衙门去解决纠纷的一种无讼的行为。在古代中国，整个社会对于诉讼基本上持一个否定的态度，但社会各个阶层包括统治者、官僚士大夫、平民百姓在对待诉讼的具体心态上以及相应的行为上还是有所不同。

第一，统治者主张无讼。各代统治者在面对诉讼现象时的态度

---

① 《论语·颜渊》。

无疑是消极的，并且采取了一系列措施来抑制诉讼。历朝统治者，无论是圣明贤主之辈，还是昏庸暴君之流，其所作所为无非是为了使自己以及子孙后代的江山能够永固，为此，统治者们总是尽力使整个社会趋于一种稳定平和的状态，而纠纷和诉讼的出现，使稳定平和的社会状态面临被打破的危险，对于他们来说，这是绝对不允许的。更重要的是，诉讼减少还可以大大节约国家有限的"力量"，从而可以让公权力资源转而处理外患、战争等其他事务。基于这样的心态，历代统治者采取了种种措施来达到抑制诉讼的目的，其中最典型的就是制定法律等来规定众多不许告诉的情况。如在《唐律疏议》中对于诸如晚辈对于祖父母、父母及其长辈亲属、部曲奴婢对于主人、长辈对于晚辈亲属、普通人对于老幼笃疾者的告状规定了非常严厉的惩罚。[①] 元朝《至元新格》规定："诸论诉婚姻、家财、田宅、债负、若不系违法重事，并听社长以量谕解，免使妨废农务，烦扰官司"；明朝户部发布的教民榜文曾规定："民间户、婚、田、土、斗殴、相争一切小事，不许轻便告官。"

第二，官僚士大夫主张无讼。儒家在西汉被定为官方意识形态之后，成为全社会的主流思想，其对待诉讼的态度也随之被整个官僚士大夫所接受，他们认为在纷争产生前，通过礼教和德化等措施能使纷争控制到最低限度。而在产生纠纷后，也应将调解等方式作

[①] 如"子孙对祖父母、父母不得提起诉讼，违者绞"等，见《唐律疏议》，刘俊文点校，法律出版社1999年版，第465—485页。

为解决纠纷的工具，尽量避免采取诉讼的手段，① 总之他们总是力图使整个社会达到一种无讼的状态。以下兹列数例证明。宋代大儒朱熹曾经做过地方官，审理过不少案件，他在《劝谕榜》中讲道："劝谕士民乡党族姻所宜亲睦，或有小忿，宜启深思，更且委屈调和，未可容易论诉。盖得理亦须伤财废业，况无理不免坐罪遭刑，终必有凶，且当痛戒。"② 明朝大儒王守仁（号阳明先生）创十家牌法，内容之一便是："每月各家照牌互相劝谕，务令讲信修睦、息讼罢争，日渐开导，如此则小民益知争斗之非，而词讼亦可简矣。"③ "心要平恕，毋得轻意忿争；事要含忍，毋得辄兴词讼；见善互相劝勉，有恶互相惩戒；务兴礼让之风，以成敦厚之俗。"④

明代名臣海瑞在浙江淳安做父母官的时候，虽然为官清明，断案公正，但对于词讼一事依然持反对态度，认为这是世风日下、道德败坏的表现。他曾针对淳安争讼日益增多的现象发表评论说："淳安县词讼繁多，大抵皆因风俗日薄，人心不古，惟己是利，见利则竞。以行诈得利者为豪雄，而不知欺心之害；以健讼得者为壮士，而不顾终讼之凶。而又伦理不悖，弟不逊兄，侄不逊叔，小有芥蒂，不相能事，则执为终身之憾，而媒孽讦告不止。不知讲信修睦，不能推己及人，此讼之所以日繁而莫可止也。"⑤

---

① 一些流传至今的古代法律事例如蓝鼎元巧解兄弟争产案，姚一如以德教化化解兄弟争产案等就很明显地体现了古代官僚士大夫的这种态度。
② 《朱文公文集》卷一百。
③ 《王文成公全书》卷十七。
④ 同上。
⑤ 《海瑞集》上册，中华书局1962年版。

第三，平民老百姓厌讼。《笑林广记》记载说："两造各有曲直，不得已而质诸公庭，官则摄齐升堂。见颜上座，无是非，无曲直，曰：'打而已矣。'无天理，无人情，曰：'痛打而已矣。'故民不曰审官司，而曰打官司，官司而名之打，真不成为官司也。"① 古代的老百姓普遍怀有厌诉、贱讼的心理，"由于崇尚无讼，随之而来的必然是厌讼、贱讼……"②。以至于人们谈"法"色变，视诉讼为畏途，当人们之间产生了纠纷，宁肯寻求诉讼以外的途径解决也绝不愿对簿公堂。

无讼传统也有其较大的负面影响。首先，其对律师职业影响恶劣。由于普遍怀有的"贱诉"心理，国人普遍对"讼师""律师"一类职业持有鄙弃态度，将其定性为"坏"的职业。历朝历代都用各种规定加以限制，③ 文人学者也用著书言说加以批判。④ 其次，无讼话语消弭了民众权利意识和正当法律要求，不利于形成对法律的信仰，令广大老百姓视对簿公堂为畏途。所谓"一场官司十年仇"，"冤冤相报，何时是了"，能私了便私了，不幸遭讼，还是"大事化小，小事化了"。

---

① 游戏主人：《笑林广记·听讼异同》，中州古籍出版社2008年版。
② 张晋藩：《中国法律的传统与近代转型》，法律出版社2005年版，第270页。
③ 唐律列有"为人作辞牒加状"及"教令人告事虚"的两条律文；明清律并为"教唆词讼"一条，尤其是《大清律例》更突出了打击的锋芒。按《大清律例》教唆词讼律文规定："凡教唆词讼，及为人作词状增减情罪诬告人者，与犯人同罪。"参见刘志峰《"无讼"理想及其对现代法律的影响》，《青海民族学院学报》（社会科学版）2001年第1期。
④ 清人汪辉祖在《学治臆说》里谈其讼师时，认为其"唆讼害民，二者不取，善政无以及人，必须惩治之"。

(四)"天理""国法""人情"相结合、注重调解的纠纷解决模式

这种思维模式的好处在于避免了考虑问题的片面性,认为任何事物的因果关系和是非曲直往往是由多种因素决定的。中国古代系农业自然经济。人民大众因血缘关系聚族而居,因地缘关系邻里相望,相互关系盘根错节、枝蔓相连。在此社会经济和文化传统下,和睦相处既是大众共同需要,也是统治者所希望。俗语说"一场官司,三世仇",争纷凡能自行调解,尽可能不诉诸官府。明太祖朱元璋洪武三十一年(1398年)颁行之《教民榜文》称:"民间户婚、田土、斗殴相争,一切小事不准辄便告官,要经由本管里甲、老人理断。若不经由者,不问虚实,先将告人杖断六十,乃发回里甲、老人理断。"其理由是:"老人、里甲与乡里人民,居住相接,田土相邻,平日是非善恶,无不周知。凡因有陈诉者,即须令议从公部断。"清康熙更是提倡"笃宗族以昭雍睦,和乡党以息争讼"。在官府的大力支持下,普遍盛行宗族调解、相邻亲友调解、基层里保调解和县州府调解。这说明调处解决争纷,既有群众基础也是官府需要,朝廷圣谕、乡规民约和家族法成为国古代社会解决大量民事和轻微刑事案件之重要途径。

古代调解制度的特点是:第一,调解形式多样,有民间调解、官府调解以及官批民调三种基本形式。民间调解又可细分为三种形式:一是基层社会组织中的乡正、里正、村正、保甲长等的调解;二是宗族内的族长调解;三是乡邻之间的调解。官府调解的主体主要是州县官和司法机关,由于中国古代地方行政长官兼理司法,故

官府调解的主体主要为地方行政长官。官批民调鉴于官府调解和民间调解之间，具有半官方性质，官府认为情节轻微，不值得传讯，或认为事关亲族关系，不便公开传讯的，有时即批令乡保、族长等人予以调解，并将调解结果报告官府。第二，调解时依据的主要为"礼"等儒家伦理道德和民间习俗，以"动之以情、晓之以理"为主要方法，以"息讼""德化"为主要原则，贯穿着中国传统诉讼文化的最高价值导向——"和为贵"和"无讼"理想。同时也体现出通过调解节约解决纠纷成本，减轻百姓负担的目的，在一定程度上也反映了统治者"体恤民情"之意。第三，调解带有强制色彩，是处理一般民事纠纷的必经程序，当事人一般不得径行起诉至官府，否则即被视为"越诉"，而受到处罚。第四，在诉讼调解中，甚至在民间调解中，充满职权主义色彩，调解主持人在调解过程中掌握主动权，为达到调解目的，调解主持人可以动用刑罚等手段迫使当事人接受调解。第五，无论是官方调解还是民间调解，都是在国家权力的制约之下进行的，因而调解一经达成，即具有法律强制力，当事人一般不得反悔，并不得重新起诉。

古代社会也非常重视法制宣传教育，其内容非常注意情理法，特别是法律与思想道德相结合。古代法律本来就是"寓礼于法"，法律与道德紧密结合。康熙《圣谕十六条》颁布后，立即有官员编写《上谕和律集解》，逐条讲解其含义，然后阐明违反各条内容的行为，附以大清律应受何种惩罚。对于康熙后来发布的圣谕除逐条讲解并附有相应律文的之外，还编了诗歌在民间传颂。这种法制宣传既增加了法律的亲情味，又强化了道德的规范力，将家庭、学校教育与社会教育结合起来，进一步提高了法制宣传和思想教育的效果。①

以下以"苏东坡断扇之判"来分析古代情理法结合调处纠纷的情况。苏东坡任杭州知府期间，勤于理政、兴利除弊，赢得老百姓的交口称赞。一日，苏东坡知府升堂，见两个人推推搡搡上到堂前。苏东坡仔细询问，才知道他俩一个是制扇作坊的工头，另一个是西湖边某杂货店的店主，两人争讼，是为一千把扇面的买卖合同纠纷。案情如下：每年春夏之际到西湖边观赏美景的游人特别多，来此的文人雅士和淑女名媛都愿意买把小扇，随身携带或者天热纳凉。考虑到这种商品的需求量比较大，因此早在一年前，杂货店老板（销售方）就一次性向制扇作坊（生产方）定制了一千把扇面，签署了扇面购销合同。转眼合同期限临近，制扇作坊如期做好了一千把扇面，前来送货并要对方给付价金。可在这时，杂货店老板却以今年天气不好，阴雨连绵，扇面根本卖不出去，出现了合同约定的"不可抗力"，并以此为理由拒绝接收这批货。而制扇作坊多位工人辛辛苦苦工作许多天，因对方拒不接货，却得不到应得的工钱。于是双方前来衙门打官司，希望苏东坡裁断案件。

如果采取现代法律的思维，审理这种债权债务纠纷，首先必须依据法律确定谁是债权方，谁是债务方，而后就能明确扇面购销合同的违约责任，并依据实际损失进行赔付。本案中，站在制扇作坊的立场看，杂货店老板在合同到期时不仅拒绝收货，而且不给付价

---

① 刘海年：《我国古代法律文化主要内容、特点及影响》，《中国社会科学院报》2008年第2期。

金，违约责任显然在他，法庭应该判令杂货店老板继续履行合同，给付足额的价金，并承担己方的其他相关损失（如诉讼费用等）；但是如果站在杂货店老板的立场看，今年气候突变，春夏之际阴雨连绵，显属"不可抗力"，而合同约定因不可抗力而导致合同不能履行，不得追究合同当事人的责任，对方所要求的违约赔偿毫无道理，法庭不应支持。双方各不相让，"公说公有理，婆说婆有理"。对此法官很难做出让两方都能接受的公平合理的裁决。而且无论站在哪一方当事人的立场进行处理，其结果总有另一方会受到损失，如此判决只能是解决了双方表面的是非得失，却无法从根本上对扇面生产和销售的综合成本加以改变，自然也就谈不上辨法析理，使原被告双方胜败皆服。

但是，苏东坡才高八斗，机智敏捷，听完案件原委之后，就对制扇作坊的工头说："去，把你在仓库里积压的扇面全都拿来，本官有要事处理。"过了一会儿，扇面拿到大堂，笔墨砚台也都备齐了。只见苏东坡写的写、画的画，大约有两个时辰的工夫，他在一千把扇面上有的题诗，有的作词，有的绘画，全都完成了。这时候苏东坡就让杂货店老板拿出去销售，看能不能卖得出去。听说是大文豪、知府苏东坡亲笔题写的扇面，很多人纷纷解囊，以高价求购。

面对着白花花的银子，杂货店老板和制扇作坊的工头喜出望外，苏东坡让他们二人平分这笔收益，一个因不可抗力造成的合同纠纷不但没有令一方当事人向另一方当事人赔钱，反而使他们各得其利，其乐融融。而苏知府东坡居士自己呢，也让更多的人领略了其诗书画三绝才艺，从此名声更大了。从一定意义上说，他的这一绝妙判决，获得了两全其美、三方共赢的最佳结果。

(五)树立严格执法、道德清廉的清官典型示范

包公(999—1062)，名拯，字希仁，庐州合肥(今属安徽)人。他是仁宗天圣五年(1027)进士。中进士后，因父母年事已高，不忍远去为官，直到双亲相继去世，守孝完毕，才在亲友的劝说下为官，其间长达十年之久，所以包拯以孝行闻于乡里。包拯从县令被提拔为监察御使后，常常奉旨巡察各地，惩治了许多贪官污吏，查办了无数疑难案件，被老百姓称作"包青天"，使贪官污吏、恶霸盗贼闻风丧胆。包拯权知开封府，以廉洁、正直、刚毅、无私著称。他办案时，执法严峻，不畏权贵。过去民人告状不得径至庭下，包拯却开正门，使百姓可以在他面前陈屈诉冤。所以权贵为之敛手，人人惮畏。后因功勋卓著，包拯被仁宗皇帝封为龙图阁直学士，官至枢密副使。

宋仁宗景祐四年(1037)，包拯任安徽天长知县，颇有政绩。包拯初任天长知县时，县里发生了一个奇怪的案件。有个农民夜里把耕牛拴在牛棚里，早上起来，发现牛躺倒在地上，嘴里淌着血，掰开牛嘴一看，原来牛的舌头被人割掉了。这个农民又气又心痛，就赶到县衙门告状，要求包拯为他查究割牛舌的人。这个无头案该往哪里去查呢？包拯想了一下，就跟告状的农民说："你先别声张，回去把你家的牛宰了再说。"农民本来舍不得宰耕牛，按当时的法律，耕牛是不能私自屠宰的。"私杀者，要判一年徒刑。"但是一

来，割掉了舌头的牛也活不了多少天；二来，县官叫他宰牛，也用不着怕犯法。那农民回家后，果真把耕牛杀掉了。第二天，天长县衙门里就有人来告发那农民私宰耕牛。包拯问明情况，突然沉下脸，吆喝一声说："好大胆的家伙，你把人家的牛割了舌头，反倒来告人私宰耕牛？"那人一听就呆了，伏在地上直磕头，老老实实供认是他干的。原来，割牛舌的人跟那个农民有冤仇，所以先割了牛舌，又去告发牛主人宰牛。打那以后，包拯善于审案的名声就传开了。

包拯做了几任地方官，每到一个地方，都取消了一些苛捐杂税，清理了陈年积案。后来，他被调到京城做谏官，也提出不少好的建议。宋仁宗想整顿开封的秩序，就把包拯调任做开封府知府。开封府是皇亲国戚、豪门权贵集中的地方。以前，不管谁干这份差使，都免不了跟权贵通关节或接受贿赂。包拯上任以后，决心整顿这种腐败的风气。按照当时的规矩，谁要到衙门告状，先得托人写状子，并通过衙门小吏呈递给知府。一些讼师恶棍，就趁机敲诈勒索。包拯第一把火就破除了这条"恶"规矩，老百姓要诉冤告状，可直接到府衙门前击鼓。鼓声一响，府衙门就大开正门，让老百姓直接上堂控告。这样一来，衙门的小吏也就不敢做手脚了。

有一年，开封发大水，有一条惠民河的河道阻塞，洪水排不出去。包拯一调查，河道阻塞的原因是有些官宦权贵侵占了河道，在河道上修筑亭台花园。包拯立刻下命令，要这些园主把河道上的建筑全部拆掉。有个权贵不肯拆除，开封府派人去催促，那人还强词夺理，拿出一张地契，硬说那块地是他的产业。包拯详细查看，发现地契是那个权贵自己伪造的。包拯十分生气，就勒令那人拆掉花园，还写了一份奏章向宋仁宗揭发。那人一看事情闹大，要是仁宗真的追究起来，也没有他的好处，只好乖乖地把花园拆了。

一些权贵听到包拯执法严明，都吓得不敢为非作歹了。有个权贵想打通关节，打算送点礼物给包拯，旁人提醒他，别乱搞了，包拯的廉洁奉公是出了名的。他原来在端州（今广东肇庆）做过官。端州出产的砚台，是当地的特产。皇宫规定，端州官员每年要进贡一批端砚到内廷去。在端州做官的人往往借进贡的机会，向百姓大肆搜刮，私下贪污一批，去讨好那些权贵大臣。搜刮去的端砚比进贡的要多出几十倍。后来，包拯到了端州，向民间征收端砚，除了进贡朝廷的以外，连一块都不增加。直到他离开端州，从没有私自要过一块端砚。那权贵听了，知道没有空子好钻，也只好罢休。包拯任开封知府前后只一年有余，但他敢于惩治权贵的不法行为，坚决遏制开封府吏的骄横之势，并能够及时惩办无赖刁民，从而在这短短的时间内，把号称难治的开封府治理得井井有条。由于包拯在开封府执法严明，铁面无私，敢于碰硬，贵戚宦官也不得不有所收敛，听到包拯的名字就感到害怕。妇孺都知道包拯之名，亲切地称呼他为"包待制"（包拯当过天章阁待制）。在当时的开封府百姓中还广泛流传着这样的话："关节不到，有阎罗包老。"（"阎罗"是传说里管地狱的神）用黑面阎罗比喻包拯的铁面无私。

包拯对亲戚朋友也十分严格。有的亲戚想利用他做靠山，他一点也不照顾。日子一久，亲戚朋友知道他的脾气，也不敢再为私人的事情去找他了。宋仁宗很器重包拯，提升他为枢密副使。他做了大官，家里的生活照样十分俭朴，跟普通百姓的生活一样。过了几年，他得重病亡故了，留下了一份遗嘱说："后代子孙做了官，如果犯了贪污罪，不许回老家；死了以后，也不许葬在包家的坟地。"

由于包拯一生做官清廉，不但生前得到人们的赞扬，在他死后，人们也把他树为清官的典型，尊称他"包公"。民间流传着许多包公铁面无私、打击权贵的故事，编成包公办案的戏曲和小说。虽然其中大都是虚构的传说，但是也反映了人们对清官的敬慕心情。

海瑞（1514—1587），广东琼山（今属海南）人，字汝贤，号刚峰。他取此号的意思是终生刚正不阿。他是明朝嘉靖时期的著名清官，由于敢于直言进谏，惩恶扬善，一心为民谋利，被人民敬为海青天、南包公，其英名流传至今。

正德九年（1514），海瑞出生在海南一个官宦世家。然而，直到36岁时，他才考中举人。此后，海瑞两次千里迢迢进京参加进士考试，但都名落孙山。这让他决心放弃科举，直接找负责官员选派的人事部门，希望能以"举人"的身份谋到一份差事。嘉靖三十三年（1554）年底，40岁的海瑞被任命为福建延平府南平县教谕——一个类似于县级学校校长的职务。

海瑞虽然身居边地一隅，在一个小县城里做"蚊子大"的小官，但是在上任不久就引起了朝野的关注。延平府的督学官到南平县视察工作，海瑞和另外两名教官前去迎见。在当时的官场上，下级迎接上级，一般都是要跪拜的。因此，随行的两位教官都跪地相迎，可海瑞却站着，只行抱拳之礼，三人的姿势俨然一个笔架。这位督学官大为震怒,训斥海瑞不懂礼节。海瑞不卑不亢地说:"按大明律法,我堂堂学官,为人师表,对您不能行跪拜大礼。"这位督学官虽然怒发冲冠,却拿海瑞没办法。海瑞由此落下一个"笔架博士"的雅号。

过了几年,海瑞因为考核成绩优秀,被授予浙江严州府淳安县知县。淳安县经济比较落后,又位于南北交通要道,接待应酬多如牛毛,百姓不堪其扰。海瑞进入官场后,恪守"不受礼,不行贿"的原则。他说:"若天下的官员都不送礼,也不见得都不提升;若天下的官员都送礼,也不见得就没人被罢免。"海瑞认真审理积案,不管什么疑难案件,到了海瑞手里,都一件件调查得水落石出,从不冤枉好人。当地百姓都称他是"青天"。海瑞本人穿布袍,吃粗粮,让老仆人在自家后园里种菜,自己也常和家人一起劳动。肉类食物,平时难得吃上一次。有一次,为了给母亲过生日,海瑞买了两斤肉,结果这消息不仅传遍当时任职的淳安县城,甚至整个官场都知道了。

海瑞不仅自己生活俭朴,还严禁其他官员公款吃喝,反对民间奢侈浮华之风。做淳安县知县时,海瑞就颁布了著名的《禁馈送告示》和《兴革条例》,严格规定官吏调转,不许迎送;下级参谒上级,不许送礼;不许各级官员向农民吃拿卡要;不许向上级派来的检查人员馈送财物等。一次,海瑞的顶头上司、总督胡宗宪的儿子路过淳安县,接待人员按规定标准为其提供食宿。胡公子不满意,就向负责接待的驿吏大发雷霆,还把驿吏倒挂起来,鞭打训斥。海瑞得知,马上派人把胡公子关押起来,并没收了他随身携带的千余两银子。海瑞说:"胡总督为官堂堂正正,他一直教育属下不要铺张浪费。现在这个人行装奢侈,一定不是胡总督的儿子。"胡宗宪得到消息后,只好打掉牙往肚子里咽。后来,都御史鄢懋卿到淳安县视察工作,这个人是大贪官严嵩的亲信,海瑞拒绝给他浩浩荡荡的随从队伍提供食宿,鄢懋卿只好绕道而行。

海瑞是个封建官吏,但他一生清正廉洁,因而受到后人的尊敬和怀念。如今,我们的社会风气不太好,不能说与贪官的推波助澜没有关系。这几年,入狱后的贪官常常慨叹:"我的犯罪给社会、组织、家庭和个人造成难以挽回的损失,要是当初有人提个醒就好了。"对于贪官的这番表白,我们试着反问一句:谁去提醒贪官呢?一个海瑞是不够的,人民对海瑞的怀念主要是因为社会上涌现了一批贪官,这正说明需要加强民主和法制建设。美国比较法学家和法制史学家伯尔曼有一句名言:"法律必须被信仰,否则它将形同虚设。"当今社会呼唤海瑞是为了加强法治力量,法治的进步有赖于法律至上原则的建立,有赖于全民法律意识的整体发展,有赖于法律体系的建立和完善。

(六)体恤民情、谨慎刑罚的人性化法律制度

在中国两千多年的封建法律制度当中,基于民本思维和德主刑辅国家治理的需要,在刑事法律当中也有不少体恤民情、轻判轻罚的人性化制度,这些可贵的法律特质和文明传统对于当下中国的法治建设无疑是重要的历史参照(见表1—2)。

表 1—2　　　　　　　　　　　人性化的法律制度

古代人性化制度	现代法律的规定
"三纵""三宥"	对无行为（责任）能力人和限制行为（责任）能力人的宽大
录囚	死刑复核制度
逐级复审制度	四级两审终身制
恤囚慎刑	对妇女犯罪、犯罪自首者、有重大立功表现者的宽大处理
"登闻鼓"、京控、诣阙上书	信访制度、上访制度
乞鞫	申诉
秋审、秋决	执行死刑

二　道家思想对中国法律文化的影响

（一）道家基本思想

1. 世界本原学说及对自然、神灵、天道的崇拜

老子认为，天地万物都由道而生。《老子》曰："有物混成，先天地生。寂兮寥兮，独立而不改，周行而不殆，可以为天地母。吾不知其名，强字之曰'道'，强为之名曰'大'。大曰逝，逝曰远，远曰反。"① "道生一，一生二，二生三，三生万物。万物负阴而抱阳，冲气以为和。"② 通过这样一种方式，道作为世界本原，可生万物。一切由道而生，一切自然而然，形形色色的人际关系和人伦观念都要服从和回归于自然规律，社会大众也就因此产生对大自然、宇宙神灵以及对天道万化的崇拜与服从。

---

①　《老子·二十五章》。
②　《老子·四十二章》。

2. 天道、地道、人道是一个连续体

作为价值本体的道体，是天道、地道和人道的综合体，其具有一种既超越又内在的统一关系。所谓"超越"，是指道体不同于天道、地道和人道的任何一种，而是天下万事万物总的本体、依据和规则，对它任何纯粹不加修饰的形容和说明都是多余的。故曰："道可道，非常道。"(《老子·一章》) 所谓"内在"，是说道体不仅涵摄天道、地道、人道，而且将其自然无为原则贯彻于天道、地道、人道的具体原则之中，整个世界及天地万物顺其本性去存在和发展，依照道性自然无为价值原则去进行取舍；天道、地道、人道不仅以道体为基础，体现着道体原则，同时还必将复归于道体。[①] 人道应该效法地道之所以为地道的原则，效法天道之所以为天道的原则，进而效法道体之原则，从而体现出道教哲学的高度统一性、连续性。这种具有"自然法"色彩的社会秩序观和法律观，对中国古人理解社会和历史文化的变迁具有深远的影响。

3. 阴阳和五行学说相辅相成

自春秋战国至秦汉以降，阴阳五行学说即已同道家学说紧密联系，交相为用，所谓五行必合阴阳，阴阳必兼五行，使道家理论变得愈加成熟系统。具体而言：阴阳是指世界上一切事物中都具有的两种既互相对立又互相联系的力量；五行则由"木、火、土、金、水"五种基本物质的运行和变化所构成，五类元素相激相荡，对物质世界和精神领域产生重大影响。五行之间存在着相生相克的关

[①] 参见许春华《天人合道——老子天道、地道、人道思想的整体性与统一性》，《河北大学学报》(哲学社会科学版) 2012 年第 6 期，第 55 页。

系，生克是矛盾的两个方面，也就是阴阳的两个方面。相生相克是事物的普遍规律，是事物内部不可分割的两个方面。生克是相对的，没有生，就无所谓克；没有克，也就无所谓生。有生无克，事物就会无休止地发展而走向极端，造成物极必反，由好变坏；有克无生，事物就会因被压制过分而丧元气走向衰败。

（二）道家文化对中华传统法文化的影响

1. 崇尚自然追求自然和谐的道家思想

道家思想是一种崇尚自然，追求自然和谐的思想，主张清静无为，反对斗争；提倡道法自然，无所不容，自然无为，与自然和谐相处。

道家讲究"无为"，主张对宇宙万物都要顺应其发展规律，尊重自然界万物的自然属性，让宇宙万物自足其性，自然得到发展，不横加干涉。因为道家认为人与宇宙万物是互相感应的，人与物是信息相通的。如果人类尊重自然，则自然亦会尊重人类，若我们一味干涉万物的自然发展，则亦会受到自然万物的报应。不仅古人从中吸取了很重要的人与自然和谐相处的道理，道家这一思想对于我们今天的环境问题、社会问题以及人生问题的解决也有很大的好处。当今世界，人们对自然的污染破坏日益严重，各种自然灾害也频频发生，道家尊重、顺应自然的思想无疑发人深省，对解决当前社会面临的环境社会问题是有其现代意义。不仅如此，老子在道德经中说"人法地，地法天，天法道，道法自然"。"道法自然"，即道效法或遵循自然，也就是说万事万物的运行法则都是遵守自然规律的，这一自然法和清静无为思想所包括的自然相处之道，社会相处之道和人性自为之道，蕴含了丰富而有益的世界观和方法论，对我们的生产生活与人际交往有着很好的指导意义。

2. 道家思想中"天人合一"的宇宙观、秩序观

道家思想中"天人合一"的宇宙观、秩序观在宋代经过程朱理学的论证，系统化为一种高度哲理化的思想体系，成为中国古代法律文化的基本精神。

"天人合一"虽然具有神秘主义色彩，但究其实质，乃在于维持自然与社会、天上与人间的和谐统一，并且赋予现实社会理解、构建和谐统一秩序的精神力量。天人合一不仅在自然关系中起重要作用，而且是通过政权架构、律令格式以及礼义道德共同构建一个从"天网恢恢，疏而不漏"，转为"礼网恢恢，疏而不漏"和"法网恢恢，疏而不漏"[①]的圆满秩序。此外，道家还用"天人合一"原则指导正确对待人事和养生，提倡面对挫折之时的平静豁达之心，讲究所谓"盗天地、夺造化、攒五行、会八卦"，与自然界同呼吸，养精固本，顺其自然，对健康有益的人生无疑有很好的指导作用。

3. 道家思想中的五行学说

道家思想中的五行学说把自然界和人类社会中一切事物的性质变化都纳入五大要素的运行周转之中，产生了独特的传统法律观和法学认识论。

五行学说以日常生活的五种物质：金、木、水、火、土元素，

[①] 参见张晋藩《综论独树一帜的中华法文化》，《法商研究》2005年第1期，第140—141页。

作为构成宇宙万物及各种自然现象变化的基础。这五类物质各有不同属性，如木有生长发育之性；火有炎热、向上之性；土有和平、存实之性；金有肃杀、收敛之性；水有寒凉、滋润之性。按照传统的自然天道观和阴阳五行论，法律是经世治国"刑德二柄"中"不善"和"不德"的手段。它代表着"阴"的力量，与自然界的雷霆、闪电以及秋冬时节的肃杀相联系。法律之所以不可或缺，不在于它本身如何，而在于它是消极制恶、维持社会秩序、实现自然和谐的必要手段。在这里，统治者自觉充当了自然秩序维护者的角色。他们通过"顺天"的行为方式，宣布"则天立法""则天行刑"，以"天"为立法与司法的最高依据，这就使"刑狱时令""灾异赦宥"等制度披上了一件神秘的外衣。

4. 道家的"无为"和慈爱思想对人们认识社会、依法治理有很好的借鉴意义

道家讲究无为而治，《老子》中说："我无为而民自化。我好静而民自正。我无事而民自富。我无欲而民自朴。"进而要求官员不妄为、不妄动、不生事、无贪欲。《道德经》还提出："我有三宝，持而保之，一曰慈，二曰俭，三曰不敢为天下先。慈故能勇，俭故能广，不敢为天下先，故能成器长。"这其中的"慈"，就是要有仁慈爱民的心，与民生息；"俭"，即崇尚节俭，杜绝浪费，用尽可能少的资源、能源，创造相同的甚至更多的财富；"不敢为天下先"，表示要谦虚谦和，不与他人争斗。《道德经·五十一章》指出："道生之，德蓄之，物形之，势成之。是以天下万物莫不尊道而贵德。道之尊，德之贵，夫莫之命而常自然。"意思是说人们只要尊道贵

德，就自然地具有了主观上平等的价值观念，从而也就自然地达到平等的境界了。《道德经·七十九章》还提出："和大怨，必有余怨；报怨以德，安可以为善？是以圣人执左契，而不责于人。有德司契，无德司彻（策），天道无亲，常与善人。"契是指获得公认的契约的法律，策则是指人治人为的法令、计策。"天道无亲"，即指的是人人平等，有德的圣人和善人，完全按照人人平等的法律行使权力，而不是带着私人感情，动不动即有偏向地有"责于人"。正是在上述的种种意义上，我们可以深刻地认识到，人人平等的精神，事实上的确已经完全贯穿了《道德经》。人人平等的思想正符合当今社会人人平等的思想，对构建和谐社会，实现人际关系的和谐、人与社会的和谐、人与自然的和谐有着重大的作用

5. 道家提倡"知足"的思想对于平衡个体和集体心理，行为守法、适可而止有很重要的作用

《道德经·二十二章》说："曲则全，枉则直，洼则盈，敝则新，少则得，多则惑。是以圣人抱一为天下式。不自见，故明。不自是，故彰。不自伐，故有功。不自矜，故长。夫唯不争，故天下莫能与之争。""大成若缺，其用必弊。大盈若冲，其用不穷。大直若屈。大巧若拙。大辩若讷。"用这样的方法做事便能够达到目的。谨慎地活着的人，必须柔弱、谦虚、知足。柔弱是保存力量因而成为刚强的方法，即"欲先强之，必固弱之"。人们要满足欲望，是为了寻求幸福快乐。但是他们力求满足的欲望太多，就得到相反的结果。"罪莫大于可欲，祸莫大于不知足，咎莫大于欲得。"罪过莫大于欲望膨胀，祸害莫大于不知道满足，凶险莫大于欲望得以放纵。所以，知

道满足的富足平衡心理,是永远的富足,知足者常乐。

三 佛教思想对中国法律文化的影响

(一) 佛教基本思想

1. 强调平等

佛教中的平等就是,众生平等,一切众生皆可成佛,与佛同等,无有区别。佛教提倡众生平等。人与人平等,人与其他动物也平等,这便是众生平等。

2. 强调因果

因果,又叫业、因、缘、果、报。因果规律并不是佛陀所规定或制造的,而是客观存在的规律。《涅槃经》讲:"业有三报,一现报,现作善恶之报,现受苦乐之报;二生报,或前生作业今生报,或今生作业来生报;三速报,眼前作业,目下受报。"

3. 佛教戒律博大精深

佛教产生之后,随着佛教影响日远,僧团里人数增多,鱼龙混杂、凡圣同居,其中有一心向道,求取解脱者;也有因贪图供养而混迹僧团者。这样,僧团成分日趋复杂,不如法的事件开始出现;为护法安僧,避免世人之讥嫌,佛陀开始制定众多戒条,以约束比丘众的行为,并采纳外道的方法于每半月布萨忏悔诵戒,以维持僧团的清净与团结。这就是佛制戒律之缘起,即"随犯随制"。每条戒律的产生都有它特定的因缘,所以说:毗尼是因缘所显。在佛教传入中国之后,一些高僧大德因应时代的需要而制定丛林清规,于是戒律与中国化的丛林清规，便架构出中国佛教僧团的生活规范和法律制度。

佛教戒律的根本精神慈心不犯，是以法摄众，是因果不爽，是忏悔清净。佛陀常自言："我不摄受众，我以法摄众，我亦僧数。"重视戒和同修，以身体力行来体现真理，庄严戒律。具体表现在以下几个方面。

其一，以法摄众：《大涅槃经》卷六云："诸比丘！当依四依法。何等为四？依法不依人，依义不依语，依智不依识，依了义经不依不了义经。"世间行政机关遵守"依法行政"的法治原则；法官审判时享有"自由心证"的司法独立；英美法庭有"衡平原则"的妥协正义；佛教则注重"依法不依人"的尚法精神。佛陀在世时，以真理教导弟子，维持正法；佛陀灭度后，指示弟子依法不依人，以戒为师，因为法性即是如来法身的体现。

其二，慈心不犯：戒律的受持固然是基于信仰而来，但是根本还是出自不侵犯他人的慈悲心。因为我持戒清净，他人不必担心受到我的侵犯，能予他人无畏施，故五戒又称五大施；因为我持戒不侵犯而尊重他人，便能避免触犯刑法，得到真正的自由。慈悲心的培养要从"一切男子是我父，一切女人是我母"做起，因为一切众生轮转六道，经历百千劫，皆曾互为父母，彼此有恩，因此由慈心的培养，才能彻底地戒杀止恶，促进社会的和谐，达到真正的"无缘大慈，同体大悲"。

其三，因果不爽：经上说："假使百千劫，所作业不亡，因缘际会时，果报还自受。"又说："善有善报，恶有恶报，不是不报，只是时辰未到。"因果的业律是很现实的，如是因即感如是果，是必然不爽的。此种业报思想对身心的规范，远超越法律条文有形的束缚。

其四，忏悔清净：世间法律对犯罪的矫治途径，有处以死刑、徒刑、拘役、罚金、褫夺公权、没收等。例如我国《刑法》第二百三十二条规定："故意杀人的，处死刑、无期徒刑或者十年以上有期徒刑；情节较轻的，处三年以上十年以下有期徒刑。"第二百六十四条规定："盗窃公私财物，数额较大的，或者多次盗窃、入户盗窃、携带凶器盗窃、扒窃的，处三年以下有期徒刑、拘役或者管制，并处或者单处罚金。"这些方式无非是透过国家法律的强制力，来达到惩恶向善的作用。但是佛教戒律除了至重的波罗夷罪不通忏悔外，犯了过错，只要在僧团中透过布萨、自恣的羯磨法，真诚勇敢的发露，如法的忏悔，就可以得到清净。这是给犯错的人有改过自新的机会，做到实质的更生保护。

（二）佛教思想对法律文化的影响

在皇权至上、法自君出的封建君主专制社会，帝王崇奉佛教，佛教思想对封建社会的政治法律制度产生影响是毫无疑问的。

1. 慈悲、宽减刑罚

明初朱元璋主张"刑乱国用重典"，但他也认识到严刑的局限性。洪武末期朱元璋认为"重典治乱世"已见成效后，告诫皇太孙朱允炆在承平的时代，治理国家刑法自然要轻。[①] 这与他前述对佛教慈悲、戒杀教义的重视并受其影响有一定关系。[②]

[①] 参见《明史·刑法志一》。
[②] 参见蒋传光《中国古代宗教与法律关系的初步考察——一个法社会学的视角》，《法学家》2005年第6期，第118页。

2. 佛教的"平等观"是最彻底的，强调"众生平等"

有情众生在本质上是平等的，在修行解脱上是平等的，在善恶果报上也是平等的。"平等"也是现代法律的根本追求，"法律面前人人平等"是法律的基本原则。佛法面前"众生平等"和"法律面前人人平等"，在根本上是一致的，但存在着包含与被包含的关系。众生的概念已经远远超出了"人人"的范畴，无论东方、西方的法律思想，各个法系、各个民族和教派的法律中的平等观，均无法超越佛教的平等观。由于佛法的平等是超越人类的，所以属于现代人类法律制度的"上位法"，具有重要的指导作用。①

3. 佛教的未来影响法律制度关注社会人群的长远利益

受到佛教思想的影响，古代一些法律在处理各种利益关系时，也可以超脱某一政权、民族或团体的狭隘利益界限，顾全广大民众的长远利益。②

(三) 佛教戒律与现代法律的比较

世间的法律，强调罪刑法定主义，只规范人们外在的行为，因此对于心意犯罪的矫治和犯罪的根治，常有无力之感。佛教则强调心为罪源，重视身、口、意三业的清净，从心源导正偏差行为。刑法上虽也规定"作为犯""不作为犯"，但只是狭义地就犯罪行为的形态来区分，不如佛教戒律的止持、作持广摄一切善恶法。因此，佛教戒律与现代法

---

① 参见马治国《佛教与现代法律的关系》，《西安交通大学学报》（社会科学版）2010年第2期，第82页。

② 同上。

律究竟有何异同，如何补法律的不足，可从下列比较做概括的认识。

其一，五戒与刑法：五戒，是指不杀生、不偷盗、不邪淫、不妄语、不饮酒五种戒法，为戒律的根本，故称"根本大戒"。在僧团中，犯了杀、盗、淫、妄四重戒其中任何一条，如同死刑，无法再共住于僧团，也就是要被逐出僧团，取消其出家资格。五戒也可以说是世间刑法的总摄，以目前在监服刑的受刑人而言，大都是触犯五戒。譬如：杀人、伤害、毁容、殴打等，是犯了杀生戒；贪污、侵占、窃盗、抢劫、绑票等，是犯了偷盗戒；强奸、嫖妓、拐骗、重婚、妨害家庭等，是犯了邪淫戒；毁谤、诈欺、背信、伪证、倒会等，是犯了妄语戒；贩毒、吸毒、运毒、吸食烟酒等，是犯了饮酒戒。这些罪行都离不开五戒。

其二，清规与民法："民法"指的是规范人民私人生活关系的法律。佛教律法中也有生活的规范，但要全然区分戒律中的民法和刑法规定并不容易，因为两者常相涵摄。但可以以"共住规约"为代表，如佛制的六和敬法及中国化的丛林清规。

其三，偷兰遮与未遂：我国《刑法》第二十三条规定："已经着手实行犯罪，由于犯罪分子意志以外的原因而未得逞的，是犯罪未遂。对于未遂犯，可以比照即遂犯从轻或者减轻处罚。"这是刑法赋予法官减免刑责的自由裁量权。这项政策的规定，旨在鼓励犯罪行为人能即时回头，切莫一错再错。佛教也有这样的慈悲方便，如道宣律师《四分律删繁补阙行事钞》云："偷兰遮一聚，罪通正从，体兼轻重，律列七聚，六聚并含偷兰。"这主要是针对触犯将构成四波罗夷重罪而未遂的诸罪所说，期使通过量刑的减轻，发露忏悔，还得身心清净。两者的立意是相同的。

其四，心意与犯意：刑法对犯罪的构成要件，以犯罪行为人行为当时的故意、过失来作为量刑的判断标准，如故意杀人者与过失杀人者，其刑罚就不一样；对于事后自首、悔过者，刑法第五十七条列有科刑轻重的标准，并得酌情量刑。佛教戒律因犯罪形态不同，也有种种规定，以比丘戒为例，有八类戒条、五等罪行、七项罪名、六种果报之别，这与世间法律因所犯罪刑不同，所判罪名不同，情况是一样的。佛教非常重视心意犯罪的轻重，每一条戒相之中皆有开、遮、持、犯的分别，犯同一条戒，因动机、方法、结果等的不同，犯罪的轻重与忏悔的方式也不同。如杀人时要具足"是人、人想、杀心、兴方便、前人断命"五个条件，才构成不可悔罪，这与刑法因重视犯意和犯罪事实而制定的犯罪构成要件、阻却违法要件的道理是相同的。但是佛教心意戒的积极意义，在要求个人自发地观照身口意的起心动念，防范不法于念头起时，较世间法更为彻底。

其五，发露与自首：僧团每半月举行"布萨"，读诵戒律，问各自有无犯戒，已犯戒者，立即当场发露表白忏悔，以恢复身心清净。"自恣"是在每年夏安居的圆满日，诸比丘集会，随他人之意，举发自己所犯的过错，请大众评断规诫，并当众忏悔，求得清净。布萨中的出罪，类似刑法中的自首；自恣中的举发，类似检察官检发犯罪。由举罪与出罪可以看出佛子对自己言行的负责态度与僧团戒律及大众对犯错者的宽容性，使犯戒者能勇于认错，获得清净，维护僧团的清净和乐。如此的自发清净心，是世间法律所望尘莫及。

其六，羯磨法与诉讼法：国家法律的公信力，靠公权力来维护，当个人权益或国家、社会权益受到侵害时，可通过民事、刑事、行政诉讼的程序来伸张正义。佛教为维护僧团的清净，也有一套简单又公正的诉讼法，就是羯磨法的僧事僧决。

其七，佛性与平等：世间以法律来保障人的平等自由，而佛教的教主释迦牟尼佛也讲平等，他在菩提树下证悟时作狮子吼："奇哉！奇哉！大地众生皆有如来智慧德相，只因妄想执着不能证得。"广泛指出一切众生皆具平等无差别的法性，人人都能成佛，这种真正的平等并非通过制约而来，自然比世间法更彻底。因为佛陀不仅阐述了宇宙的真理，更希望众生都能了解自己内在的潜能，开发佛性，人人做自己心中的尺量，得到究竟的解脱。

其八，业力与证据：世间的法律，事事讲究证据，有理无证据还是不免被冤枉，条文虽然多如牛毛，却仍然无法规范无穷的人事，达到毋枉毋纵。但是佛教在业报的定义之下，大家受报的机会均等，绝无特殊。做了善事就有善报，做了恶事就有恶报。虽然也有人说，法律之下人人平等。在业力的前提下，善恶业报，绝无特权可言。

◇◇ 第四节　中西法律文化的各自象征：獬豸 VS 正义女神

一　中国古代法律的象征——獬豸

如果人们留意的话，在一些法院或法学院校的门口，经常会看到一种造型怪异的动物塑像，它体形大的如牛，小的像羊，瞪着两只大眼睛，貌似麒麟，有些还似乎长着翅膀，最突出的特点就是脑袋上长着一只尖尖的犄角。这是什么东西呢？为什么在这些地方会出现这种动物，而不是狮子、老虎？它有什么特殊的含义吗？

它叫獬豸，是中国古代传说中的一种断案神兽，俗称直辨兽、独角兽。在传说中，它天赋异禀，懂得人言，知道人性，能辨忠识恶，当人们发生冲突或纠纷时，就用角顶无理的一方，甚至会将罪该万死的人用角顶死，令犯法者十分害怕，不寒而栗。经过几千年的流传演绎，这些獬豸的形象差异很大，像马、牛、羊、鹿、狮子、麒麟的都有。但它们最大的共同点是具有"独角"，如图1—3所示。

图1—3 獬豸塑像

(一) 獬豸传说的由来

獬豸从什么时候出现？它是怎么变成断案神兽的？长个独角又是干嘛的？这一切还要从古代传说中皋陶用獬豸断案的故事说起。

东汉思想家王充在他的《论衡·是应》篇中写道："皋陶（gāo

yáo），治狱，其罪疑者，令羊（獬豸）触之。有罪则触，无罪则不触。"皋陶是上古传说中尧舜时代的司法长官，与尧、舜、禹同为"上古四圣"，相传他最早创刑、造狱，倡导明刑弼教以化万民的思想，为四千多年来我国各个时期制定、完善、充实各项法律制度，奠定了坚实的基础，可谓不折不扣的中华"司法鼻祖"。（见图1—4）

皋陶　　　　安徽六安——皋陶墓　　　　山西洪洞县——皋陶墓

图1—4　皋陶

相传皋陶饲养了一只独角羊（獬豸）。审案时，皋陶坐在上座，听取诉讼双方的指控和答辩，旁边就有人牵着獬豸。诉讼双方都说自己清白无辜，公说公有理，婆说婆有理，等双方的法庭辩论结束，皋陶令手下松开獬豸，獬豸就对准其中有罪的那个人顶过去，顶到谁谁就"去"，也就是败诉。

为什么大家会相信獬豸用角顶的是对的呢？在笔者看来，其原因是：在自然界，牛、羊、鹿等长角动物大家司空见惯，都长着双角，但独角牛、独角羊谁都没见过。所谓"物以稀为贵"，稀少就会珍贵，珍贵就显神奇。动物遗传过程中的确存在某种变异现象，特殊情况下是有可能出现独角动物的，并不是上天派下来处理人间杂事的。但是古人并不了解这些科学知识，他们敬畏大自然、非常迷信，在他们眼中，獬豸就是神灵的化身，它用独角顶谁都是神意的体现，必须无条件服从。这时候如果有一位德高望重的法官，牵着一只独角羊或者独角牛到法庭上，让它代表上天主持公道，用独角做出"神判"，有谁不信呢，又有谁敢冒天下人之大不韪不信呢？

俗话说："画龙画虎难画骨，知人知面不知心。"在以前古代法官升堂问案的时候，面对下面被指控犯罪的嫌疑人，到底谁是坏人，谁是好人，谁作奸犯科，谁又是清白无辜，他们的脸上不会写出来。纵然采取现场查证、逻辑推理甚至严刑拷打的办法，也不一定都能找到如山铁证，一举破案。法官也是人，他的主观判断总是受到各式各样客观条件的制约，他在法庭上眼睛看到的未必都是真相，耳朵听到的未必都是真话，面对案件当事人所讲的相互矛盾的故事，举出的真假莫辨的证据，法官经常处于一种"横看成岭侧成峰，远近高低各不同。不识庐山真面目，只缘身在此山中"的困惑和矛盾当中。于是古人就假想出獬豸这种神兽，它能够帮助法官明辨好坏、伸张正义。认为有了獬豸，一切人间的犯罪和不义都会受到惩处，一切冤假错案都不会发生。

（二）獬豸是"法"字组成部分，"法"意深远

獬豸这种神兽在现实生活中并不存在，却并非虚无缥缈。因为在古体"法"字当中，就有獬豸的身影。我们的祖先在造字的时候，也在"法"这个字里，留下神兽獬豸的光辉形象，让"法"字

永远体现公平正义、惩恶扬善之意，这也未尝不是对司法官员的一种警示，对经常蒙冤受苦的老百姓的心灵慰藉。

如图1—5所示的中文的"法"字，古体写作"灋"。从汉语造字的角度看，它属于典型的"合体"会意字，就是由两个或多个独体字组成的、通过合并字形或字义来表达这个字的完整意思。"灋"字左边是一个"水"旁，右上一个"廌"，右下一个"去"字，这样三个单字合成"灋"字。

图1—5 "法"字的古体

关于"灋"字，最早也是最权威的语义解释出自东汉许慎的《说文解字》："灋，刑也。平之如水，从水。廌，触不直者去之，从去。"这段经典名言大体上包含了以下三层意思。

第一，法者，刑也。这说明，法与刑在中国古代是同义的。"刑"这个字直观地看，就是有刀置于石边，真可谓"磨刀霍霍"。古语有云："夏有乱政，而作《禹刑》；商有乱政，而作《汤刑》；周有乱政，而作《九刑》。"这句话表明，制定法的目的就是保卫政权,镇压反抗。

第二,法者,平之如水,从水。俗话说字从物象,法为水旁,而不是金、木、火、土之类,这说明古人给"法"找到的自然物象是"水",它具有水的重要属性——降雨可以填平地面上的坑坑洼洼,河水从高处流下最终汇入平坦广阔的大海。"平之如水"就是指待人处世要一视同仁、公允持平。常言道"一碗水端平了"也是这个意思。

第三,法者,廌,触不直者而去之,从去。前面说"皋陶治狱,其罪疑者,令羊触之。有罪则触,无罪则不触"就是这个意思。獬豸冲着那个做了坏事的人顶过去,顶到谁谁就"去",说不定皋陶这时候一声断喝"拉出去斩了!"这人小命就没了。

由此看来,"灋"字造得很有深意。水、獬豸、去三者合为一体,充分展现了古人造字的神妙之处和高超智慧:一是代表国家强权,具有镇压反抗、威慑刑杀之意;二是希望法官明断曲直、惩恶扬善;三是要求对案件公平裁判,法律适用一律平等,如遇不平,就应该坚决除去。"法"字里面蕴含了古人追求公平正义的法律理念和社会价值观。虽说到了当代,我们推行简化字,"灋"中的"廌"字被隐去,然而它所象征的中国传统法律文化并没有消失。

(三) 獬豸的历史影响和表征价值

作为中国古代法律的图腾与象征,獬豸一直受到历朝历代人们的尊崇。这种推崇之情、仰慕之意,可以从三个方面来描述。

第一，獬豸是古代司法的主要标志。从尧舜时代一直到明清的五千年历史中，"獬豸"这只怒目圆睁的独角兽形象始终被当成审判、检察、监督、审计和反贪工作的象征；如果我们今天的法院、检察院、监察部等国家机关想要找一个中国特色的标志物，借以表征法律的威严和司法廉明公正的话，那么一定非獬豸莫属。

第二，獬豸是司法官员衣帽官服的必备装饰。相传在春秋时期，楚文王曾捕获一只獬豸，就照着它的样子做了一顶帽冠戴在头上，于是上行下效，獬豸冠在楚国成为时尚。秦朝时执法御史也戴着这种头冠，汉承秦制更是如此。到了东汉，皋陶与獬豸图像演变成官府衙门里不可缺少的饰品，绣着獬豸的官帽更被封上"法冠"之名，审判官员也常以"獬豸"自称，这种风尚延续下来。到明清时期，负责审判检察工作的御史、按察使等官员也都一律头戴獬豸冠，身穿绣有"獬豸"图案的补服。（见图1—6）

明朝御史（风宪官）补服绣獬豸　　　　安徽六安——独角兽

图1—6　獬豸

第三，獬豸是中华文化圈共同认可的瑞兽。作为能辨善恶、驱邪避害的祥瑞之兽，獬豸是中国古建筑镇脊五兽之一（其他四个蹲兽分别是狻猊（suānní）、斗牛、凤、押鱼）。因为中国建筑多为木结构，古人以兽镇脊，避火消灾，具有祈求吉祥、装饰美观和保护建筑三重功能。不仅如此，獬豸声名远播，在韩国、日本、越南等国家也都有非常高的知名度和美誉度。2008年5月，獬豸还击败了高丽虎（也就是中国的东北虎）等几十种候选动物，被韩国首都首尔选为城市吉祥物（又称"城市守护神"），市民们希望獬豸能"除去火魔和灾难"，带给世人万般幸运和福气。

二　西方法律文化的象征——正义女神

如果说中国古代法的标志是断狱的神兽獬豸，那么西方国家则以神话人物为其法律的象征，她就是一手拿天平，一手持利剑，蒙着眼睛的正义和司法女神忒弥斯（Themis）。按照古希腊《神统纪》的记述，她是天神乌拉诺斯和地母盖娅的三个女儿之一（另外两个分别是秩序女神与和平女神），她后来成为奥林匹斯主神宙斯的第二位妻子。

在古希腊神话里，忒弥斯是解释预言之神，她掌管著名的德尔斐神庙，负责解释神谕，维持奥林匹斯山的秩序，监管仪式的执行等。根据《荷马史诗》的记载：当希腊诸城邦和特洛伊之战最激烈的时候，奥林匹斯山上每一位神祇都加入了两军厮杀的行列（如太阳神阿波罗站在特洛伊城一边，智慧之神雅典娜站在希腊联军一边），只有忒弥斯持中立态度、不偏不倚、信守公正，她也由此赢得了宙斯的信任。在古希腊雕塑中，正义女神的造型通常都是一位表情严肃的妇女形象，手持一架天平，表示严格中立。

后来，古罗马人在吸收古希腊传说的同时，又加入了他们自己的一些创造，于是就有了新的正义和司法女神朱斯提提亚（justitia，由法律 jus 一词转变而来），其造型也变得更加复杂，但通常都具备身着白袍，头戴金冠，一手持天平，一手握宝剑，紧闭双眼或用布蒙住眼睛五大要素。其中，"白袍"，象征道德无瑕，刚正不阿；"金冠"，象征尊贵无比，荣耀第一；"天平"比喻裁量公平，在正义面前人人皆得其所值，不多不少；"宝剑"代表正义权威和制裁严厉、决不姑息；"紧闭双眼或用布蒙住眼睛"则意味着"用理性观察"和一视同仁，也就是说，司法审判纯靠理智，不能仅凭感官印象进行裁决，外在的表象和感觉经常是会欺骗人的。

由于各国法律文化的差异，世界各地塑造的正义女神像不尽一致。但她们大多数身着白袍，但也有身着蓝袍的；有些头戴冠冕，但也有直接把头发束起来的；大多数把宝剑拿在右手，左手拿天平，但也有反着拿的。还有一种装饰最为繁复的正义女神像，她一手拿着权杖（象征权力至高无上）、权杖上缠着一条蛇，脚下还坐着一只狗（蛇与狗分别代表仇恨与友情，这两者都不允许影响司法裁判）；另一只手抱着法律书籍和一个骷髅（借指人的生命之脆弱，而与永恒的正义恰好相反），非常有意思。

尽管世界各地的正义女神雕像千差万别，但造像背面，却大都刻有古罗马一句著名的法谚："为实现正义，哪怕天崩地裂。"

三 獬豸和正义女神的历史价值和现实意义

作为中西法律的两大象征，獬豸和正义女神的影响极其深远，那么从人类法律发展角度看，它们的出现有怎样的社会价值与历史合理性呢？

（一）獬豸和正义女神的文化差异

对于为何中国古代法的标志是断狱的神兽獬豸，西方则以神话人物为其法律的象征，学者们的解说很多，不一而足。在笔者看来，基本原因就是中国古代哲学特别是儒家思想比较强调入世和人的世俗生活，他们塑造出来的獬豸，它再神奇，终究不过是为人服务的，是帮助法官断案的；而西方古代哲学特别是希腊文明和希伯来文明，比较强调灵魂向上和宗教生活，人世间的是非曲直，归根结底是要接受神灵裁决、上帝审判的，由此才出现正义女神。

（二）獬豸和正义女神的历史价值

第一，都包含公平正义、惩恶扬善的双重内涵。

大家看，无论是中国的獬豸，还是西方的正义女神；这两大法律象征也无论是汉语的"法"字，还是拉丁文的"Jus"，都有正义公平之意。这说明，无论中西，大家都推崇秉公执法、居中裁断、赏善罚恶，并以此为司法公正的化身。

第二，都是神灵裁判和神话传说的结果和表征。

古人认识大自然和人类社会的能力很低，在缺乏科学查证手段的情况下，赋予断狱神兽和正义女神洞察一切、看透案件真相的超常能力，假托神明裁判确保司法的合法性和权威性，合乎他们那个时代的心理诉求与文学想象。

第三，都承认司法者的局限性。

在纷繁复杂、千变万化的社会事务，特别是疑难案件当中，法官个人的认知能力总是有限的，他的判案总会受到许多人情关系、个人好恶甚至政治立场等因素的影响，于是正义女神必须"蒙上双眼"，这样才能无偏私，多公正；于是还没等法官发言，明辨是非的獬豸就冲上去，用它头顶上的独角指认有罪的人，从而弥补了法官的局限性，助其做出正确判决。

（三）獬豸和正义女神的现实意义

如前所述，人间没有獬豸，天上也没有正义女神，它们都只是古人臆想出来的法律图腾，都有其历史局限性。法治实践不能仰仗女神的恩赐，不能等待獬豸的出现，不能拿它们当作审判工作的指针。但在法律文化研究和思想传承方面，的确有认真总结的必要：它们代表着原始先民的美丽神话，幻想天人感应、罪恶当诛、冤仇得报；它们代表着普通民众的现实诉求，希冀司法者辨忠识奸、赏善罚恶、解决争端；它们代表着人类追求正义的崇高信仰，渴望廉洁公正、理性智慧、正义彰显……

◇◇ 第五节　中西法律文化的综合比较：
统而有序 VS 散而民主

一　西方法律文化的基本特点

西方法律文化以古希腊的"自然法"、罗马法复兴以及近代两大法系的对立相融为基本源流，开启并创造了民主、法治、共和、自由、人权、正义、善治等基本法治理念和异彩纷呈的现代法治实践。从古希腊的"自然法"和一分为二哲学，到罗马法传统与公法、私法的分野，西方法律文化异彩纷呈，取得了极大的成就。

基于哲学传统、文化形态的不同，西方法律文化呈现出一系列迥异于中国的特点。

（一）法律主体论：个体权利本位与私法传统

西方法的观念主要以权利为轴心，这是因为古希腊、古罗马国家与法始于平民与贵族的冲突，在某种意义上说，它们是社会妥协的结果。所以，尽管这种法不能不因社会集团力量的消长而偏于一方，也不能不因为它是国家的强制力而具有镇压的职能，但它毕竟是用以确定和保护社会各阶层权利的重要手段，并因此获得一体遵行的效力。

西方的法律本位经历了一条从氏族到个人再经上帝、神到个人的道路，其特点是日益非集团（个人）化。从法律文化所体现的性质来说，西方法律文化传统上是一种私法文化。私法文化是一种民事性（民法化或私人化）的法律体系。中国传统法律中确有关于民事、婚姻、家庭、诉讼等方面的规定，但这些规定在性质上都被刑法化了，也即以刑法的规定和方式来理解和处理非刑事问题。西方法律文化作为一种传统的私法文化，其主要标志是民法和商法的发达。在早期法的形成过程中，西方法律就已具有明显的私法特色，氏族内部斗争的中心是权利，法律发展促进个人权利的扩大，法律中心也由集团转向个人。《国法大全》时期，已形成以私法为主的法律体系。中世纪欧洲民法化传统得到延续。[①] 近代以后，刑法独立发展，宗教法地位下降，私法空前发达，代表作如《法国民法典》和《德国民法典》，欧洲大陆各国都编纂了民法典，最终形成民法法系。英美法系国家虽无统一民法典，但具有民法内容的立法也很发达，如合同、侵权行为、财产、公司、票据、婚姻、继承等。逮至现当代，民主宪政制度不断完善，公法内容大幅度增加。但公法不仅未成为法律体系的主干，而且呈现强烈的私法化倾向。

（二）法学认识论：法律/法治两分

西方法律文化从法学认识论层面看，最鲜明的特征就是将"法"和"法治"区分出截然相反的两类范畴。法乃是体现着矛盾的核心范畴，在规范、价值、事实三个维度都存在一系列对立统一

[①] 参见张中秋《对中西法律文化的认识》，《民主与科学》2004年第2期。

关系。

从逻辑规范的理解维度，法（治）是主观性与客观性、绝对性与相对性、普遍性与特殊性、实体性（内容）与程序性（形式）、确定性与模糊性的对立统一。

从价值原则的理解维度，法（治）是应然性与实然性、保守性与开放性、自足性与回应性、原则性与灵活性、公平性与效率性对立统一的矛盾体。

从经验事实的理解维度，法（治）是时间性与空间性、稳定性与变通性、建构性与经验性、权力与权利、法律与道德以及宗教对立统一的矛盾体。

其他诸如"纸面上的法"与"运行中的法"、国家法与民间法、公法与私法、全球法与本土法、法的继承性与批判性、法的阶级性与社会性等的辩证关系，不一而足。

由此可见，在法律理念、制度和实践当中，普遍而尖锐地存在着相互斗争又保持同一、相互冲突又彼此协调的整体性矛盾，法治（法律）这个伟大的名词本身就是相对性的同义语。又例如形式法治与实质法治、公法法治与私法法治、国内法治与国际法治等。

更进一步，如果说上述对应性概念还只是法的形式矛盾的话，从利益关系及其调和的角度看，法律在本质上也存在深刻的矛盾统一性。

（三）法学实践论：社会自治

尽管西方社会在特定历史阶段或者特定国家，都曾出现过比较强势的公共权力或政府控制,但是以政治国家和市民社会两分法推导出来人民自决和反抗的权力却也影响深远。按照西方自然法学传统,如果有谁认为,实行法治就是用尽可能多的法律调控社会生活,就是借助于法律尽可能广泛地实施统一的强制性标准,那么,他就从根本上曲解了法治的理念。尽管法治意味着法律至上,但并不意味着一味地用法律上的强制性标准来斥当事人的自主决定和约定。相反,法治需以适度的社会自治为基础,而且,从根本上说,法治不过是社会自治的特定实现方式。

所谓社会自治,就是组成了社会的那些自然人、法人及其他主体在处理私人事务时,可以按照自己的或按照彼此的共同意愿自主地行事,不受外在因素的干预。在私法理论中,社会自治又称私人自治。法治理念的思想前提是把社会事务区分为公共领域和私人领域两个范畴,只是在公共领域中,法律的标准才较多地具有强制性特征,至于私人领域中的法律标准,常常是以指导性规则为主导的,它允许当事人根据自己的意思或通过平等协商来加以变更。通常所言的"约定优于法定",即此之谓。如果试图使法律无限制地介入社会生活的各个领域,并且无限制地制定和执行强制性法律标准,就等于赋予执行法律的公共机构一种无孔不入的权力,一种可以干预一切的权力。这样一来,公共领域与私人领域之间的界限将不复存在,公共权力就成为一种无所不在的支配力量,由此产生的后果,便是在公共机构与社会主体之间,在公共权力和私人权利之间,形成强弱悬殊的力量对比关系,作为私人主体之总和的社会完全处于公共机构和公共权力的控制之下。

无论是在经验上，还是在逻辑上，都可以说没有自治便没有法治。从政治学的角度来观察，可以发现在社会交往中存在这样一个事实：共同性的或中立性的"游戏规则"只存在于力量的均势之中。在绝对的强势者和绝对的弱势者之间，所谓的规则都难免带有私人规则的性质，它们不过是支配者单方面意志的表达，而另一方则完全处于"他治"的被动地位。由于在任何社会中公共权力都扮演着社会的直接治理者的角色。因此，为了达成某种均势，法治原则就必然对以公民自治为基础的社会自治给予精心的保护。其主要表现就是用权利本位、权力有限和正当程序原则来严格限定公共权力的范围和行使方式，使公民、法人和其他非官方团体有足够的自由生存空间，自主地管理自己的事务，并独立地对自己的行为承担责任。

自治不仅是法治理念的重要内容，也构成了法治的基础。没有法律保护下的自治，便不能排除已往文明形态中专制性的"他治"和人治。我们知道，现代文明的支点是人的主体地位的确立。而这种主体地位在法律层面上的集中表现便是社会自治——组成社会的一切个人或个体单位都可以在法律所保护的广阔领域内自由地生活，自主地决定自己的事务。①

(四) 法律的"超级法"：教主法辅

因前文（第一章第二节之"法律与宗教的关系"）已有叙述，

---

① 参见郑成良《论法治理念与法律思维》，《吉林大学社会科学学报》2000年第4期。

此处从略。

二 中西法律文化的差异性比较：认识路径与治理方法

在法律体系方面，中国传统法律文化是一元法，西方法律传统是多元法；在法治实现目标方面，中国传统法律文化是身份（分类）法，西方法律传统也是身份法，但在近代之后出现了平等化、非歧视化的浪潮；在法治终极价值方面，中国传统法律文化注重实质正义的实现，以结果平等、社会关系和谐为目标，西方法律传统则注重程序正义，主要通过诉讼解决纠纷；在认知依归方面，中国传统法律文化注重集体主义，个人依附在家庭、组织和国家之下，西方法律传统更看重个人，个人权利和个体自由是法律关系的基石；在国家与社会治理的基本手段方面，中国传统法律文化提倡德主刑辅、礼法并重、宽猛相济，西方法律传统则主张宗教为主、法律为辅；在法律法规的规范特征方面，中国传统法律文化虽然也支持法律的权威性，但国家立法往往居于次要地位，非正式法和"潜规则"在实践中则居于主导地位，与之相反，西方国家的正式法律无疑具有至高无上的地位。

（一）法律体系：一元法 VS 多元法

1. 一元法

如所周知，自秦朝（公元前221年建立）将中国统一成为一个国家，实行中央集权的君主专制制度以后，始终坚持皇权专制传统。所谓"普天之下，莫非王土；率土之滨，莫非王臣"。皇帝拥有至高无上的权威和相关权力，无论是世俗社会还是宗教机构，都不能限制皇帝的权力。法律只是服务和维护皇帝权力的工具。最高的立法、司法和行政权力皆归皇帝，无论在理论上还是实践中，皇帝既是口衔天宪的最高立法者，又是最高的司法权威。他凌驾于法之上，其制定的法律对一切人皆有约束力，但对他没有任何约束力。他还可以随时改变法律、法令，也可以颁布法令对已宣判有罪的被告确定其判决或者改变其判决。另外，由于不实行权力分立，既没有行政和司法的区别，也在很大程度上没有司法体系和行政监督制度的区隔，司法机构和警察机构也没多大差异。由此，表现出一个相对封闭的"金字塔"形的法律体系格局。

2. 多元法

相比之下，君主专制制度在西欧，无论是在英格兰（12—16世纪），还是在法国（13—16世纪），德国（1800年后），只存在一个相对较短的时间几百年。而且从古希腊起，不同的权力中心（如城邦、公国等）同时共存都有很长的历史。因此，西方法系总体上是由多个法律体系组成的组合性系统，大陆法系和英美法系是它最基本的两个组成单位，而这两个法系分别又是由若干个次级法律系统（亚法系）构成的：前者最起码可分为日耳曼系统、拉丁系统、斯堪的纳维亚系统（其中有包括挪威法、瑞典法、芬兰法等）；后者也可分为英国法（这又包括数十个英联邦国家法律的差异）和美国法。① 以欧洲中世纪法为例，因为政治权力和教会权力的多元化，封建欧洲的法律始终没有整合为一体，而是分为世俗法和教会法，而世俗法律本身又分为相互竞争着的法律类型，包括皇家法、封建法、庄园法、城市法和商事法等。在这种情况下，任何权力，都不存在于真空之中，而是彼此受到限制。在17世纪的工业革命以来，西方国家逐步形成了所谓的"分权和权力制衡"的局面。

从某种意义上说，作为"中华法系"母法的这种不同的结构形态是由它们所属的社会机制所决定的，并随着社会本身而变化。传统中国的法律学术主要表现为对法律进行注解的律学，缺乏西方那种围绕正义而展开的具有批判功能的法学。"律学"与"法学"虽然只有一字之别，但它是两种形态的法律文化的反映。

（二）等级结构：身份法 VS 非歧视法

首先需要澄清的是，此处由身份法和非歧视法分别代表的中西方法律文化并非同一个时代的产物。一般而言，"身份法"要从中国古代的法律资源中寻找，"非歧视性法律"，则是西方近代化的产物。古希腊罗马法，虽然已经有平等法的萌芽，但究其实质却更接近于"身份法"（这早被梅因《古代法》所证明）。因此，若要将

---

① 张中秋：《中西法律文化比较研究》，南京大学出版社1991年版，第205—206页。但是，该书作者提出传统中国法律文化是一个带有封闭性的体系，而代表西方法律文化的大陆和英美两大法系是开放性的。这个观点多少还带有贬中扬西的色彩，在当前全面依法治国的进程中，还需要清醒考虑。

中国古代法律制度与西方近代法律制度进行比较分析，进而得出西方法优于中国法的结论，实际上是对本土法律文化极度不自信的表现。是故本节主要不进行对比，而更重在阐述：为什么中国古代法律带有身份的烙印？为什么西方相较近代中国，能以一种更为主动和自然的方式过渡到非歧视性法律？

1. 身份法

中国传统语境中身份法的发展脉络，缘起于"国"和家庭、宗族乃至社会同构，从而产生了中国人特有的"家""国"相通、一准乎礼的观念。

其一，"家"作为一种伦理实体，是一切社会制度和文化价值的最终源泉。古代中国人的法律地位，首先取决于他所属家庭的等级地位（主体资格和相关权利义务责任均源于此），继而才会涉及其他身份信息。以父母子女关系为例，子女在家庭中无独立的人格、地位，也无独立的意志，进而体现在财产、婚姻、身体自由各个方面均设置诸多限制；父亲是一家之长，其在家中的地位尊贵、不可违逆，可以对其子女行使权威。但需要说明的是，父亲享有的权利（权力）也是受限的，他不仅要对家庭成员承担种种责任，还要代表家对社会和国家负责。这不仅因为他首先是父母之子，而且也因为，他实际上只是家的一个部分，必须履行社会赋予他的那部分职能，遵循礼法所规定的各种义务。[①]

其二，"家"作为一种社会实体，是礼的社会载体和物质保障，

[①] 梁治平：《寻求自然秩序中的和谐——中国传统法律文化研究》，商务印书馆2013年版，第122页。

是使礼不断获得再生的丰沃的土壤。由青铜时代现实中的家、国合一，衍生出秦汉以后理论上的家国不分，形成了长达两千余年官绅共治的政治格局。中国这样一个疆域辽阔的大一统帝国，如果没有作为社会最基本单位的无数个"家"的存在，只依靠中央集权的官僚体制，实施有效的社会控制是难以想象的。因此，古代中国的"家"，不但负有宗教、政治、经济、教育、文化诸方面的职能，而且具有道德上和法律上的重要性。这样就形成一种特殊的社会格局与氛围，没有家庭背景的个人很难在社会上立足，遑论其事业的成功。

其三，除去家庭中的身份，个人还时时处于更大范围内家族、村落、相关利益集团等关系当中。家族，又称宗族，是指以家庭为核心实体，以血缘与性关系为纽带。在古代社会，家族常表现为同一男性祖先的子孙若干世代聚住在某一区域，按照一定的规范，以血缘关系为纽带而结合成的某一特殊社会现象利益共同体。家庭是家族的基本构成单元，在一个家族中，家庭是最小的单位，个人只存在于家庭之中，对外则是以家长为整个家庭组成人员的代表行事，效力及于家庭中的每一个成员。中国古代社会的法律受宗法礼制的影响十分明显，坚持以礼为量刑的原则，具体表现为尊、亲犯罪，刑罚轻于常人；对尊、亲犯罪，则刑罚重于常人。这种突出身份性和伦理性的社会规范方式表明：法律作为一种社会规范，并非孤立的存在，而是和社会密切相关的。

其四，家庭、家族关系以外，古代中国的法律整体上受到差序伦理秩序的影响，君臣之间、父子之间、夫妻之间、兄弟之间乃至上下级行政官员之间，也即不同身份、地位、年龄、辈分、性别、职级情况下法律权利与义务不同。唐律中甚至明确承认皇室成员、功勋卓著者、高级官员等八种特殊人群及其直系亲属的特权地位（"八议"），如果被认定有罪，也将得到宽大处理，即司法上按特别程序起诉并减少处罚。

总之，古代中国法制带有浓厚的伦理法色彩。究其实体而言，是以血缘家庭为根基，以家族伦理为逻辑起点，以儒家伦理思想为现实载体，以仁、义、礼、智、信、忠、孝等五伦三纲和包括宗法谱法、家训家范、习俗舆论、血缘观念等在内的伦理规范为其主要构成。从外部观察，则具有浓厚的人治色彩、专制主义和身份法特征。

2. 非歧视法

与之相比，尽管照英国法律思想家梅因在《古代法》中的说法，西方古代法也是一种"身份法"，相关法律规定中也充斥着等级区分和歧视的内容，但需要特别强调的是，随着启蒙运动特别是"罗马法复兴"，近代以降的西方法律越来越注重社会立法，通过制定体现公正良善的社会保障法、劳动法、税法等，对社会"弱势群体"及边缘人群进行特殊救助，使之能够和其他人实现法治帮助下的"平权"。故而抽象地看，近现代西方法律（治）发达演进的历史，就是不断追求平等、不歧视和不公正对待的历史。其终极目标就是每一个人，无论年龄、种族、性别、阶级、受教育程度，在法律面前一律平等。这在法治体系层面观察，就是政治法律领域出现的一浪高过一浪的"自由"与"非歧视"潮流。例如：以黑人民权运动为代表,通过立法或司法判例把黑人和其他有色人种从白人对他们的歧视中解放出来;以女权运动为代表,通过立法或司法判例把女性从男性对她们的歧视中解放出来;通过立法或司法判例,把同性恋者从非同性恋者对他/她们的歧视中解放出来;通过立法或司法判例把残疾人从非残疾人对他们的歧视中解放出来;通过立法或司法判例把艾滋病患者从非艾滋病患者对他们的歧视中解放出来……这种思潮和社会景象,虽然有时候被看成自由主义的面相,但实际影响却远远超出单一思潮,而对整个人类社会的进步与发展奠定了价值根基。

(三) 目标价值:实质正义—和谐 VS 程序正义—诉讼

1. 实质正义—和谐

吉尔兹曾经说:"文化就是人们自己编织并且生活于其中的所谓的'意义之网'。"① 一个国家的传统文化,尤其是早期经验,会对其后来发展的方方面面产生深远的影响。中国人自古以来讲求"天人合一",老子有言:"人法地,地法天,天法道,道法自然。"② 古代中国人认为,世间万物自有其规律,一切不和谐都是暂时的,"天道"终会给出答案,因此人们不愿通过诉讼的方式来解决争端,《论语·颜渊》:"听讼,吾犹人也。必也使无讼乎。"③ 按

---

① [美] 吉尔兹:《深描说:迈向解释的文化理论》,余晓译,载《文化:中国与世界》,转引自梁治平《寻求自然秩序中的和谐》,中国政法大学出版社2002年版,第Ⅱ页。
② 《老子·二十五章》。
③ 《论语·颜渊》。

照这种哲学思想，那些只知道借助于法律或者惩罚来控制人民的君主是极其不聪明的。对一个皇帝来说，通过他的官员而不是严格的法律来保持社会和谐是一种更高的技能。主要用伦理道德和"礼"来解决争端，争端就很容易解决，人们愿意通过友好谈判，彼此互谅互让，相互妥协。也可以通过有权威人士的调解处理矛盾，这样，社会和谐的理念将得以实现，诉讼也将得以避免。相比针锋相对的诉讼，他们偏好用柔和的方式解决矛盾，"他们（中国人）不是以敌对的态度去征服自然，而是去了解它的统治原理，从而与之和谐相处"①。因此在整个文化体系中，法律处在一个不太重要的位置，老百姓在发生争端之后都不愿诉诸法律，而统治者也"把诉讼渲染成为一种不道德的事情，使民人视诉讼为一种丑事"②。皇帝及其臣下以人治的方式追求礼制秩序，是以最终结果的好为根基的，故此中国传统法律文化一开始就习惯于有自己的实质正义的界定与范围。皇帝为了落实自己的意志，也需要通过法律程序来保证实施，以确保实质正义的实现。这表明中国传统法律思想中也有程序正义与实质正义的区分，但其性质是实质正义是目的，程序只是辅助实行。

中国传统法律文化和谐观念的形成具有深刻的经济和社会基础。小农经济和宗法社会分别构成了传统法律文化和谐观念的经济

---

① 梁治平：《寻求自然秩序中的和谐》，中国政法大学出版社2002年版，第207页。
② 杨帆：《德治图景下的中国传统司法文化研究》，博士学位论文，中国政法大学，2005年。

基础和社会基础。小农经济下，人们要"靠天吃饭"，通过天气的变化来安排耕作时间和作物种类，强化了人对于天的依赖，从而追求天人和谐。例如秋冬行刑就有遵循自然界规律以及不妨碍农耕、保障农业发展的意图。而在宗法社会下，人与人之间的交往极其频繁紧密，大家彼此"低头不见抬头见"，在同一片土地上劳作生活，形成了共同认可的习惯，靠着这种习惯来调整人际关系，不同习惯之间发生的碰撞微乎其微，这强化了人际依赖，也就是我们平常总是提到的"熟人社会"或"人情社会"。

以和谐为法律目的所绘制的中国法律文化图景在司法运作中主要表现为：第一，审判依据。中国古代司法审判的依据是天理、国法和人情，清朝衙署大都"悬挂着天理、国法、人情的匾额"。[1] 审理案件不仅要依据一国的法律，还要符合天理，顺应人情。第二，审案追求的效果。不仅追求法律效果，更追求社会效果。注重案件的审判结果在社会中的影响，案件的审理要和当时的社会实际相适应。第三，司法的功能。定纷止争和教育大众，司法既要解决矛盾，还要教化大众。"人有争讼，必（先）谕以理，启其良心，俾悟而止"[2]，司法官吏在审案之前，首先对当事人进行教谕，启发他们悟出道理而停止争讼。第四，"慎刑主义"的指导思想。犯罪时对社会秩序的破坏，同时也是对自然和谐秩序的破坏，故而要对犯

---

[1] 杨帆：《德治图景下的中国传统司法文化研究》，博士学位论文，中国政法大学，2005年。

[2] 《金华黄先生文集·叶府君碑》，转引自张明敏《中国传统司法审判制度法文化内涵研究》，博士学位论文，山东大学，2009年。

罪行为施以刑罚。然而，不加节制地滥用刑罚也会违背天意，破坏天地人和谐共生的局面，引起"天谴"。因此，必须谨慎使用刑罚。《尚书·大禹谟》中记录了皋陶的话："罪疑惟轻，功疑为重，与其杀不辜，宁失不经。"关于慎刑思想的记载还有很多，同时在此思想的指导之下，还形成了复奏、录囚、会审等制度，表明慎刑思想并非留于表面，而是渗入制度的细微构建当中。

2. 程序正义—诉讼

亚里士多德认为，法治优于人治，因为法治是以一个稳定的方式来管理国家，但人治是一个不稳定的方式。因此，必须坚持将诉讼作为解决争端的核心制度，必须强调法律是公正的规则（即明确告知人们谁有权或有义务）以及法治避免独断专行等重要训诫。时至今日，现代法治涵涉了司法独立、限制自由裁量权、法律面前人人平等、正当的司法、司法审查等一系列程序的范畴和规诫，无不体现出程序是第一位的，法治问题的核心就是程序问题，"依法办事"严格来说应该表述为"依程序办事"等基本要求。

在描述西方法律文化与中国法律文化中法律目的的区别时，无法回避的一个事实是：西方的历史是相对破碎的，我们不仅要"断代"，还要"断国"。但不论是大陆法系还是英美法系，不论是日耳曼法、法兰西法还是盎格鲁—萨克逊法，不论是纠问式诉讼模式还是对抗制诉讼模式，都不可否认其对诉讼程序在解决纠纷、实现正义过程中的重视。西方法律文化是有着共同源流的，基督教的宗教文化背景、罗马法在法律源流上的影响、集权程度相对较低的政治文化传统，都是我们在回答这一问题时不可忽视的。

首先，基督教的"血罪"文化。血，在犹太教的传统中，被视为污秽之物。诸如法官判决杀人、战场上的杀人等流血的行为，在基督教的教义中是被严格禁止的。为了避免法官受到上帝惩罚，程序必须保证司法者在司法过程中不动用主管判断，省却司法者事实认定、法律适用职能、压缩自由裁量空间。孟德斯鸠所批判的"自动售货机式"的法官，大概由来如此。①

其次，西方文化中的正义审判观。从柏拉图到亚里士多德，再到卢梭、孟德斯鸠，西方的法律文化中贯穿着对于"正义"的追求。而通过审判实现正义，源于约翰福音书描述的审判模式。在约翰福音65：30中，耶稣说道：我凭着自己不能做什么（不能独立地按照自己的意愿，而只能按照上帝的盼咐！遵守他的命令），我怎么听到的就怎么审判（我按照上帝盼咐的做出判决。上帝的盼咐怎么传给我，我就给出怎么样的判决），我的判决是公正的（公平！正义的），因为我不求！也不考虑自己的意愿（我不求那些取悦于自己！成就自己目的！实现自己意愿之事），而只求差我来的父的意愿和喜悦。② 显然，发现真相、实现正义是上帝的事情，而我们凡夫俗子要追求正义，只能通过判决的方式，而尽可能忽略自己的意志。

最后，罗马法对"诉讼"的重视。罗马法是西方法律文化的源头，它的影响贯穿着整个西方法律文化。而在西方法律文化的源流之上——"罗马法"，便极为强调"诉"的概念与价值。罗马法

---

① 侣化强：《西方刑事诉讼传统的形成》，《刑事法评论》2010年第1期。
② 参见《约翰福音》65：30。

"诉"的理论是由市民法之诉和裁判官法之诉共同构成的理论系统。罗马人不喜欢为创造而创造,而是一直注意着法律体系所产生的具体影响,并根据这些影响,以温和而符合逻辑的方式对法律体系进行完善。罗马人从来不偏离与具体案件和具体的法律生活所保持的和谐关系。在一个法律体系里,裁判官法之诉与市民法之诉共存。①

在中西方都存在实质正义与程序正义相区分的前提下,我们看到:中国的传统法律文化对天充满了敬畏和无条件地服从。作为天的权力的代理人,皇权也具有了天的威严。所以,违天命必惩的法律思想充满了对天的一种质朴的臣服性的感情色彩。所以,中国的法律传统思想中实质正义是一种模糊的感性正义,对天的实质正义难以描述。西方是一个理性假定的社会。人之初性本"恶"。为此,社会应该编制一个预防人们由于性恶而危害社会的理性法网来规范、约束、引导人们的行为朝向"善"的方面转化。为了使一个普遍的共同的分配权益的原则成为可能。罗尔斯在《正义论》中声称,原初状态的理念是建立一种公平的程序,以便人们所达成的任何一致的原则都是公正的。所谓"无知之幕"假设暗含了这样的一个内容,各方当事人通过这样的一种推理方式对一个社会的诸种原则进行设计,即假设他们在这个社会中的地位是由他们的那些最坏的敌人来决定的。这样,人们会尽可能地使这些原则制定得更容易得出符合正义的要求,并且不会因原则外的原因而有所改变。罗尔斯的无知之幕将参与制定正义原则的人与其身份外所依赖的诸如利

---

① 巢志雄:《罗马法"诉"的理论及其现代发展》,博士学位论文,西南政法大学,2011年,第6—7页。

益、目的及与其他主体间的关系等因素加以区分,避免了这些因素对程序制定的参与,保证了原则的正当性。由此可见,罗尔斯"无知之幕"的假设是正当程序的正义根源。

(四) 认识依归:集体主义 VS 个人主义

1. 集体主义

突出的宗法属性和国家意识是中国文明的显著特征。依《白虎通》的解释,宗指先祖主,为整个宗族所尊,也即"大宗能率小宗,小宗能率群弟,通于有无,所以纪理族人者也"。通俗地说,"宗法"就是以血缘为纽带调整家族内部关系,维护家长、族长的统治地位和世袭特权的行为规范,它是从氏族社会末期父系族长制直接演变过来的。西周在克商之前,就已有了这个制度,待到取得政权以后,它就和整个国家的政治法律制度巧妙地结合在一起,形成了独具特色的"宗法制度"。其要害是政治的统治关系与宗族(家族)的血缘关系合二为一,宗族(家族)成了国家政治法律制度的基础,也即"宗族(家族)本位"[①]。后来,《礼记·大学》篇对这种宗族伦理道德制度与政治的一体关系做了更清晰的说明:"古之欲明明德于天下者,先治其国;欲治其国者,先齐其家;欲齐其家者,先修起身;欲修其身者,先正其心;欲正其心者,先诚其意;⋯⋯心正而后身修,身修而后家齐,家齐而后国治,国治而后天下平。"由上可见,传统中国法律的内核就是"宗族(家

[①] 张中秋:《中西法律文化比较研究》,南京大学出版社1991年版,第39—43页。

族)—国家"主义,在这样的法律之下,个人不是一个独立的或自给自足的实体,而始终作为集团成员而存在,并且是为了团体的和谐和凝聚力而存在。

因此,传统的法律制度是建立在集体利益之上的,而不是基于其个人的权利和利益之上。集体主义或者说宗法主义法律观的兴盛折射出个体权利意识的弱化。个人权利意识的淡化、弱化以及强调个人对集体的义务和责任,正是中国传统社会中集体主义观念长期存在的结果。中国传统社会中的法律的功能不在于满足个人的利益,而在于维护群众的和睦、团结、防止动乱。人与人之间应当和谐相处,家庭和国家社会也就会安定团结。人们之间不争、无讼才会不乱。如何才能不争?那就要不把"我的"和"你的"区分得那么清楚,权利和财产统统属于国家似乎就是天经地义的。这种观念的产生除了受自然环境及其生成过程影响外,还与其独特的经济形式有着密切的关系。在古代社会中,小农经济的生产方式对社会与法律的影响至关重要。"公社的单个成员对公社从来不处于可能使他丧失他同工社的联系(客观的、经济的联系)的那种自由的关系之中。他是同公社牢牢地长在一起。其原因在于工业和农业的结合,城市(乡村)和土地的结合。"[1] 在一个小公社范围内,产品并不需要交换,"土地财产和农业构成经济制度的基础,因而经济的目的是生产使用价值,是在个人对公社(个人构成公社的基础)的一定关系中把个人再生产出来"[2]。这种经济形式所关注的是使用

---

[1] 《马克思恩格斯全集》第三十卷,人民出版社1995年版,第487页。
[2] 同上书,第476页。

价值，而不是价值。这种经济形式工业性地造成了传统身份个人与社会之间的特有关系，造就了个人对社会的依附品格。

2. 个人主义

古希腊的自然法哲学和商品经济对罗马法中个人主义的形成产生了重要影响。在西方，对个体意识的禁锢主要不是家族，而是巫术、奇迹、神秘权威的传统——非理性的迷信。这意味着，只要人能够从这种迷信的禁锢中走出来，就可以获得个体上的自由。伴随着古希腊哲学由自然理性到人本理性的转变，人的个体意识与主体意识便逐渐增长。希腊哲学晚期的斯多葛哲学中，人对自身的存在以及对这种存在的意识，已经在哲学中取得了十分突出的地位。随着斯多葛哲学被植入罗马法，个人主义也逐渐获得了在罗马法中的普遍影响。梅因曾说，"罗马自然法和市民法的主要不同之处就在于它对'个人'的重视，它对人类文明所作的最大贡献就在于把人类从古代社会的权威中解放出来"。商品经济的作用也不可忽视。自由主义和个人主义的价值观能够根植于罗马法自有其现实原因，这便是古罗马发达的商品经济。商品经济的存在于发展不但要求人的独立、平等与自由，同时它还激荡着古代社会的权威，从而为人的独立、平等、自由地位的获得亦即个人主义的真正确立提供了条件。罗马商品经济的发达，不仅依赖于其多山环海的地理环境，古罗马的战争和自由放任政策也起到了重要作用。[1]

需要注意的是，西方社会虽然在古希腊、古罗马法律中就一直

---

[1] 郭守兰、曹全来：《西方法文化史纲》，中国法制出版社2007年版，第52页。

存在注重私人权利及私法优先的传统，但在文艺复兴打破神本位法律思想之后确立的人本主义才真正确立了个人（权利）本位法，进而形成资产阶级人权理论。其核心就是要法律承认和保护人的价值，使每个人在个性、精神、道德和其他方面的独立获得充分与最自由的发展，同时确认了人权天赋、人人生而自由平等、所有权不可侵犯、契约自由、罪刑法定及主权在民等法律原则。①

人的独立平等与自由民主的价值观念是个人主义的集中体现。独立不仅是指摆脱家族的影响，更主要的是意味着人摆脱对他人的依附。人的独立即个体意识的成长，是人类文明成长的根基。同时，独立便意味着平等和自由。既然每个人都有存在的价值，那么使一个人从属于另一个人在道德上便是无法立足的。这便意味着平等。独立也意味着自由。独立使人的意志获得解放，平等也使这种自由成为可能。传统西方的自由民主观正是在这种基础上产生的。"自由民主式的正义观适用于法律就是，每个人在形式上都应享有的平等待遇，在法律面前，一个法律上的人格与另外一个人的人格不应有所区别，他们的地位一律平等。这种观念使个人获得极大的尊严。其结果必然是，每个人都应当独立自主。智力与经济来源的不平等尽管为人注意，但是从法律角度看，却无关紧要。"②

个人主义法律观还表现在西方法律中的主体法和权利法性质之

---

① 张中秋：《中西法律文化比较研究》，南京大学出版社1991年版，第65—67页。

② [美]艾伦·沃森：《民法法系的演变与形成》，李静冰、姚新华译，中国政法大学出版社1992年版，第27页。

中。法律作为自我意识和理性选择的结果,它们也只能是为人所用的。"我们是法律的仆人,以便我们可以获得自由。"这决定了人在法律中的主体地位。权利则是这一主体地位的反映。与中国传统法律文化不同,西方人对权利意识极其重视,西方的法律文化是一种权利文化。其实,西方法律世界中私法的发达本身就体现了西方人对权利和利益的追求,因为权利正是私法价值的核心。

(五)基本手段:德主刑辅 VS 教主刑辅

1. 德主刑辅

"德主刑辅"是学界公认的中华法系的重要特征,这一特征表现了产生于农耕社会的中华法系对道德的追求,以及对伦理秩序的重视。德主刑辅是"明德慎罚"思想的继承,也是"王霸并用"政治思想在法律上的反映。其理论基础应该是汉儒对先秦儒法关于人性论述的融合,即"性三品"之说。

董仲舒综合了先秦思想家有关"人性"的学说,认为人性的善恶不能一概而论,而是因人而异。根据人性中善恶的多少,人可分为三品,即"圣人之性":不经教化便可从善,并劝导天下向善之人,这种人是极少数;"中民之性":身兼善恶两性,经教化可为善者,此种人为大多数;"斗筲之性":恶性根深蒂固,冥顽不化,须以刑罚威吓方可收敛者,此种人为少数。董仲舒认为:有"斗筲之性",故刑不可废;"中民之性"为大多数,故应以教为主;而兴教行罚的权力掌握在有"圣人之性"的君师手中。汉儒"人性论"颇具说服力地阐释了"大德小刑""先德后刑""德多刑少",即"德主刑辅"的重要性。其较之于先秦的法家更具理想，强调制度必须导人向善，而不是"以力服人"。

德主刑辅为法之善恶确立了标准——社会公认的善恶观，道德价值观。制定并执行与道德相辅相成的善法，正是中华法系所竭力追求的目的。法对"善"的追求，不仅有效地控制了社会民众的言行，更为重要的是它也有效地制约了帝王的言行与权力。因为人们可以根据社会广泛认可的"德"之标准来评价帝王的贤明与昏暴。同时，这种善恶观，也赋予了普通民众与王公贵族同样的"生命意义"——在道德的实践和人格的自我完善方面——人是平等的。德主刑辅还赋予了中华法系制度上的特色，即在"惩恶"的同时，格外强调法的"扬善"作用，如同中医讲求的"扶正驱邪"。比如以弘扬人之善性，促使人们自省、自律，远离犯罪并谨慎诉讼的"旌表"制度自汉以来，一直到清，王朝虽有更迭，但这一以表彰道德楷模为内容的制度却始终得以延续。旌表的最高规格是即使普通百姓也能青史留名，如正史中的《孝友》《卓行》《忠义》《游侠》等"传"，便是这些草民楷模事迹的记载。[1]

2. 教主法辅

西方历史上，自公元 330 年罗马皇帝君士坦丁宣布基督教为国

---

[1] 参见马小红《"中华法系"中的应有之义》，《中国法律评论》2014 年第 3 期。马小红教授还对以往就"德主刑辅"原则的过度批评进行了反思。她指出，"我们抱怨古人的礼法融合、德主刑辅致使中国失去了法治的传统，但我们同时也会发现，中国古人的选择除了历史发展阶段所决定的那种合理的局限性外，其实充满了智慧。这是因为，道德与法律的相为表里，对善法的渴求，对法律制度背后精神的推崇，应该不仅仅是中国古人的选择，也应该是今人理解法律、遵循法律，形成真正'法治'意识的最佳选择"。

教之后近两千年来，教会/教权始终是欧洲国家和社会治理中最重要的主导者，甚至在政教分离的今天依然发挥着重要作用和影响。教会法渗透到世俗法的各个领域，对后世法律的影响是多方面的。其中有观念方面的，包括法价值观念、法思想观念、法思维观念、法信仰观念、权利义务观念等；也有制度的结构和形式方面的，如法律体系、成文法的结构；也有法律制度内容方面的，如结婚的宗教仪式。教会法的许多原则和制度被欧洲国家的近代法律制度所吸收和改造，成为其国家法律制度最重要的渊源之一，构成了西方法律传统的一个极重要组织部分。从某种意义上说，二者之间联系的纽带并未消失，只是从不同的方面关注社会现实。在当代西方社会生活中，法律在社会中发挥着主导作用，但宗教仍然具有将社会和超越社会的价值联系在一起的力量，给一切信徒提供精神寄托和道德指引，维护个人内心的独立，坚守个人的社会角色，尊重社会权威等方面，仍有着不可忽视的影响。①

时至今日，西方社会早已经确立了政教分离的法治原则，中国社会经过一百多年救亡与启蒙的双重变奏，"德主刑辅"也转向"全面依法治国"，于是东西方殊途而同归，走上了以法律调整为主，道德与宗教调整为辅的共同道路。

（六）规范特征：非正式法 VS 正式法律

任何社会的调整，都有正式制度（法）和非正式制度（法）之

---

① 王建新：《教会法与西方传统文化》，《学理论》2011年第18期。

分。前者与国家政权有关，具有合法性、权威性及强制力保障。后者也称社会规范、民间规范或者习惯法（其外延广泛，包括习惯法、党纪党规、行会规则、乡规民约以及各类亚规则、潜规则等）。一般而言，正式制度或者正式颁布的国家法律，首先在名义上具有相当的法律效力与实施权威；其次它通过法院裁决、行政执法以及社区管理得以适用；最后以之为认定违法犯罪并予以惩罚的依据达致法律的实现。相形之下，由于缺乏法定性、权威性及足够的强制力保障，非正式法的实施往往靠领导人个人权威、道德约束、纪律规范以及习惯约束来维持，不会达到"令行禁止"的立竿见影的效果。

通常的情况是，西方（欧美）国家传统上强调个人权利本位，不同阶级、政党、社会组织乃至于公民个人意见各异，是故国家制定正式制度或者立法的过程（寻求整个社会的最大公约数）往往变得异常艰难，对于国务活动的任何一个建议（无论好坏、对错），都会变成政党和不同利益集团之间的争权夺利，变成各持己见的社会团体与公民个人的意见竞技，要想达成一个法律共识比登天还难。看一看美国政府推行的医疗制度改革法案、校园枪击案的根本性解决（如全面禁枪或者限枪）以及清洁能源革命等措施，尽管立意很好，方案也对，但就是囿于所谓多元文化和议会民主制度，而让这种"好法案"的通过显得遥遥无期。美国畅销书作家在其《世界又热又平又挤》（*Hot, Flat and Crowded*）一书中特别阐述了这种让整个世界特别是西方世界感到棘手的热、平、挤问题。弗里德曼甚至在书里"幻想"美国能变成中国。他写道："只要一天、一天，小小的一天就好，一天不会太坏，我们美国只要变成中国一天就好，我们可以由政府强势主导，朝着正确的方向，立刻改变各种规定、市场，改变市场占有率等。我们的自由市场机制开始运作之后，我们就会在新的对的规则之下起飞，只要一天的中国就好。"书中原话是这样的：

> 2007年1月，作为本书调研的一部分，我对通用电气公司（General Electric）董事长兼首席执行官伊梅尔特（Jeffrey Immelt）进行了采访，伊梅尔特和我谈论了能源产生的不同形式，并顺便聊起了政府怎样实施管理、激励、税收和基础设施建设以形成一套理想的机制来刺激市场、引进清洁能源和提高能源效率。答案似乎再明显不过，以至于最后伊梅尔特激愤地叹道："为什么美国就没有一个实施合理政策来规范能源市场的政府呢？"
>
> "当今的能源产业没有上帝之手，"伊梅尔特说，"如果你问起业内机构和大制造商们最喜欢什么，那一定是总统站出来说：'到2025年我们要产出多少吨煤、多少天然气、多少风能、多少太阳能、多少核能，没有什么可以阻拦。'也许一开始会有许多抱怨和哭诉，接着，整个能源产业内的人士都会站出来说：'感谢您，总统先生，那么就让我们着手去做吧。'然后大家就都投入工作了。"
>
> 为什么上级下达一个明确的指令会造成这么大的差别？伊梅尔特说，因为一旦商业组织得到了碳市场上明确、持久、长期的价格信号，清楚了解风能、太阳能等清洁能源在国内市场上的发展方向，以及国家将实施的一系列鼓励公用公司去帮助消费者节约能源的制度和激励政策，市场商机便会清楚浮现。

作为投资者，归根结底，我们就是想要这样一个持久明确的政策，以便下大赌注。到那个时候，美国拥有的资产——大学、国家图书馆、发明家、冒险家、风险投资者、自由市场以及像通用电气（GE）和杜邦（DuPont）这样的跨国公司，都会上满发条，全力投入新兴的可再生能源产业，整个清洁能源系统建设就会起步。

那天晚上，我一直思索着我们的谈话，它们在脑海中不停地重复，最后脑中闪出一个古怪的想法：要是……要是美国能做一天中国有多好！——只是一天！仅仅一天！

中国领导人的魄力很重要。

据我所知，如果需要的话，中国领导人可以改变规章制度、标准、基础设施，以维护国家长期战略发展的利益。这些议题若换在西方国家讨论和执行，恐怕要花几年甚至几十年的时间。当你进行绿色能源改革这类影响深远的变革时，当你的竞争对手是根深蒂固、资金充足的利益集团时，当你不得不劝说公众牺牲某些短期利益去换取长期收益时，领导人的魄力显得尤为重要。想让华盛顿的政府下达正确的命令，为能源革新创造出理想的市场条件，之后便不再干预，将其交给美国自然能源的资本系统去运作——那简直是在做梦。

看看这个吧：在2007年底的一个早晨，中国的店主们一觉醒来，发现国务院已经宣布，从2008年6月1日开始，为了减少石油制品的使用，所有超市、商场、店铺禁止为顾客提供免费塑料袋。商家必须清楚地标明塑料购物袋的价格，并禁止将此费用附加至产品价格内。这些措施将促使购物者改用可多次使用的购物篮和布袋。

这会节约上百万桶石油，避免成山的垃圾。要知道，美国从

1973年就开始了将汽油去铅的进程，但直到1995年才基本实现了全部汽油的无铅处理。而中国决定于1998年开始实行无铅化，1999年新标准已在北京地区试行，2000年实现了汽油无铅化。

此外，美国从1975年就着手制定汽车燃油经济性标准，32年后才取得重大进展。而在地球的另一边，中国于2003年开始将轿车、卡车的经济燃油标准提上议事日程，结果，该标准在次年即获得批准并于2005年开始实施。

这就是为什么我希望美国能做一天中国（仅仅一天）——在这一天里，我们可以制定所有正确的法律规章，以及一切有利于建立清洁能源系统的标准。一旦上级颁布命令，我们就克服了民主制度最差的部分（难以迅速作出重大决策）。

要是我们可以做一天中国有多好……①

的确，由于我国权力集中与政府推进以及"集中力量办大事"的传统优势，我们的决策快、行动迅速，能够迅速将政府意识到（当然也有很多政府没有意识到）的"好"方案迅速以立法的形式推行下来，从而出现了弗里德曼倍加艳羡的《限塑令》在短短时间里就能在长城内外、大江南北令行禁止的短期效果。可是，需要我们反思的是：如果今天我们随机到任何一家超市、商场、店铺向商家索要免费塑料袋，是否能做到100%塑料袋收费呢？答案显然是否定的。毫无疑问，由于中国共产党统一领导、权力集中，政体实

---

① ［美］托马斯·弗里德曼：《世界又热又平又挤》，王玮沁等译，湖南科学技术出版社2009年版。

行议行合一的人民代表大会制度，立法相对来说比较容易，法典化的成本非常之低，国家或地方政府颁布的法律法规虽然能在短期内起到极大的宣传教育效果，但是随着时间的流逝，在其后的具体实施中总会遭遇"上有政策、下有对策"的尴尬，实际执行效果并不好，总的法律交易成本非常之高，最终该法律法规被架空，束之高阁，不仅一点儿用都没有，而且严重降低了公众对法律权威的信任度与信赖感。① 这样一种在法律实施当中变通性压过原则性、对策性代替了法定性、正式法律不管用而"潜规则"盛行的情形，实际上就是"有法不依""有法难依"的反法治、非法治问题。

反观西方国家，一旦其立法机构经过长期的利益博弈和烦琐的程序，制定并出台了相应的法律法规，该法的实施就绝对不打折扣，能够得到很好的贯彻落实。由此看到中国法治之利在立法与决策，之弊在法律实施与政策落实；西方法治之利在法律事实与遵守，之弊在达成共识与共同决策。

上述中国非法治问题的深层原因，还在于国人的文化传统和社会心理，至今难以接受没有道德内容的形式法治观。由于两千年的德主刑辅传统，儒家化官员总是以伦理经义引导法律的运作，要求法律的执行合于儒家的道德观，但也因此不太重视法律的同一性研

---

① 这类例子不胜枚举。如20世纪90年代初期，全国有200多个城市纷纷制定了《禁止燃放烟花爆竹的决定》，且不说这类"禁"字头立法本身同文化传统的相互冲突，即便只考虑实施结果，也是第一年老百姓还算遵守，到了第二年、第三年之后，绝对是鞭炮此起彼伏、烟花照亮整个城市！再比如国务院通过的"限塑令"，尽管从这项立法的及时性和创新性来讲，的确有让外国人佩服的地方。但在该令已经实施九年后的今天，又有多少人还在认真执行有关规定呢？

究和对法律的不折不扣地严格执行。近代以来，在被迫发生的现代转型中，各种理念纷至沓来，但遵守成文法这一形式法治的底线要求却也并未成为精英阶层的普遍自觉意识。法治遭遇到救亡图存的现实挑战，这一方面体现了国人重视实质正义而缺乏对形式法治的理解，在极端强调民主正当性的观念之下，具有最高权威的是人民意志（"文革"期间打着革命委员会的旗号），而法律至上的观念难以确立。另一方面，尽管法治建设一直在进行并有相当的成就，但在那个时代的潮流中，法治话语始终是声音微弱的，中国也从来没有出现过托克维尔所称的那种能够约束民主狂热性的法律人精神。改革开放时期，由于立法成为各部门法学科主要的课题，"法律应该如何被制定和修改"成为引导部门法研究的核心问题，部门法学科也非常主动地寻求实质价值观的引导而忽视树立成文法形式权威的必要性。这一方面表现为热衷为本部门法寻找道德与哲学基础，另一方面表现为"批判现有法条之不足——提出立法或修法方案"的惯常研究思路。人们习惯于把法治理想寄托于制定出完美的法律，而不是对现存法律的充分落实。与中国法治状况的不尽如人意同步的，是法学研究未能深植于现存有效法律的事实。

现在，人们对于形式法治的内涵及其价值有了更为深入的理解。法治在其形式层面被概括为一系列的基本准则：法律的一般性、法律的公开性、法律非溯及既往、法律的明确性、法律的体系一致性、法律的可预期性和稳定性、法律至上、司法独立。形式法治观还要求公正无偏私和前后一致地执行法律，而不管法律的实质内容如何。在这一点上，形式法治比纠缠于道德立场的实质法治更容易达成共识。在法律适用的形式平等和法律制度的安定性之下，人们可以有依据地规划其未来的生活，从而使人类生活变得可以预期和可以控制，社会秩序和安全感由此得以形成。形式法治意味着，即使国家可以决定法律的内容，也必须遵守这些由它制定的规则，国家限制人民的权利和自由，必须有明确的法律依据。形式法治追求法律至上，但被当作至上权威的法律并不会自己解决个案，而是要通过法官和其他法律人的工作。如何保证法律被严格遵守和执行，就是形式法治所必须解决的问题。[1]

三　中西法律文化的共通性比较：法治悖论与矛盾发展

尽管中西方法律文化有着如前所述深刻的区别，但在全球化时代，中西法律文化也面临相同的难题与挑战，法治发展本身存在一系列内在矛盾和悖论，均需要在主动因应中加以解决。按照朱景文教授的分析，自从法治概念提出以来，古今中外的法学家们总是把它与一种具有一系列新特点的特殊的法律类型相联系并赋予它许多优秀的品格：它是自治、自主、自足的，而不是依赖于法律之外的因素的；它是整个社会，不管是统治者还是老百姓追求的崇高目标，而不是统治者手中任意摆布的工具；它是具有普遍适用性的规则，而不是个别处理的、因人因事而易的；它是中性的，无论是谁，在法律面前都是平等的，而不是偏私的。但面对现实，这些品

---

[1] 参见张翔《形式法治与法教义学》，《法学研究》2012 年第 6 期。

格都存在它们的反面，法治中存在如自治性与非自治性、目的性与工具性、普遍性与特殊性、中性与偏私等一系列内在矛盾。这些矛盾在某种意义上具有永恒性，不存在所谓从一极向另一极的历史性的、永恒性的转变，如从非自治性转向自治性、从工具性转向目的性、从特殊性转向普遍性、从偏私转向中性。它们之间的关系有时可能一方相对于另一方来讲比较突出，因为它比较适应它赖以生存和运作的条件；有时，当条件发生变化时，另一方又显得比较突出，同样因为它适应变化了的环境。这正像调整经济关系，有时强调自由贸易，有时又强调国家干预，这完全取决于经济运行的状况。法律调整也是这样，有时强调法律的自治性、目的性、普遍性和中性，有时又强调非自治性、工具性、特殊性和阶级倾向性，它们也完全取决于社会的经济、政治和文化的状况。在任何情况下都不可能一个完全吃掉或代替另一个。我们在历史中所看到的实际是，当一方面发展到极端，它的缺陷比较充分地暴露出来时，悖论的另一方面用它的优势弥补或矫正对方的不足并逐渐占据主导地位。[1] 除此之外，其他法治悖论还可列举如下。

（一）书面上的法与运行中的法之矛盾

任何法律都存在从制定法（Law in paper）到运行法（Law in action）的转变，法律概念、法律规则同法律最终实施的效果之间存在巨大差距，必须有效解决法律规范和社会事实这两个基本要素在

---

[1] 朱景文主编：《法理学研究》，中国人民大学出版社2006年版，第122页。

法律实践中的张力。美国法学家霍姆斯说过："法律的生命不在于逻辑，而在于经验"，他实际上指出了法律一方面表现为逻辑规范体系，也即立法体系。但在司法实践中，它其实是另一种东西，即活在当事人、律师、法官、证人、鉴定人、公证人、行政登记人心中的法。

（二）法律与（政治）权力之纠缠

我们在生活中常被问道："法大还是权大？"这个问题是中西方都会面临的，它的背后其实就是：（1）法律与政治的关系，即法律在多大程度上受到政治权力的支配，法律规定如何体现为不同层级的权力的展开与压制。（2）法律惩戒与思想及心理上的规训的关系。法国思想家福柯在《规训与惩戒》一书中非常深刻地剖析了边沁式"全景敞式监狱设计"对人性的摧残（权力对人无处不在的监控、窥探以及压抑）。我们也可以通过当前一些案件的后现代主义解读，将那些长期以来被边缘化的、被遗忘的和不起眼的主体的挣扎与抗争挖掘并展现出来，其中无疑都体现出深层次的法律的自我同化与异化问题。

（三）法律的权利本位与集体逻辑之悖离

法律确实有必要区分个人权利本位和集体权力本位，二者虽然有相同、相通的一面，但在彼此利益冲突时，究竟如何考虑个人，如何考虑众人，如何考虑未来人（及其利益），如何考虑地球生物，这些当然都会困扰整个人类的法律观念与实践创造。

（四）法律上的时间与空间之拟制

法律制度是人类千百年来的拟制物，其特殊的概念设定、规则安排以及话语表达，对人们、对时间和空间的理解产生极大的塑造与定型作用。诸如诉讼时效、期限、宣告死亡（失踪）、国籍、管辖、登记地、签约地等，不一而足。在社会转型当中，法律上时间与空间及其产生的诸多问题，值得细致讨论。

（五）法律确定性与不确定性之冲突

法律的确定性与不确定性是超越中外差异的共同问题之一，无论在哪里，法律都有其确定的一面，也都有不确定的一面，二者如何平衡把握，殊值思考。

（六）法律全球化与本土化路径选择之激辩

自20世纪90年代以来，关于法律全球化的声音越来越响，如何理解基于全球经济一体化之上的法律全球化趋势（具体说如何看待国际法的国内化和国内法的国际化）；如何构建法律全球化与本土化的基本理论；如何处理法律全球化中的一系列问题，如国际反恐合作、全球气候控制、国际难民与移民问题、跨国公司与市场准入、环境与劳工标准等；如何处理法律本土化及其一系列问题，诸如"秋菊之困惑"、追寻先例的困难、民族国家法律传统的保全与更新；等等。

(七) 公法私法化、私法公法化和社会法之迷惑

在公法私法化方面，历史上的例证非常多，如刑事罚金刑、赔偿刑的普遍应用，监禁手段的改变（私人办监狱），行政复议，国家赔偿等。在私法公法化方面，例证亦然不少，如定式合同之盛行，侵权无过错责任，环境保护法、自然资源法、私人民事行为之禁止或限制等。当代法律体系中社会法的扩张与发展已经成了明显趋势。

(八) 法律扩张与法律死亡之限度

日本法学家我妻荣的大作曰《契约的死亡》，具体阐述了现代以来，民事合同法律当中意思自治的失去、主体的退隐、履约方式与客体的脱离等问题，导致契约精神不在。

与此同时，我们也应高度关注法律扩张的辩证法，即扩张有限度。其实，法律研究内在的悖论，如法学究竟是科学还是学科，抑或艺术，回答这个问题，对于理解法律扩张与死亡的限度亦有重要意义。

四 小结：统而有序的中国法律文化 VS 散而民主的西方法律文化

人类世界进入"全球化"（大航海时代以前）阶段以前，尽管源自东亚、西亚、地中海乃至于美洲大陆的文明竞相绽放，但在长

达两千年的时间维度当中，没有人提出中国当时的统治秩序或者社会治理模式不好，更不可能析解出诸如皇权专制、"父爱主义"政府、司法不独立就天然地造成社会的动荡和不安宁。中华民族法制的历史不仅源远流长，而且经过四千多年的发展一直没有中断，中国古代的思想家、政治家对法治的论断很多具有超越时空的价值，底蕴深厚。对此我们更应该在尊重中华民族历史的基础上，鉴古明今，总结法治经验，创造性转换中国法律文化中的有益元素，助力法治中国早日建成。

张晋藩先生总结了中国古代思想家关于法治运行的警世观点：第一，不能以私害法。即不能以私心、私利、私权来危害法律。慎到说："法之功，莫大于私不行。""立法而行私，其害也甚于无法。"意思是说立法之后，绝不能以私利、私心来危害到法律，否则就伤害了"治功大定"的法律价值。第二，"法之不行，自上犯之；法之能行，自上守之"。这个话是商鞅讲的，意思是制定和适用法律的官员如果率先守法，法律就能够获得执行。第三，德法互补互用。德法互补互用是中国古代控制社会的二元手段，以德为主宰的中国古代法制表现了中华民族理性的法律思维。第四，治法和治吏的兼顾。白居易说过："虽有贞观之法，苟无贞观之吏，欲其刑善，无乃难乎。"意思是说如果只有好的法律而没有好的官员去执行，则法治必然难以实现。法治在人，治法与治吏结合，这是古人治国理政的重要经验。第五，"官民知法，互不相欺"。法律明示出来，官民皆知，给每个人稳定的行为预期，这样谁也骗不了谁，就能实现最佳治理效果。第六，"援法断罪，罪刑法定"。意思是说判罪的时候都应该有法律令的正文；如无正文，依照有关原则和法理判案，如果这些法定文本都没有，就不应该判人刑罚。我国古代提出来的罪刑法定比资产阶级革命时期提出的罪刑法定主义早了一千年。第七，对官员定期考核制度。古人认为有官必有考核，无考核就没有官；有考核必有赏罚，无赏罚就没有考核。自战国始实行考课，到了唐朝考课制度化了。一年一考，四年一大考，而且有法定的标准，明确细致。到了清朝，标准简化为"六法考吏"。"六法"就是浮躁、才力不及、老、病、疲软、不谨。这种考课制度通常要和惩贪奖廉、奖勤罚懒联系在一起。第八，"奉法者强，则国强；奉法者弱，则国弱"。韩非的这句话表明，法制秩序的状态和国家的兴衰确实有密切联系。盛世的标准及其动力就是法制，没有不讲法制的盛世。[①]

总体而言，东方（中国）社会更加注重自上而下"大一统"的集中式管理，要求上下一致、内外和谐、静动自如，最终形成一个高效、有序、成体系的法律文化闭环，故曰"统而有序"。与之相应，西方的欧美国家特别看重个体权利，主张在每个人的自由权利基础上不断取得民主进步，故曰"散而民主"。

[①] 张晋藩：《中国传统法律文化中的警世观点》，《行政管理改革》2015年第2期。

第二章

中西法治模式比较

> 人类历史整个说来，可以视为一幕大自然的隐蔽的计划的实现。
>
> ——康德（Immanuel Kant）

◇ 第一节 中国与西方"法治"历史阐释的对立与超越

一 问题的提出：后发国家"法治"窘境之解读

法治，通常被很多人视为人类的一项伟大历史成就。它渊源于西方世界，经过近代欧洲"三 R 运动"①的积累酝酿，初步形成于

---

① 即文艺复兴（Renaissance）、宗教改革（Religion Reform）和罗马法复兴（Recovery of Roman Law）。西方社会在近代掀起的这三个（革命）运动，从不同的领域和价值层面，对中世纪基督教神圣文化形态进行了批判，共同促成了人文主义的胜利。从此，人的价值、人的权利、人的自由得到承认和解放，以此为核心的现代文明建构起来。

启蒙运动时期，随着百多年来西方世界的物质、精神以及制度文明在全球范围的扩张，它逐步征服和取代了种种非西方的"地方性"法律形态，成为"现代"打破"传统"、进步推翻落后、文明战胜愚昧的革命利器和制度法宝。作为"现代化"事业的有机组成部分，"法治"获得并占据着某种支配性话语权力和应然地位，它是我们这个时代的主流意识形态。①

时至今日，走向法治、实现法治已成为世界各民族和文明社会的共同选择。对于他们而言，法治不仅是可欲的，而且是必然的，其正当性不证自明。这方面的一个重要例证就是以"法治"为核心的西方制度文明在亚洲后发国家的移植和推广。众所周知，亚洲是人类文明的孕育诞生之地。巴比伦文明、印度文明、中华文明、希伯来文明及其后的伊斯兰文明、马来文明等均为人类的世界历史增光添彩，并形成了独具特色的社会调整机制。然而，在西方列强发动殖民战争之后，文明"陆沉"，亚洲的大多数国家被西方列强拉进了世界性的现代化进程，最终又都从被迫接受转而自觉地选择了实现现代化，普遍经历了并正在经历着巨大的社会变革。其在法律上的表现就是"亚洲法治"的百年实践。学者们通常称为"外发

---

① 按照梁治平先生的说法，意识形态在一般规范性意义上，指的是某一个人或群体并非基于纯粹知识的理由所秉持的一组信仰和价值，它们形成了一种可以用来满足此一个人或者群体利益的针对世界的特殊式样的解释。而在一种更加日常化的意义上，又被视为一种封闭的、不容置疑与反思的观念、价值和学说体系。对此精彩的分析参见梁治平《法治：社会转型时期的制度建构——对中国法律现代化运动的一个内在观察》，原载普林斯顿大学《当代中国研究》2000 年第 2 期（总第 69 期）。对"法治"问题进行深刻反思的学术文献，还可参看季卫东、朱景文、朱苏力、谢晖等学者的相关文章。

型"或"追赶型"的法制现代化进程。

这一进程可分为三个主要阶段：第一阶段（19世纪末至20世纪上半叶），笔者称为"变法改制"阶段。南亚次大陆作为英国的殖民地全面继受了英国法，日本以1868年明治维新为起点的法制现代化，中国20世纪头十年的晚清立宪修律，20世纪20年代奥斯曼帝国解体后土耳其共和国推行的法律"西化"运动等，是此一阶段的典型。第二阶段（二战以后至20世纪90年代），笔者称为"法律发展"阶段。这其中，既有日本、韩国、新加坡等国对西方国家法律的全盘移植，又有中国、朝鲜、越南等国家主动学习和借鉴苏联的社会主义法律体系及法律观念的活动，还包括五六十年代欧美国家以"援助第三世界"为名，向一些不发达的亚洲国家传播西方法律模式，参与所在国立法和法学教育的法律与发展运动。[①] 第三阶段（20世纪90年代至今），笔者称为"法律全球化"阶段。经济全球化日益加剧，知识经济已露端倪，以社会主义国家的市场取向改革和亚洲金融危机为契机，大多数后发国家都"与国际通行做法接轨"，更遑论中亚、西亚国家所日益感受到的要求其变革传统、适应新形势的巨大压力了。中国则采取了法治"大跃进"的超常规方式推动法制改革，不断加快经济立法，制定新法，修改旧法，废除不适应形势的法律法规，强化执法力度，相关的法律投入成倍增加，等等。"厉行法治""依法治国"的口号也因之成为时代的最强音之一。

[①] [美]安·塞德曼、罗伯特·塞德曼：《发展进程中的国家与法律》，冯玉军、俞飞译，法律出版社2004年版。

然而，瞩目这些后发国家法治发展的现实，在全面法律移植、推行司法改革、严格行政执法、增大法律相关投入等的作用下，在收获了一定的社会稳定和法制成果的同时，也付出了相当巨大的成本代价，各种显性的和隐性的社会矛盾、社会危机也大为增多。"加快立法"并不能自然地、无代价地带来社会正义，也很难在不损害原有民族文化传统的基础上建构具有东方特色的法制文明。不仅如此，在何谓正义、怎样实现正义这些至关重要的问题上，学者以及官方的话语同社会民众的法律话语之间横起了一堵墙，前者主要是舶来的、理想化的法律原则和严格逻辑推导的规则和法治口号，后者则是具体的、经验的、希冀满足实际生活要求的朴素要求。

显而易见，无论从经验还是学说的层面，人们都面对且日益深切地感受到东西方法治理想与法治现实、法治历史与法治逻辑之间关系的紧张，感受到东西方社会文明形态及其理念的巨大碰撞。对程序正义的片面追求和形式主义的法条"法治"更是造成了法律与道德、法律与文化之间的巨大鸿沟。那种将东方社会普遍存在的政治国家与市民社会、城市和农村、国家制定法与民间习惯、法律意识与宗教信仰以及道德观念之间巨大冲突的原因简单归咎于东方国家落后或"法制不健全"的说法，只会导致关于法治必要性的循环论证，或者对法治之可欲性的新一轮赞颂，而不会从根本上解决我们当下遭遇的问题。

很显然，围绕"中国法治"（后发国家法治）实践中的问题，牵涉太多因素及彼此间诸多矛盾关系，仅靠一般的理论预设或者概念判断难以解决，即便引入历史、文化、传统等与特定社会状况密切相关的因素解析法治问题，也难免挂一漏万，百密一疏。当此窘境，笔者认为，研究当前中国法治的关键之一，在于找到"传统语境"下法治问题的症结所在，或将有助于对困扰法治实践的诸多难题进行深层检讨，也便于我们对现在所面临各种多意义的问题进行综合性理解。

关于这样的"结节点"，根据日本北海道大学教授今井弘道的理解，就是克服欧美中心主义的近代历史观念，并认为"这就是现代（亚洲）法哲学的最重要的任务"。[①] 中国学者朱苏力教授从另一个方面提出了相似的观点："现代法治的出现和发展，以及它对传统社会的'法治'或秩序的替代，并不是如传统的政治法律哲学思想家所描述的那样，是一种一以贯之正确的道德哲学之展开，也不是所谓的人类的道德理想或理性的实现；而是现代化这个近三四百年来席卷全球的历史性运动所带来的与这一社会结构性变迁相互契合的组成部分。"[②] 公丕祥教授则借用依附学说的"中心"与"边缘"这一概念工具，考察在全球法律发展进程中中国法律系统所处的历史地位，指出："中国法律发展与全球法律发展是一个历

[①] 今井弘道教授还提出："现在的世界处于庞大的转换期。但是，将这个转换期依照某种历史哲学理念的发展图式而定位的话，却是时代错误的做法——不论从黑格尔哲学或是马克思主义上来说，或者是从'历史的结束'式的自由主义的观点来说，历史不是把目的论的原理内在化的，也不是从属于一般法则的。"参见今井弘道《朝向克服主权国民国家与产业社会之"近代"——21世纪亚洲法哲学之课题与展望》（第三届法哲学大会提交论文）。

[②] 朱苏力：《现代化视野中的中国法治》，载汪丁丁等《学问中国》，江西教育出版社1997年版，第188—189页。

史性的互动过程。前近代时期的中国法律居于当时的全球法律发展进程的中心地位,而到了19世纪中叶之后,这一中心地位逐渐地被西方所取代。"①

笔者认为,当前亚洲法哲学的理论结节点在于重溯现代法治"历史"的本体,不仅是通过现代看过去,更通过过去看现在以至未来,从中发现多元化的世界法律文明体系共存共荣的可能前景。笔者对当下"后发国家法治问题"的判断归结到一点,就是要对我们长久以来信奉不移的西方法治传统及其哲学基础进行反思,消解西方法治中心论的历史幻象,结束亚洲各国对西方法治基于"殖民"和"依附"历史的"路径依赖"(包括现实制度的依赖和观念上的依赖)。换言之,只有回到西方法治"学说史"背后的历史本体论研究层面,才可能解释诸多法治冲突的成因,才可能明白西方强势文化及其文明史观对亚洲社会长时段理论形塑的本质,而不至于把西方哲人(或法学家)语境化的理论当作历史本身去看待,把"东西方"文明之"空间"并列架构想当然地置换成文明演进和法治进步之"时间"代序轮转。唯此,才可能避免使我们的研究陷入一种低层次的、阐释学意义上的无谓重复之中。

二 西方历史哲学的神话:从维柯到雅斯贝斯

历史是重要的,对法律(法治)的历史分析更是十分重要

---

① 公丕祥:《全球化与中国法制现代化》(第三届法哲学大会提交论文)。

的。因为只有把握了事物的历史,才能真正地把握事物的本质。马克思主义经典作家就此说道:"我们仅仅知道一门唯一的科学,即历史科学。"① 但是,想让历史学家们写就的历史同客观真实的历史完全一致,却是一个永远都无法实现的难题。而这种在不同的时段以及处于不同的立场观点方法之下被写就和言说的"历史"又是如何形成的,如何被作为整体把握的呢?德国哲学家黑格尔曾给出过一个回答。他指出:"忠实地把握历史的东西是首要的条件,但是,在'忠实地'和'把握'这样的普遍性表述中包含着歧义。即使寻常的、平庸的历史学家,虽然他认为并且装作自己仅仅抱着一种接受的态度,仅仅致力于现存的东西,他的思想也不是消极的,他带来了自己的范畴,并用这些范畴来观察现存的东西。真实的东西并不在感性的表面上。尤其是在一切居科学之名的场合里,理性都不可以沉睡着,反思必须得到运用。谁用理性的目光来看世界,世界就对他也显出合理性的样子。二者的关系是交互的。"② 这就意味着,学者(无论历史学家还是别的什么人)不是事实的奴隶,而应当是事实的主人。他没有必要也不可能把一切事实都记录下来,他必须也必然按照自己心目中的标准对事实进行剪裁、选择,进行尽可能全面和系统的描述。

纵观西方历史哲学,在不同的时代,哲人们对世界的"历史"

---

① 《马克思恩格斯选集》第 1 卷,人民出版社 1995 年版,第 66 页。
② [德]黑格尔:《历史中的理性》,霍夫麦斯特编,汉堡,1955 年,第 31 页。转引自李秋零《德国哲人视野中的历史》,中国人民大学出版社 1994 年版,第 7 页。

进行了研究,"试图使历史科学的成果,成为一种世界观整体上的统一理解",并前后形成有机的理论线索和发展脉络,此即历史本体论研究。① 细致梳理西方历史哲学发展史,从基督神学历史观起,经由维柯、黑格尔、斯宾格勒直至雅斯贝斯等人的历史观,就是按照这些历史哲学家"自我"的认识前提和主观标准,对世界历史进行合乎自己意识和信念的"忠实"把握,进而形成的以西方强势文明或西方中心论为核心的文明史观。他们不约而同、十分"自觉"地构造了一幅向着特定目的前进的历史发展的"世界图景"。而问题的焦点在于,这种虚构的"世界图景"一旦形成,则不仅决定着后世人们的历史观,而且决定着他们的政治斗争和法治实践。② 西方历史哲学各阶段分别是:

(一) 基督神学历史观

由于西方历史哲学与基督教神学关系极深,我们先对基督教神学历史观进行分析。一般地看,《圣经·创世记》以上帝造万物开局,以万物最后复归于上帝结局。这种历史认识和信念与更早的

---

① 英国历史哲学家沃尔什在其《历史哲学导论》中将历史哲学划分为历史本体论和历史认识论两大部分。
② 限于篇幅,本书只对部分西方历史哲学家(从维柯、黑格尔到雅斯贝斯)和孟德斯鸠、梅因等法律思想家的历史文明观及其演变大致进行描述,而对伏尔泰、孔多塞、孟德斯鸠、梅因、埃利希、哈耶克等人的"世界图景"或"东方图景"(即西方学者眼中的中国形象),以及中国人何以接受及以怎样的方式接受西方中心的停滞/进步之法律话语问题拟另文详加研讨。依笔者拙见,在"法治"问题研究中引入历史本体论的分析进路,即采用所谓"古今""中外"的世界史视角,对于解析困扰亚洲国家(特别是中国)在推行法治现代化、回应经济全球化之挑战时遭遇的种种难题,有极为重要的意义。

古希腊历史循环观相比,"第一次真正打破了循环的观点……在这里,历史第一次被理解为进步"。事实上,圣·奥古斯丁在基督教神学历史观的定型方面起到了至关重要的作用。他认为,上帝的国在地上,相对于"千年王国的降临"来说,在上帝创世和末日审判之间的无数个时代里,人类的作为是没有多少意义的。由此看出,基督教神创说历史观虽然给历史以方向性的最后拯救,但(人的)历史在其中却是被悬置或被虚化了的。换言之,这种史观只有上帝的时间和对上帝的信念,没有人的作为和人的任务,历史没有其真实的主体,主体缺位,注定这种历史是虚无缥缈的、不存在的。但无论如何,后世西方历史哲学基本上就是在基督教神学救世史的图式上建立起来的。维柯的天意、康德的自然意图、黑格尔的绝对精神、费希特的世界计划、汤因比和雅斯贝斯的神等,莫不如此。

(二) 维柯

西方历史哲学的源头虽可上溯到奥古斯丁甚至《圣经》,但真正将历史与哲学结合的是维柯。1500年前后,新航线的开辟和新大陆的发现使全人类的概念和真正的"世界史"成为可能;而17—18世纪普遍理性法庭的审判,特别是笛卡儿对历史作为科学的死亡判决,更推动了历史科学向哲学的飞跃。身处18世纪的意大利,维柯第一次明确提出:"这个民族世界的确是由人类创造出来的,所以它的面貌必须在人类心智本身的变化中找出。如果谁创造历史也就由谁叙述历史,这种历史就是最确实可凭的了。"① 换言之,人类社会和历史是人创造的,人类对历史可以认知,可以有所作为。他把这称为"新科学"和"第一原理"。尽管如此,作为一个虔信宗教的人,维柯还需要调和其"人创历史说"与基督教神创历史的矛盾。他认为,人的意图或计划只是实现"天意"的手段,即人的历史活动是上帝神圣工作的继续。而正是由于这种"天意"的规定,世界上各个民族的基本社会结构发展过程尽管在发展的细节上有所差异,但在"骨子里"却大体一致,此即为"人类共同的心灵词典(mental dictionary)"。② 翻开这个"词典",人们会发现一切民族都要经历一个兴起、发展、鼎盛、衰亡的"理想的人类永恒历程",这是上帝的一个"计划"。该计划由神的时代、英雄的时代和个人的时代三阶段组成,而每个民族都要经历这些时代及其相应的政体。从而,维柯以人是实现"天意"的手段的命题,解决了人与神在时间(历史)问题上的矛盾。

与此同时,维柯又做出如下三个价值性判断:(1) 自由民主政体的优越性。他认为西方已进入"人的时代",其时代的特点是"每个人都意识到他们在本性上都是平等的"。虽然人的时代的两种政体——君主独裁制和自由民主制——在价值上是不分伯仲的,各民族选择哪一种政体视其国内情况而定,但如从最符合"人的时代"的平等特点来看,自由民主政体无疑具有更大的价值优越性。

---

① [意]维柯:《维柯自传》,载《新科学》(附录),朱光潜译,人民文学出版社1986年版,第349页。

② 同上书,第145页。

而君主政权也就成为极权、等级森严、不人道的代名词。据此推理下去，原来曾被欧洲启蒙运动思想家广泛赞誉和推崇的"皇帝文官式"的中国君主政体也就从最先进、最人道而沦落为最落后、最极权的。①维柯在一定意义上，破除了自莱布尼茨、杜赫德（著有《中华帝国通志》，1735 年）、伏尔泰等西方思想家历史视野中的"东方"神话，而建立了西方中心论的价值基础。（2）基督教原则。如果说自由民主政体的优越性是造成西方优越论之合法性的政治根据的话，基督教则是其信仰的根据。维柯认为，宗教对每个民族都是必需的，它构成每一种政体的真正基础。而西方人信仰的基督教是世界上唯一真实的、最好的宗教，"而其他宗教都是虚伪的"。从而，信奉基督教的民族和以基督教为基础的文明也就具有了其他宗教、民族和文明所没有的优越性。（3）社会达尔文主义的信念和行动。推崇基督教，固然可以把西方摆到了某种优越的价值位置上，但是如同中国和印度等文明也常以不同的根据自我抬高一样，它本身不体现什么。"文明优越论"的最终成功不仅取决于"老子天下第一"的观念或认识，更重要的是取决于该文明有无扩张的强烈冲动和军事征服上的企图。西方社会长期的分裂、战乱和征服，以及"弱肉强食"的社会达尔文主义为西方的"文明"征服提供了最好

---

① 这种观点大大有别于伏尔泰对中国专制君主制的赞颂之词。儒家所宣扬的以"仁政德治"为特征的中国政治体制，与伏尔泰极力宣扬的"开明专制"恰相契合。在他看来，人类肯定想象不出比中国这样的政治形式更好的政府了，"如果说曾经有过一个国家，在那里人们的生命、名誉和财产受到法律保护，那就是中华帝国。执行这些法律的机构越多，行政系统也越不能专断。尽管有时候君主可以滥用职权加害于他所熟悉的少数人，但他无法滥用职权加害于他所不认识的、在法律保护下的大多数百姓"。参见［法］伏尔泰《风俗论》下册，商务印书馆 1995 年版，第 460—461 页。

的土壤。①

由此可见，为西方中心主义及其实践提供合法性的政治、信仰和文化心理根源的逻辑，已隐含在西方历史哲学之父维柯的"新科学"中。而18—19世纪西方在科技、组织制度和思想方式方面的创新及其随之而来的财富与信心的巨大增长，则使这些隐含的逻辑在现实中充分展开，并以绝对优势征服了世界。西方开始成为世界的征服者和人类的中心。维柯思想中西方特殊论和优越论的倾向在19世纪得到膨胀式的发展，其登峰造极之作即黑格尔的西方中心论。

（三）黑格尔

黑格尔的历史哲学是绝对精神显示自身、认识自身、实现自身和返回自身的过程。绝对精神的本质即自由，它从东方到西方依次实现，东方（含中国）永远无法摆脱"蒙昧"的"孩童状态"，西方则是历史的终点，由日耳曼民族承担着世界精神的最后使命。正如"天国的光辉"将洒满必将到来的"千年王国"，"最好的制度"也将在（日耳曼民族）这一"历史上最后的国家"实现，这个最后的政治国家之所以代表了一个综合和终结，就在于它使一切可能的

---

① 维柯指出："优秀的民族"凭借武力征服"堕落的民族"，并把后者"安置在所管辖的各行省，而后者亦借此得以保存"。这种观点显示出维柯所说的"自然秩序的两道大光辉：第一，凡是不能统治自己的人就得由能统治他们的人统治；第二，世界总是由自然界最适宜的精英们来统治的"。维柯所说这个"自然秩序"，可以说是西方达尔文主义的雏形，他还为这种强者逻辑或自然法则披上了道德的外衣，而披着道德外衣的自然法则之下进行的就是西方五个世纪的殖民史及其筑起的西方中心之历史宝座。

方面都得到了和解，而且没有为将会导致世界历史进一步发展得不完善性和不满足留下任何余地。就这样，黑格尔用一元的世界历史扼杀了维柯的各民族生成兴衰的历史，用直线封闭的历史路线即历史的终结取代了维柯历史的开放即历史的循环不已、螺旋式上升。①

与此同时，黑格尔认为"恶是推动历史前进的动力"，是世界精神实现的工具。无论是体现着世界精神的民族的崛起，还是体现着世界精神的自由原则的传播和实现，都是通过战争实现的。这就意味着"文明的"民族必然要征服那些尚未达到同样发展水平的民族，即野蛮民族。据此，他说："亚洲各帝国的必然命运就是屈服于欧洲人，中国有朝一日也将认可这一命运"②，其历史哲学和政治哲学在历史的终结中终于得到了统一。进而，在黑格尔眼中，寻找敌人和发动战争对于肩负世界精神使命的西欧来说是必不可少的。因为它们最大的现实好处便在于通过敌人和战争确保其自身的统一及其公民的政治美德。在黑格尔那里，当今西方主流思想的偏见已暴露无遗：以先验的自由理解历史，区分民族（或国家），人为地制造对立物甚至敌人，通过对"上帝选民"的垄断而将全人类利益

---

① Ciorgio Taglizcozzo, "Vico, Past And Present", *Humanifies Press Intl*, Vol. 2, p. 45.

② 当黑格尔将其"世界精神"的展开与太阳自东向西的行程结合起来之后，其单线型历史发展图式的机械性真是令人瞠目结舌。他不仅一笔抹杀了非洲、美洲、澳洲各族人民对世界历史所做出的贡献，在四大文明古国中，中国和印度只是扮演了世界历史的前奏曲，巴比伦和埃及只是波斯民族的一部分，在希腊文明崛起之后也就永远沉沦了，而古希腊世界也不过是曾经扮演过一次世界精神的低级承担者而已。在这种意义上，我们只能认为黑格尔乃是一个不折不扣的西欧中心论者和大日耳曼主义者。参见李秋零《德国哲人视野中的历史》，中国人民大学出版社1994年版，第278—336页。

置换为某特定民族的利益并任意践踏其他民族的利益，还美其名曰"文明的战争"或"自由的胜利"等。① 黑格尔在探讨中国问题时就认为，中国缺乏作为一个人主要意识的"自由理想"。正由于此，使中国这个"最持久""最古老"的国家几千年来毫无变化，缺乏独立和创新精神，在客观存在和主观运动之间缺乏一种对峙，从而成为"世界历史的发展史的局外人"。将来只有当"若干因素综合"在一起，文明取得新的"生机"之后，方可进入"世界历史的局内"。在这里，中国和其他非欧洲民族一样，其必然命运就是被西化。

对此，我们必须向黑格尔先生提出这样几个问题：那些尚未转变为现代国家的民族是否会存在某种不可开化的残余，并使之永远不可能开化（即西化）？实践中的"西化"是不是等同于黑格尔在批判康德时所说的"无限进步的历史过程"？黑格尔所发现的基督教自由原则本身是否也仅是历史的产物，而并非人类更新更好发展的终极指针？当然，这些问题也许都已超出了黑格尔——这位德国基督徒——的眼光与时代局限。他的确站到了古典哲学最高峰眺望人类的整个历史，但是，站在喜马拉雅山顶的基督徒也仍然是一个基督徒，而不可能是别的什么人。

（四）斯宾格勒

1914 年第一次世界大战的爆发粉碎了欧洲人对于和平、繁荣、

---

① 冷战思维其实是西方一以贯之的思维，其在西方历史哲学家的思想中有令人惊叹的一致和深刻的论述。

自由、进步的信念，西方持续几个世纪的直线攀升的资本主义文明及其历史哲学产物——西方中心主义一起走过了其最高峰。斯宾格勒"西方必然没落"的先知式预言恰在此地引爆了西方悲观、茫然、反思、抗争的百味锅。

斯氏对西方传统历史哲学最为反感，他说后者"把历史分解为当代——中古——近代的不可信的，空洞而又毫无意义的架构，完全统治了我们的思想"①。它仅仅是从西欧中心论出发编造的历史哲学的"托勒密体系"。而斯宾格勒的任务就是打破这种"托勒密体系"，实现历史领域的"哥白尼革命"，提出了一种承认所有文化具有同等价值的"文化形态学"。他把以往的世界历史分为八个具有同等价值的文化形态，即埃及文化、巴比伦文化、印度文化、中国文化、古希腊罗马文化、伊斯兰文化、玛雅文化和西方文化。这些文化都是相对封闭的、自足的体系，具有鲜明的个性和排他性，都有着自己的生死兴衰的必然命运，都要各自独立地走完自己的生命历程。它们彼此间尽管也存在文化的交流与融会，但这只不过是一种文化以它自己的精神接受另一种文化的形式罢了，没有也不可能实质地改变该文化的内在精神。

显而易见，斯宾格勒用多元、有限的"文化生命历程"取代了黑格尔一元的、绝对的"世界精神"的运动，以兴盛衰亡的循环取代了直线式的前进，以文明的结合取代了历史的结合，并宣告了西方文明的"内在终结性"及其不可避免的没落，从而打破了西方中

---

① ［德］斯宾格勒：《西方的没落》，黑龙江教育出版社1988年版，第13页。

心论并促进了欧洲人的反思。另外,他又秉承黑格尔等对中国的偏见,把中国等其他文明看作和历史上已消失的古巴格达文明一样,是"没有生气的""非历史的存在",甚至认为只有西方文明才是今日唯一存活的文明并赋予其建立世界帝国的特殊使命。这样斯氏又从后门请回了西方中心论的幽灵,尽管附有欧洲如日中天却必然会没落的特别说明。

(五) 雅斯贝斯

斯宾格勒具有浓重悲观主义色彩的文化宿命论在德国哲学家雅斯贝斯那里得到了某种程度的克服。雅氏深刻地抨击那种把东方文明当作"古玩"的看法,这无疑反映了欧洲人"典型的傲慢"。他指出西方"再也不能忽视伟大的亚洲文化世界,把它当作由处于永久精神停滞状态的非历史民族构成的世界。世界历史的范围是全世界,如果我们缩小这个范围,我们所组成的人类画面就将变得不完全和不真实"[①]。进而,他还提出了关于历史起源与目标的三大命题:(1) 西方是在与东方的对立中建立起来的,且一直处于对立之中;(2) 东方相对于西方的自我完善而言是必不可少的参考系;(3) 亚洲的巨大存在。虽然这三大命题似乎有助于雅氏得出与汤因比相同的结论:必须承认文明之间的共性和历史继承性,从"长时段"的角度看,所有文明在哲学上都是同时代的,在价值上都是相等的,谁也没有资格妄自尊大,只有消除人们惯常产生的"自我中心的错

---

① [德] 雅斯贝斯:《历史的起源与目标》,华夏出版社1989年版,第80页。

觉",才能正确地理解历史的意义。① 但令人遗憾的是,雅斯贝斯最终选择的仍然是自高自大的欧洲中心论。他确信,在世界上所有现存的文明体中,"只有欧洲(文明)通过其实际成就,证明了它自身的卓越"②,针对现代科技何以发生在西方而不是其他文明区域,为何只有欧洲才有持续不断的创新和突破,这一著名的"李约瑟难题",雅氏煞费苦心地总结出西方超拔东方的七大原因予以佐证。③

三 进步/停滞的历史"幻象"与法治启蒙话语

(一) 基本评述

如前所述,西方历史哲学家大都在西方强势文明或曰"西方文明优胜论"的核心理念之上建构他们心目中的历史,进而塑造和描绘出一幅现代人类文明进步的"世界图景"(世界体系)。这种西方中心的历史本体论,与近代西方的特定文化思想及社会心理密切相关,它主要不是一个政治—历史意义上的概念,而是价值—文化指

---

① 汤因比对从15世纪葡萄牙和西班牙征服海洋起一直到20世纪70年代的西方文明进行了回顾和深刻检讨,认为这种文明的进步是以损害大多数人的利益和浪费不可替代性的自然资源为代价的,其"实质就是领土扩张和经济增长",而且令人痛心的是,西方至今仍在这条充满灾难的、自我毁灭的道路上你追我赶,并被自己制造出来的各种社会问题和经济问题所困扰而无法自拔。而根据历史的经验,东方文明(主要是中华文明)基于其生命的韧性及稳定特性将在不可避免的人类统一过程中发挥主导作用。参见汤因比《展望二十一世纪——汤因比与池田大作对话录》,第294、427页。

② [德]雅斯贝斯:《历史的起源与目标》,华夏出版社1989年版,第73—74页。

③ 韩震:《西方历史哲学导论》,山东人民出版社1992年版,第350—352页。

向的认识论（意识形态）体系。从维柯到斯宾格勒，从雅斯贝斯到亨廷顿，前前后后有许多人参与了这种西方中心的"世界图景"的塑造和神话化，他们之间有一个思维和逻辑的链条。正基于此，他们的主张才最终积淀而成现代人某种固化的、不可置疑的历史观念与思维定式，并先验地贯穿在西方法治理论的基本概念、原理和体系之中，进而造成极其错误的影响。申言之，历史本体论的"西方中心"传统也必然使得"法治"概念本身以及一切与法律进步性有关的阐释话语都被打上西方强势文化和霸权话语的烙印。

西方中心的历史文明观之所以大行其道，除了西方在近代的武力殖民和资本扩张之外，达尔文进化论在社会思想领域的广泛入侵和社会进步观念的确立，是其思想理论的重要支撑。自达尔文的《物种起源》出版后，风靡一时，进化问题不仅成为生命科学、胚胎学、比较解剖学、生物地理学中最受关注的一个课题，而且还扩展到社会学、历史学、法学等人文社会科学领域。进化理论本身也似乎进化为一种"范式"，成为衡量法律的优劣、文明先进与落后的一套检验标准，成为社会文明层面上弱肉强食、剪除异己的无情但"科学"的借口。[①]

[①] 从社会进步、法治进步到人类进步，进化论就像一只硕大的口袋，能把自己碰到的一切都包容进去。其实，达尔文主义并非完美无缺，恰恰相反，它一直未得到充分而有效的证实。所谓"适者生存"，曾被定义为生存下来。但是这反而动摇了达尔文中心设想的逻辑结构，因为大自然并没有提供适应度的逻辑标准，这样，自然选择就成为一种同语反复："谁生存？最适者，谁是最适者？能生存的。"实际上，进化论之所以产生了那样大的影响，很可能就是因为它提供了一幅与19世纪以及20世纪的社会极为相似的图像，并与当时社会上流行的"进步"观念相互支撑，从而共同在整个社会层面上取得了其支配地位。详细的分析参见彭新武《发展的意蕴——一种复杂性研究》，中国人民大学出版社2002年版。又参见詹腓力《审判达尔文》，中央编译出版社1999年版，第23—26页。

毫无疑问，现代人们关于法治进步或法律发展的观念却是历史塑造的结果，是社会思想家、历史学家、法学家以及政治家们历史性"共谋"或者集体创作的结果。实际上，法治进步史或现代法治演进史并非经验的东西，它从根本上乃是观念的东西。历史在这里，既将思想家们的"言说"放大成为某种社会流行的观念，又借助于时间对所谓流行的观念进行选择、重构和塑造，进而形成观念的历史。

（二）"西方中心论"对法律启蒙思想家的影响

以西方中心史观和进化论思想考察近代以来的西方法律思想史，我们分明看到：近代西方法律思想中深刻地浸染了"西方中心主义"和法律进步观念，法律生成演进的"西方经验"和以欧洲国家通过"法律"第三次征服世界的"使命论"为历史本体的文明史观，对启蒙法学家（其主要代表是孟德斯鸠、卢梭、梅因、萨维尼等）法律思想的形成有很深的影响。反过来讲，西方的历史哲学和进化论又从启蒙法学家们的论述中获得了相当的理论滋养或逻辑证明。这一点，在孟德斯鸠的皇皇巨著《论法的精神》一书中，体现得尤为突出。

在《论法的精神》中，孟德斯鸠首先对共和、君主和专制三种政体进行了比较，认为"共和政体的性质是：人民全体或某些家族，在那里握有最高的权力；君主政体的性质是：君主在那里握有最高的权力，但是他依据既成的法律行使这一权力；专制政体的性质是：一个单独的个人依据他的意志和反复无常的爱好在那里治理"①。继而，他将古代东方社会的政治统治形式归结为是一种专制政体。在他看来，无论土耳其、日本还是中华帝国，都是专制主义一统天下，他们没有任何基本的法律，也没有法律的保卫机构，其政体运行的原则就是"恐怖"，而与此同时，"中国的专制主义，在祸患无穷的压力之下，虽然曾经愿意给自己戴上锁链，但却徒劳无益；它用自己的锁链武装了自己，而变得更为凶暴"②。就此我们看到，中国的政治状况事实上是否专制、恐怖，或者比同时期的法国或普鲁士更为凶暴，并不重要。重要的是孟德斯鸠在其对亚洲（东方）国家政治法律状况的"发现"和"发明"中，已然塑造了一个"停滞而落后的东方"异域形象。其目的是确定一个体现着启蒙主义自由精神、由西方文明所代表的法律进步的信念。

这种西方中心的先验推理范式，不仅体现在孟德斯鸠对（西方）法律文化及其精神传统的研究中，也同样体现在近世一些著名学者对"西方法律传统"的谱系学塑造和神话化当中。③ 这种谱系学研究的基本路径是：先根据某种需要界定"我们"和"他们"的

---

① ［法］查理·路易·孟德斯鸠：《论法的精神》上册，商务印书馆1961年版，第19页。

② 同上书，第129页。

③ 根据意大利都灵大学教授蒙纳特里（P. G. Monateri）的研究，当前在国际上流行的观念——西方那个法律传统所赖以建立的历史基础衍生自罗马法，并被视为人类精神的原生物的理论——实则不过是一纸带有浓郁实用意蕴的统治方案。换言之，近代以来令西方人自矜不已的历史意识，特别是在法律领域的历史意识，实际上体现了一种西方人特有的"自我中心"的偏见或意识形态立场，本质上反映了西方文明看待自己与其他世界文明（文化）的关系，并用以证实其在现代工业社会的优越性和文化统治的合法性。参见［意］蒙纳特里《黑色盖尤斯——寻求西方法律传统的多重文化渊源》，周静译，载《当代西方后现代法学》，法律出版社2002年版。相似的研究还有 Martin Bernal, "Black Athena: The Afo-Asiatic Roots of Classical Civilization", 1987. Harold J. Berman, "Law and Revolution: The Formation of the Western Legal Tradition", 1983。

文化分野，而后依据文化上的身份机制，将这些"他类"或"异类"文明排除在以欧洲为中心的法律进化史（"西方法律传统"）之外，最后证成并取得全球法律—文化统治地位（再回顾西方政治家关于欧洲人在历史上分别依靠武力、宗教和法律三次征服世界的说法，更足见证这种法律史研究的策略性和实用性）。

对罗马法这一"西方法律之根"的塑造是上述谱系学先验法律思想的最集中表现。在很多人的心目中，罗马法不仅是西方法学的基础，而且是有史以来"人类精神最为杰出的创作"和"文明常识"。它"对世界文明最伟大的贡献就在于，它向世人表明，以不同民族及其不同发展阶段都能够接受的常识为基础，建立一套法律体系是完全可能的"[①]。而且根据一代又一代的罗马法学者的叙事策略，罗马法具有天然的原创性、优越性、独特性、连续性和有用性，因而是古代世界一种最发达、最精心制作的法律制度。而依据蒙纳特里对罗马法的"知识考古学"研究，"法律领域的罗马法至上性，纯粹是19世纪历史主义偏见所编造的神话"。"而把非欧洲人排除在罗马法历史之外的这种谱系学策略从某种意义上讲是相当成功的，因为它绘制了一幅被奉为常识，形成一种近乎普遍的文化现状。"[②]

实际上，经过12世纪以来"重新发现罗马法"的欧洲运动以及制定了《法国民法典》之后，19世纪日耳曼历史法学家萨维尼及

[①] ［英］劳森：《罗马法对西方文明的贡献》，《比较法研究》1990年第1期。
[②] ［意］蒙纳特里：《黑色盖尤斯——寻求西方法律传统的多重文化渊源》，周静译，载《当代西方后现代法学》，法律出版社2002年版，第112—200页。

其追随者精心策划了一个关于欧洲普通法特别是日耳曼普通法的"法律发展进程",此即关于西方法律传统的"雅利安模式"。① 蒙纳特里指出:萨维尼为了创建一套新型日耳曼法,就把罗马法当作一种完美的、自足的体系加以研究,罗马法教科书则成了现代"科学的"法律制度的理论基石。但是,过分强调罗马法的极端重要性就使得他将罗马法理解为不囿于实证法的"普适"之法或人类共有的"文明知识",而不再是它原本的性质和面目(地方性知识)了。与此同时,为了证明罗马法的欧洲"发源论"和"天赋的"自我更新能力,萨维尼不惜曲解历史,拒斥了在罗马法发展历史上"非洲——闪族"传统的任何贡献,否认西方之于非西方文明所应怀有的歉疚之情,反而斥之为对罗马因素之庸俗化、玷污及扭曲。说到底,这种罗马法神话仍不可避免地属于某种文化政治学的产物,它建筑于排斥非印欧舶来因素的特殊逻辑基础之上。而有鉴于法学研究中偏执于罗马法或"言必谈希腊罗马"的风气之盛,重新认识罗马法源起和传播的历史,重新认识整个西方法律传统的形成史,揭开并批判潜藏在其国际文化统治背后的"西方中心"预设,至关重要。

无独有偶,英国法律史家梅因在其名作《古代法》一书中宣扬的"所有进步社会的运动,到此处为止,是一个'从身份到契约'的运动"②,这个"伟大的""振聋发聩"的结论正是基于如下认识

---

① [意]蒙纳特里:《黑色盖尤斯——寻求西方法律传统的多重文化渊源》,周静译,载《当代西方后现代法学》,法律出版社2002年版,第128—129页。
② [英]梅因:《古代法》,商务印书馆1959年版,第97页。

论：在法典时代开始后，停滞的社会和进步的社会之间的区分就开始暴露出来，极端少数的进步社会即西欧社会的法律进一步向前发展，而大部分的东方停滞的社会，法律的发展也停滞了。"不是文明发展法律，而是法律限制着文明"①，印度如此，中国也如此。显然，梅因是在西方法治文明自身的进步中看到东方文明的停滞，并在确立（反衬）西方法律进步的历史观念的同时确立了停滞的东方形象。他同时还对西方近代自然法思想（以孟德斯鸠和卢梭为代表）做了"客观"评论：自然法在哲学上虽然有其缺陷，但是我们不能因此而忽视其对于人类的重要性。"如果自然法没有成为古代世界的一个普遍的信念，这就很难说思想的历史因此也就是人类的历史，究竟会朝向哪一个方向发展了。……假设不是自然法的理论提供了一种与众不同的优秀典型，我们就找不出为什么罗马法优于印度法的理由。"② 就自然法在近代以来世界文明中的地位，梅因总结道："（自然法）明显地大量渗入到不断由法国传播到文明世界各地的各种观念中，这样就成为改变世界文明的一般思想体系的一部分。"③

有趣的是，停滞落后的中国形象是与启蒙主义以欧洲的进步为核心的世界史观同时出现的，以维柯为首的历史哲学家和以孟德斯鸠为代表的法学思想家们共同参与塑造了这一（法治）历史的"幻象"。最新科学研究已经证明，停滞的中国并不是现实，而是西方

---

① ［英］梅因：《古代法》，商务印书馆1959年版，第14页。
② 同上书，第43页。
③ 同上书，第52页。

历史家和法学思想家为了确立其进步观念与西方文明在西方化的世界秩序中的位置而进行的虚构和发明。①

如上所言，这两部分人（启蒙主义者）都是欧洲中心的世界主义者，他们描述"世界"的目的是确定欧洲在世界秩序中的位置，他们叙述"历史"的目的则是确立西方式自由、进步、法治价值的普适地位，并将欧洲文明作为世界历史的主体和中心。启蒙主义者又都是线性思维的历史主义者，他们将世界的空间（东西方共时性存在）想当然地置换成世界的时间（东方落后于西方的历时性存在），其线性、进步的历史观念已不仅是人类经验时间的方式，甚至是人类存在的方式。由此，启蒙运动为西方现代文明构筑了一个完整的观念世界，或观念中的世界秩序。

也正是在启蒙（现代）主义这种不容置疑的"理性精神"的光辉照耀下，始自黑格尔和奥斯汀的现代法学理论总是本能地偏好对法律逻辑的"宏大叙事"，即以法律概念、术语、命题为经，以确

---

① 准确地说，中国历史从未停滞过，只是发展变化的速度与急缓程度不同。加拿大学者弗兰克在详尽地分析了公元1400年到1800年世界经济的结构与发展之后，指出："中国，不仅是东亚纳贡贸易体系的中心，而且在整个世界经济中即使不是中心，也占据支配地位。"他强调说，他论证中国在历史上的世界经济中的"中心"地位，并不是简单地想用中国中心论来取代欧洲中心论。"相反，本书最核心的'科学'论点是，过去和现在一直有一个全球经济，在本书所考察的历史时期实际上没有什么中心，在可预见的未来很可能也没有什么中心。根据本书所提供的史实，可以断定，直到1800年为止，欧洲和西方绝不是世界经济的中心，如果非要说有什么'中心'的话，客观地说，不是处于边缘的欧洲，而是中国更有资格以'中心'自居。"弗兰克的命题打破了长期以来在现代化与发展理论研究中所蔓延的欧洲中心主义或西方中心论的神话，启示我们要用历史的辩证的眼光来看待全球化进程中的中心地位与边缘地区之间复杂的历史关系。参见［德］贡德·弗兰克《白银资本——重视经济全球化中的东方》，刘北成译，中央编译出版社2000年版，第19—20、26页。

定性、客观中立性、一元性和普适原则为纬，贯穿理性、个人权利、社会契约、正当程序等理念，涵盖法的本体论、价值论、方法论几大块的法律话语系统。但由于这套话语系统是国家主义和意识形态指向的，它以"合法"的名义，排斥、改造甚至摧毁不同"意义世界"中的社会规则系统，故此往往成为社会政治领域的"霸权话语"和想当然的真理。在世界范围内，是西方对非西方的倾轧；在一国范围内，是国家制定法对民间惯例的摧毁；在学术史上，它还进一步成为党同伐异、拒绝批判之教条主义立场的滥觞。

四 中国法治的"古今中外"问题与历史反思

如上所述的现代化及法律发展的模式分类似乎已经成为一种思维定式，被频繁地加以引证与运用，以至成为一个无可置疑的逻辑分析架构的预设前提。按照这样的模式范型，西方世界与非西方世界的法制现代化进程被纳入"内发与外生""原创与传导""冲击与反应""主动与被动"之类的二分架构而加以考察和描述，进而制造了全球法制现代化进程中的"先行者"与"后来人"的历史神话。在笔者看来，"古今中外"（或"中外与古今的纠缠"）问题影响如此深远，竟至于成为理解和解决"现代"与"后现代"问题、"全球化"与"本土化"问题的锋刃利器，在我们分析东西方文明关系、中外文明关系乃至东西方法律文化相互矛盾又相互影响的关系时，一定要注意并警惕这种先验历史观的弊害，从而对亚洲（中国）法治的过去、现在、未来做出科学的判断。笔者认为这可能是我们研究当下中国的法治理论与实践的最深层目的。

除了笔者个人的研究，其实在很多人看来，中国社会中始终存在一种依恋和崇尚西方法治模式的思维偏向。这种"西方法治模式"，并不是一个单一、确定的实体形态，也不是某一具体的西方国家的特定实践，它更主要是人们对其所接受的有关西方法治理论与实践的各种信息（甚至包括文学和文艺作品中的种种描述），进行理想化的提炼、筛选甚至推测后所形成的某种总体印象。[①] 虽然基于对中国国情的实际考量，当代中国人并不认为中国法治的具体状态应当或可能会与西方法治模式完全相同，但很多人仍然会潜在地依照这种模式去想象和勾画中国法治的应有状态和未来图景，把西方法治模式当作中国法治的摹本和示范，把西方法治的"今天"视为中国法治的"明天"。这种思维偏向与中国在法治创立阶段借用域外经验的客观需求结合于一体，形成了一种偏重于学习和借鉴西方法治理论和制度的追仿型法治进路。"追仿"体现于中国法治事业的诸多方面。首先，从法学理论看，中国的法学理论主要建立在对西方理论和知识体系的移植和引入之上。无论是法理学、法哲学还是部门法学，其体系结构、原则原理、概念范畴等都在很大程度上借取于西方法学。如果说在20世纪70年代末80年代初，中国法学理论还受到过苏联的某些影响，那么在此后的发展中，这些影响已少有痕迹。不仅如此，在对法治创立与施行过程中各种现象进行解说、分析和评价时，人们所运用的理论视角、知识资源乃至论

[①] 顾培东：《中国法治的自主型进路》，《法学研究》2010年第1期。

说方式与方法，也都体现出与西方法学理论的密切联系。

西方理论所确立的某些原则和原理往往成为人们判断是非和论证观点的主要依据。从立法看，中国的立法多以西方法律、法规为蓝本。30年前，中国除了宪法和婚姻法外，没有任何法典和法规。在此情况下，只能以域外的制度为蓝本和参照。虽然最初的刑法、刑事诉讼法等立法借鉴了苏俄立法的某些内容，但更多的立法包括刑法、刑事诉讼法的修改主要还是以西方国家的法律制度为蓝本。不仅如此，不少人还常常以西方的法律制度为衡量中国立法的标准：西方有的，我们也应当有，否则就是不健全；西方没有的，我们也不应有，否则就是不规范；西方是此种状态，我们就不应是彼种状态，否则就是不完善。这样一种思维定式始终存在于中国立法过程之中。从司法看，中国司法制度及其运作也大量吸收了西方司法的各种元素，不仅体现在司法程序、诉讼类别、审判方式等方面，还反映于法庭布局、司法人员着装和用具，乃至法院的建筑风格等形式和仪式之上。前些年，中国悄然出现了一个司法现代化的潮流，这一潮流实际上正是对西方司法制度从内容（如当事人进行主义、对抗制诉讼形式、严格的证据规则等）到形式（如法袍、法槌乃至法院的建筑风格）的一种仿效。客观地说，在无法用一个确定的标准对"现代"与"非现代"做出判定的情况下，西方的司法制度不能不成为我们司法现代化过程中的标杆与参照。

追仿型法治进路在中国的形成具有历史性和客观性原因。其主要是：第一，作为一种社会治理方式，法治是一件"舶来品"。尽管在中国传统中可以挖掘出某些法治因素，近代以来也曾经历过从人治走向法治的努力，但相对于 2003 年前的中国来说，法治毕竟是外在的且主要存在于西方国家的社会事实。因此，无须避讳的是，中国创立和施行法治本身，既是对人类文明成果的一种崇尚和继受，也是对西方社会发展经验的一种学习和借鉴。并且，这种学习和借鉴不会仅仅停留于对法治的概念化强调，还必然会延伸至相关理论、制度及实际运作方法，也就是说，对社会治理方式的借用必然进一步延伸到对相应内容的移植。第二，西方国家在长期实行法治的实践中形成了大量的文化、制度和经验的积累，并现实地向外部世界展示出法治的具体图景，为"什么是法治"提供了一个假定性的标准答案。面对这些先存的文化、制度和实践经验，中国法治的进程不能不以学习和借鉴西方法治为其始点。第三，中国法治的创立是在全球化的整体趋势与潮流中实施和完成的。这种全球化的过程实际上是一个以西方世界为主导、以趋近西方现代社会为目标的社会发展过程。在此过程中，西方国家的观念、价值以及制度等各个方面都会对发展中国家产生强势影响。作为发展中国家，中国的法律制度自然也无法回避这种影响。

追仿型法治进路不仅有其客观和历史性的成因，从主流看，其效果也是积极和应当肯定的。第一，西方法治中毕竟蕴含了人类文明的诸多主流价值，对西方法治理论和制度的借鉴有利于将这些价值导入中国社会。第二，对西方法治理论与制度的学习和借鉴大大缩短了中国法治的探索过程，使我们有可能站在历史经验之上进行自己的制度创设，避免了过多的试错和反复。第三，正是由于具有全球化、现代化的背景，"学习西方"的激励和冲动也在一定程度上减轻了在法治推进中政府动员的压力，潜在地塑造了推行法治的民间力量，并在某种意义上营造了法治施行所需要的社会氛围。概括地说，通过这样一种法治取向和路径，中国完成了一个现代法治国家所必备的法治体系的基本构造。然而，在法治推行后的今天，偏重于学习和借鉴西方理论与制度的追仿型法治已显示出明显的局限和缺失。如前所述，人们观念中的西方法治模式实际上是一种理想化的假想，并不符合法治运作的实际逻辑，更不符合西方社会的真实状态，用这样一种假想的模式评价乃至指导我们的实践，不仅不能客观地认识中国法治的现实，还可能导致实践中的重大偏误。

通过对历史和现实的反思，凸显出这样一个重大而尖锐的两难问题：在现代法治实现的进程中，任何一个民族和国家都难以避免被裹挟进去，倘若后发国家的法制建设与法制生活不能逐渐融入全球法律体系之中，便不能在世界文明体系中生存；如果后发国家的经济、政治、法制、文化等建设不能继续保持其独立自主的品格，不能有效地维护国家与民族利益；相反，一味追求全球规则的普适性及其对本国法律发展的引导作用，则可能坠入新的依附发展理论的陷阱，出现被消灭或被边缘化的情形。

当前世界经济全球化的浪潮，全球化经济的"无国界活动"和"地球村经济"的形成，首先对民族主权国家的主权及其法律体系提出了挑战。而任何一个国家、任何一个民族在全球化的过程中都应该采取相应的对策以确保其不被排挤出局，并在尽量使本国避免或减少损失的前提下，力求获得最大的民族利益。历史的事实一再表明，人类社会既有保持区域及民族特色的要求，同时也有相互交流，相互借鉴及相互融合的需要。数千年来，整个人类社会正是在这种相对独立性与交叉融合性共存的基础上发展起来的。一味地排斥外来因素的影响，无目的地维护所谓自身特色是没有前途的选择。有鉴于此，至少从目前的国际社会来看，几乎所有的国家都选择了对外开放，而对外开放也并不意味着必然会失去自身特色。而是在深刻理解本国国情的基础上，主动出击，将随着全球化而来的外国资本、技术、思想及其法制资源择善而从，为我所用，把握好"全球化"与"本土化"的关系和契机，并在具备条件的情况下将自己的活动空间向外延伸。只有这样，才能不被全球化浪潮所淹没，并在维持生存的基础上壮大自己。

在批判西方的社会经济文化"秩序"向全球扩张（不仅在经济上剥夺落后民族，而且在政治上和法律上压迫被殖民的国家和地区）这一过程的野蛮和血腥性质的同时，我们也清醒地意识到，"现代化"还是一个各国在外界压力下推进结构变迁、阶级整合和个人意识觉醒的社会过程。在全人类进步和追求幸福的历史画卷中，现代法治作为法的价值理念及相关制度设计的综合体，是建立适合现代经济、政治、文化发展的法律秩序的前提。它的出现，正如现代科学一样，对于人类有普遍的意义，是人类文明的共同财富和宝贵遗产。如果没有西方国家这种以"暴力"形式出现的法律秩序冲击（被迫变法），各传统文明区域（特别是中国）旧有的制度和规范是无法自动生发出变革因素的，不仅不能适应历史前进的潮流，也无力对社会现在以及今后的需求加以调节，那么社会的整体"失范"就呈不可避免之势，文明的衰败与制度维新就呈不可避免之势。考察满清皇朝末期风雨飘摇的统治难以为继的史实，转思黑格尔所言"恶是推动人类历史前进的动力"，真是入木三分。实际上，外来早生的现代化国家的影响与扩张成为其他国家走上现代化道路之最初动因和样板，并不奇怪。比如，近代日本变法对东亚诸国的示范效应（其中不排除其侵略压迫的成分），土耳其的凯末尔革命对西亚地区民族独立解放的示范效应等。经验显示，广大的非西方国家和地区，只有把自己纳入国际社会的轨道之中，才能获得现代化进程生长的动力性因素和条件。在实现法制现代化问题上，借鉴吸收经过历史考验的、有效的西方法律元素如法律普遍、法律平等对待、法律公布、法律可预期、法律无内在矛盾、法律高于政府、司法独立、对个体和共同体尊重等，是有其重要价值的。对于那些具有普遍价值和全人类意义的西方法治原则，世界各民族也都可以引进适用。

美国当代法学家波斯纳指出，法律并非一个自给自足的演绎体系，而是一种实践理性活动，是在现有的知识基础上对尽可能多的因素的综合性思考基础上的判断。实践中并不具有统一的法理学，法理学可以是具有民族文化特色的；因为不同的民族会有不同的法律概念、法律制度和实践。[①] 任何法律制度就其本质而言，都是文化的产物，都是与特定的民族语言、历史、习俗等密切相关的既有普遍性，又有特殊性的文明体系。借鉴吸收外国法律技术和法律文化，必须从本国的国情出发，即使是一些具有普遍性的法律技术，

[①] 参见［美］波斯纳《法理学问题》，苏力译，中国政法大学出版社2002年版，第528—540页。

在借鉴和运用时，也必须解决与本国法律文化融合的问题，脱离本国法律文化的法律技术，必然是无源之水，无本之木。综观现代法律国际化的实践，"文化"的跨越并非如此简单，法律技术规范的可移植与法律文化内涵的不可移植之间的矛盾始终存在，并不时爆发，产生与"法律现代化"进程相一致的法律文化冲突。

从世界范围来看，近代以来第一次冲突是伴随着法律殖民化，即资本主义在全球进行殖民扩张，西方民法法系和普通法法系两大法系向全球传播而出现的。欧洲殖民者将体现西方法律文化的法律制度强加给各个殖民地，在那里，来自西方的法律制度遇到了包括各种各样的不成文法在内的本地法律。西方的法律原则与本地的法律原则来自完全不同的文化，它们很难相互结合和共存，常常以种种方式发生冲突，其结果是在殖民地形成了法律多元化状态，即两种或更多的法律相互作用的状态。

第二次冲突是在发展中国家的法律现代化过程中出现的。这一过程开始于20世纪初，在第二次世界大战后的"法律与发展运动"中达到高峰。这一过程的特点是一些发展中国家为了自身的现代化而自愿引进西方法，建设"现代法治"成为以世界各国竞相效仿欧美国家的新一轮国际化浪潮的基本目标和神话。很多在传统法治观念影响教育下的人都相信，世间确实存在着一些普遍的、永恒的关于法律的原则和原理，他们共享着一种普适于全球的法律观，认为只要找到这些原则和原理，就可以放之四海而皆准，就可以解决一切现实的、具体的问题。与此同时，美国和其他西方主要国家也以援助发展中国家为名，积极参与了发展中国家的法律现代化进程，现代法被当作可以由国家直接控制的实现社会变革的技术手段被大规模地引进。尽管以日本、中国香港为代表的少数国家和地区获得了法律移植的成功，但对于大多数后发国家来说，作为现代化的技术手段而引进的西方法律制度并没有取得预期的效果，反而引发了一系列的社会冲突，并且形成了新的法律多元化状况。20 世纪以来，拉美许多国家在宪法上取法美国，民法上采用法国民法典，但拉美的政治经济发展却长期停滞不前。再以非洲的埃塞俄比亚为例，该国 1960 年出台的由法国人勒内·达维德起草的民法典实施之后效果很糟，甚至被称为"比较法学家的杰作，非洲人的噩梦"。

在这种意义上提出和研究法律和法治的"本土化"的问题，不是搞闭关自守，不是小国寡民，而是在积极适应全球化大潮的前提下，尊重自己的历史传统与现实条件，建设自己的法制体系。众所周知，一部成功的法典（或者一国之法律体系），总是"力求在传统和进化之间保持平衡"，从而尽可能降低法律移植成本，并使被移植的法律同本国传统法律文化相协调。其基本用意并不在于抱残守缺，回归传统，而是主张面对当下社会转型过程中，出现的一系列矛盾，如国家与社会、理想与国情、变法与守成等，更不是一味地"以外化中"，而是善待传统，并从传统出发，发现和培育那些合乎我们自己社会经济需要的法律制度，解决我们的问题，解决当下的问题。美国印第安那大学法学院院长阿曼教授指出："'全球化'是一个复杂的、能动的法律和社会进程。它不是（至少不一定是）'普遍一致'或'同一性'的同义语，也未必就是指'全世界的'。全球化进程还特别具有地方的或地区的特征。"① 从有利于东亚法制建设发展的意义上说，全球化意味着越来越多的国际性标准、国际性规则规范为世界各国共同接纳和遵守，各国在接纳和遵守这些国际标准和国际规范时，又往往把它们与本国的传统和特征结合起来使之本土化。全球化的力量是强大的，但本土化的力量同样显得深厚。二者与其说是对立的，不如说是互补的。

五　超越全球化与本土化的东亚文明发展之路

人类在两次世界大战后达到了历史上的转折点：世界进入各国互相依赖的新纪元，所有地球居民的命运紧密联系在一起，一个世界社会正在出现，这不只是经济和科技的事实，在法律层面也是如此。世界各国的法，美国法、德国法、中国法、日本法、印度法、以色列法、沙特阿拉伯法，以及拉美丛林部落法和太平洋密克罗尼西亚群岛国家的法，彼此之间的联系从来都没有像今天一样紧密过；世界上的法系，特别是普通法系与大陆法系，它们之间的相互借鉴与融合，从立法样式到具体规范的引进，也从没有像今天这样广泛和深入。所有这些情况都说明，我们的时代，进入了一个全球共享的法律文明总体系之中。而我们面临的问题则是：什么样的法律治理模式是令人向往的，是多元还是一元？东亚法治是否可能，我们将以何种理念与价值维持我们预期实现的法律合作？

---

① ［美］阿尔弗雷德·阿曼：《"法律全球化：政治与市场"研讨会述评》，《印第安那全球法律研究杂志》（英文版）1993 年第 1 期，"导言"部分。

综上对"法治"发展历史的反思,向我们昭示这样一个重大而尖锐的两难问题。

一方面,在现代法治实现的进程中,任何一个民族和国家都难以避免被裹挟,倘若东亚诸国的法制建设与法制生活不能逐渐融入全球法律体系之中,便不能在世界文明体系中生存。美国法学家弗里德曼指出:当前的经济全球化、现代化,以及世界大众文化的传播使得法律的文化因素与技术因素二者的界限模糊起来。全球化和趋同是现代法律制度的重要特点,即指法律制度或其一部分在平行方向上进化,发展出更多的共性,随着时间的推移在实体和结构上都越来越相似的趋势。他说:"很明显,现代性的冲击,代替、侵蚀和替代了世代相传的法律传统,连本土的结婚和继承方式在现代世界中也难以幸存。"①

另一方面,如果后发国家的经济、政治、法制、文化等建设不能继续保持其独立自主的品格,不能有效地维护国家与民族利益;相反,一味追求全球规则的普适性及其对本国法律发展的引导作用,则可能坠入新的依附发展理论的陷阱,出现被消灭或被边缘化的情形。著名的美国法律史学家伯尔曼指出:"世界法不是由一个世界政府,甚至不是由民族国家的组织强令遵行的,而是从跨国社群的应用和习惯所生成的。毫无疑问,在世界法的创制过程中,西方将扮演带头的角色,但这一过程必须靠国际社会通力合作才能成功,西方能否扮演好它的角色,将视乎它在其他伙伴身上能学到多

---

① [美]劳伦斯·M.弗里德曼:《存在一个现代法律文化吗?》,刘旺洪译,载《法制现代化研究》第4卷,南京师范大学出版社1998年版,第415—416页。

少（包括从中加深它对自身的了解）。……现在这个世界正迈向新的千禧年，而它的中心已不再是西方。我们已经为会聚世界上各色各样人群，迈向一个超越性的人类大家庭创造了条件。"①

客观分析，广大发展中国家法制对经济全球化回应的过程是一个法律多元秩序的互融共存的过程。日本学者千叶正士指出："法律多元即是在基于一个国家法律文化之上的统一的国家法之下，每一个社会——法律体关于保存和重新阐述其法律文化所进行的内部斗争和决定。"② 这种法律多元，既是国家与社会的相互统一，又是制定法与习惯法的相互统一；既是国内法与国际法的相互统一，又是世界法与民族法的相互统一。在其最重要的层面——国家主权层面，这种基于主权国家制定法基础之上的多元法律秩序的重叠，并不是国家及各国法律的消亡，而是主权国家及其制定法获得更广阔发展的契机。

法国学者马蒂从经济与人权双重全球化的角度，描述了未来多元化的人类法律文明体系。她指出："法律上的多元主义要求法律的世界化不能只听命于某个单一的法律制度，而应该是不同法律传统的融合。……世界法不能以国家法的模式来设计，不管是联邦制还是邦联制，而应该遵循一种我们称之为'规制的多元主义'模式。多元主义以对抗霸权主义，规制的目的在于将多元主义组织在

---

① ［美］伯尔曼（Harold J. Berman）：《展望新千年的世界法律》，译文转引自"思想的境界"网站。
② ［日］千叶正士：《法律多元：从日本法律文化迈向一般理论》，中国政法大学出版社1997年版，第222页。

共同概念的周围，以避免分裂和失和。"① 她还以正在实现中的欧盟一体化实验为例，说明欧盟成功的历史机遇仅仅在于"共同建立一个部分相同的法律秩序的一个是在任何一个欧洲国家都不是霸权主义国家的时刻表现出的"②。虽然这种叙述多少也反映了欧洲学者西方法律秩序的某种偏爱，但也未能深刻了解西方与非西方法律传统的重大区别（想一想儒家文明思想、伊斯兰教法、摩门教派法以及热带丛林规则等），但无论如何我们都有理由期待，欧洲试验的成功的经验与失败的教训，都会对以后全球法律秩序的逐步建立有所帮助。

诚然，由于历史的不可截断性和不可替代性，在不同的人文、历史和自然地理条件下产生的多元民族文化，更多地表现为民族传统、民族意识和民族精神，这种民族的认同感、归属感和荣誉感，以及作为这种意识的载体的主权国家利益，同全球文明的普遍性、可融合性及世界文化的趋同性是相矛盾的。但是，特殊性中已含有共同性，共同性并不抹杀差异性，而是体现在差异性之中，并受到差异性的影响。世界法律文明中存在着某些共同的、普遍适用的法律规则、原则和精神。这些共同的法律要素能够为国际社会所认同，并且会体现在世界各国的法律制度当中。法律之所以具有普适性，这是因为人们虽然生活于不同的国家或地区，但具有人之为人的诸多共同属性与特质，同时又面临着生存与发展方面的诸多共同

---

① ［法］米哈伊尔·戴尔玛斯·马蒂：《法的世界化——机遇与风险》，卢建平译，《法学家》2000年第4期。

② 同上。

问题。这样，不同国家或民族所创造的法律文明之间必然具有共同性或相通性，可以相互吸取和移植。

因此，对于正在走进全球化时代的后发国家尤其是中国来说，在适应现代性的要求，积极大胆地吸收西方法治经验，实现亚洲法律制度与文化的重建的基础上，① 发挥本土法文化的综合调整功能，找准自己的定位，捍卫国家主权，谨防当前打着法律全球化名义而推行的法律扩张主义（新法律殖民主义或美国法律的全球化），反对这种论调背后的文化霸权主义或者西方中心论，确立本国在全球法律体系中的自主地位，防止和避免法律发展的边缘化趋势和依附性，挖掘传统文明中的可贵治理元素②（如调解、基层民主等），走出一条符合本国国情和条件的自主性法制现代化的道路，依然是一项重大而艰巨的历史性任务。

笔者衷心地祝愿广大后发国家（特别是中国）法治能在全球法治文明平等共存、多元互补的基础上，实现旧邦维新，"创造性地"进入稳定发展，促进民族福祉的"善政"之境。对于这样的美好前景，可以引用美国著名法哲学家博登海默的话进行最恰当的表述：

---

① 比如，共同体文化意识中需要注入现代人权观念，使社会主体享有丰富而广泛的自由；在家庭伦理关系中注入平等、民主的观念；在权力关系的合作与融合体制中注入相互制约与监督机制，保证权力活动的合法性；在社会生活中普及人权与法制意识，把人情关系的合理性纳入法律规则之中，要求人们以规则办事，养成依法办事的习惯；等等。参见韩大元《东亚金融危机与东亚法治的价值》（第三届亚洲法哲学大会参会论文）。

② 诸如，对家庭、职业、任务和义务的严肃态度，帮助群体的倾向，相互关系的互补观念，公平、公正意识等。参见［美］赫尔曼·卡恩（Herman Kahn）《世界经济发展：1979年与未来》，伦敦克鲁姆海尔姆出版社1979年版。

"我真诚地希望,在将来的某一天,这个世界上的各国政府和人民能够就最符合人类需要和愿望的社会和经济制度的问题取得比今天最为一致的意见。如果能够实现这一点,那么现在烦扰国家间关系的两极分化问题就会给人类采取这样一种政策让路,即努力协调个人的目的与社会的目的并全力促进经济繁荣、文化发展和世界和平。"①

◇ 第二节 世界法治的一般性与中国法治的特殊性

一 世界法治的一般性研究

关于世界法治的一般性训诫,夏勇结合中外文献,在《法治是什么——渊源、训诫与价值》一文中做了精准概括。②

(一) 有普遍的法律

法治所要求的法律普遍性主要有三层意思。第一,规范的制作要有一般性。就是说,法律规范比特定的案件或细节要宽泛,一般

---

① [美] E. 博登海默:《法理学:法律哲学与法律方法》,邓正来译,中国政法大学出版社1999年版,"作者致中文版前言"。
② 夏勇:《法治是什么——渊源、训诫与价值》,《中国社会科学》1999年第4期。

能够包罗、涵盖后者，不能一事一法，一事一例。规则表述的抽象程度与规则调整的普遍程度成正比。在现代法律里，作为母法或根本法的宪法在原则和规则的表述上尤其必须具备高度的抽象性、一般性，不能因事立法、因人设制。第二，规范的适用要有一般性。这主要指相同的情况必须得到相同的对待。就是说，在规则中的操作性语词的外延范围之内的每一个细节都必须被确认是在操作性语词的外延范围之内，并因此是在规则的范围之内。一般性还表示法官和其他官员的自由裁量权应该限制在适用或解释规则的范围内。第三，法律制度具备统一性。古人所谓"万事皆归于一，百度皆准于法"。在此意义上，一国可以有两制或多制，但不能有两法或多法。综上三点，可以认为一个相对成熟的法律体系是法治的前提，无论它是以法典还是以判例为主导。

（二）法律为公众知晓

法律必须公布，晓之于民众，以便被指望服从规则的人们了解规则是什么。富勒就此提出三条理由：第一，即便百人里仅有一人去了解公布的法律，也足以说明法律必须公布，因为至少此人有权利了解法律，而此人又是国家无法事先认定的；第二，人们通常不是因为直接了解法律而是因为仿效了解法律者的行为样式而守法，故少数人的法律知识可以间接地影响许多人的行为；第三，法律只有公布后才能由公众评价并约束其行为。让守法者知立法之意，超出了关于法律公布与否的争论，对"晓之于民众"提出了较高的要求。

(三) 法律可预期

规则之存在须在时间上先于按规则审判的行为。法谚云："法无明文不罚。"无人能遵循溯及既往的法律，因其行动时该项法律并不存在。所以，既不能制定也不能适用溯及既往的法律。可预期性是支撑法治价值的一个较为关键的要素。哈耶克曾把法治定义为要求"政府的所有行为由事先已经确立并公布的规则来限定，规则使得用公平的确定性预见当局在给定的情况下怎样运用其强制权力成为可能"。[①] 菲尼斯认为，法律的可预期只有通过对司法采用新的法律解释施加某种约制才能得到保障。

(四) 法律明确

规则必须能够为其接收者所认知和理解。在现代社会，立法机关如果制定模棱两可的法律，就构成了对法治的侵犯。当然，强调法律的明确性并不是一般地反对在立法中使用像"诚信"和"适当注意"等准则。对法律的明确性要求也不能过分。

(五) 法律无内在矛盾

被期待服从规则的人们不能同时被命令去做既为 A 又非 A 的事情。除了同一法律的不同规定之间的矛盾外，更常见的情形是几个法律之间的矛盾。公认的解决原则是"后法优于前法"，基本法优

---

① 参见 Freidrich A. Von Hayek, "*The Rood to Sefdom*", 1944, p. 54。

于派生法。有时也通过专门的调整矛盾条款的办法来解决，但这种办法也会带来不少的困难。总的来说，因立法草率造成的法律矛盾对法治是极为有害的。

（六）法律可循

规则的接收者必须能够使他们的行为与规则相符合。在罗尔斯"作为公平的正义"里，规则应该具备的首要品性就是"必须做的即可能做的"。它有三层意思：一是法律规则所要求或所禁止的行为是人们能够被合理地期待去为或不为的行为；二是立法者、法官和其他官员必须相信法律能够被服从并预设命令能够得到贯彻，而且这种诚信为守法者所认可；三是与规则相符合的不可能性因此应该被确认为一种辩护理由。

（七）法律稳定

规则不能改变过快以至难以学习和遵守。若法律变动过于频繁，人们便难以了解在某个时候法律是什么，而且不可能在法律的指导下做长远规划。当然，法律应该适应社会的发展和变动，及时地废、改、立，但是，频繁改变的法律和溯及既往的法律已经超出了关于法律公布与否的争论。对此，除了进一步通过将清晰易读的法规、决定、格式和先例的官方文本加以普及教育外，还要求职业律师阶层的存在与工作。

（八）法律高于政府

任何社会里的法律皆有权威，法治所要求的法律权威是立于政府之上的权威。任何社会里的政府皆有权威，法治所要求的政府权威是置于法律之下的权威。作为一个与"人治"相对立的概念，法治本身就是为了通过法律遏制政府权力而不是为了通过法律管治普通民众而提出来的。符合法治要求的法律制度，一方面，要通过法律的普遍、公开、明确、稳定、可预期等品性来体现；另一方面，要通过关于立法、司法、行政的一套制度性安排来保障。

（九）司法威权

设立司法机构负责在案件中适用法律，并且对案件在法律上的是非曲直做出最终判断和结论，乃是法律制度至关重要的部分。司法没有权威，法律便没有权威。司法威权包含两个基本要素。第一，法院应该有权通过司法程序审查政府其他部门的行为，以判定其是否合乎法律。第二，司法独立。如果司法依附于法律以外的权威，便不可能依靠司法来实现法律的统治。司法独立不仅仅是审判独立，它还包含一系列关于法官任命方法、法官任期安全、法官薪金标准以及其他服务条件的规则。这些规则旨在保障法官个人免于外部压力，独立于除法律权威以外的一切权威，因此对于保持法治颇为关键。

（十）司法公正

只有法官公正地适用法律，才能通过法律来伸张社会正义，当事人也才会受法律的引导。不然的话，人们就只能根据其他的考虑而不是根据法律来猜测法院的决定。培根说过："一次不公的判决比多次不平的举动为祸尤烈，因为这些不平的举动不过弄脏了水流，而不公的判决则把水源败坏了。"① 司法公正首先指在适用法律上的公平。在现代司法里，适用法律的公平要求形成一个保证获取真相和正确执法的包括审判、听证、证据规则、正当程序在内的制度结构，同时协调好司法过程中不同权利的冲突，如公平审判权利与新闻自由权利的冲突，公开审判与公共安全的冲突等，确保审判不"因公共喧嚷而有先入之见"。其次，法律公正还要求在拥有法律资源方面的公平。再次，法律公正要求法官和其他官员在适用法律时要遵循与整个法律制度相符合的解释原则。最后，要建立分权制衡的政府权力结构。

关于法治的含义，美国当代法学家塔玛纳哈提出了三条最基本内涵：第一，主权国家、政府部门及其官员受限于法律。其含义根源就是把法律当作对政府暴政的约束，权力必须在法律之下运行。第二，形式合法性。作为正式的合法性规则，法律具有一般性、平等适用性和确定性。形式合法性强调一种由国家强制力保障的规则之治，以及严格按照司法程序公正审理的可实现性。第三，法治不同于人治（如法治理性、人治非理性，法治不妄为、人治专断，法治客观、人治主观等）。其背后的意旨在于：法治的生活不受任何人不可预测的意愿（偏见、情感、无知、贪婪或心血来潮的念头）变化所左右，人们宁可依法行事也不愿意受制于一个聪明人及其易

---

① 《培根论说文集》，商务印书馆1983年版，第193页。

被滥用的统治权力。①

二 中国法治的特殊性研究

如前所述,在普世主义法治观中,隐含了西方分权制衡、多党政治等政制背景,并与中国的政治框架与法治体系形成巨大反差,由此引发了对现代法治赖以存在和发挥作用的政法架构的理论探讨,并使某种强调中国法治特殊性或者国情主义法治观得以形成。

国情主义法治观是同普世主义法治观相斗争、相对立而出现的。二者围绕着现代化与变法,其中变法与法治、法律与立法、国家与社会、理想与国情、普世性与地方性等问题存在重大区别。普世主义法治观念指引下的法律体制推进,借助的是国家强制力的推进,从而缺乏回应社会的张力,反倒在法治秩序建构中容易弄巧成拙;国情主义法治观则指出观察法律的本质属性不应当局限在"主权者的命令"之上,不应单纯地把法律作为理性思维的产物,而要更多地作为回应社会需求、带有社会预期性、总结性、经验性习惯的总结、凝练和升华,应该提出并关注"法治及其本土资源"的命题。

有学者从中华法系的传统特性来认识中国法治的特殊性,认为中国法的起源是部落与国家形态的结合,与西方破除宗族部落、在新阶层的产生与阶层之间的摩擦和妥协中建立起来的、相互尊重权

---

① Tamanaha, Brian Z., *On the Rule of Law*: *History*, *Politics*, *Theory*, Cambridge: Cambridge University Press, 2004, Chpater9, pp. 114 – 126.

利的法律秩序截然不同；应该在尊重法治的基本立场之下探讨中国的法治建设，并强调了对传统法治资源的再利用，从而实现法治的社会价值。相对于后来的发展而言，学者的这些声音还比较细微，同时更多地表现为一种立场态度，并没有形成什么对法治的系统看法。张志铭教授就此指出：作为"本土资源"观点的结果延伸，国情主义法治观的正式形成，还是出自当政者的努力：先有"低调"的说法，认为中国社会主义法治是"党的领导、人民当家做主和依法治国的有机统一"；后有高调推出的"社会主义法治理念"的五项要求，即依法治国、执法为民、公平正义、服务大局、党的领导，以及对法治建设要体现"三个至上"的强调——人民利益至上、党的领导至上、宪法法律权威至上。而作为学界的回声，并上升为在立场和方法上与普世主义法治观相对的理论形态——国情主义法治观，则以学者新近论文的概括阐发为典型代表。这类观点指出，中国正处于法治进路转型之中，亦即从偏重于学习和借鉴西方法律制度和理论的追仿型进路转向以适应中国国情、解决中国实际问题为目标的自主型进路。在这种转型中，必须对西方法治理论中的精华所在，法条主义是不是法治的核心原则，司法独立的真正含义及其在西方社会是否真实存在，以及实行法治是否应当奉行法律中心主义等重大问题进行辨识反思。基于我国政治架构、人多地广、区域发展不平衡、利益分化严重、公众法律认知水平低、司法资源匮乏等特殊情况，开展自主型法治建设要做到：以保证执政党的核心领导为前提，界定司法在我国政治结构中的地位；注意法律及其适用的多样性和区别性；合理确定并发挥司法的职责与功能；重视司法行为的社会影响和社会效果；把握法律专业化、技术化、程序化水准提升的进程；完善司法权内部的运行机制；提升法律对外部世界的应对能力；等等。

国情主义法治观对普世主义法治观的反思批判，在立场和观点上专注于对中国当下的政制架构、社会状况的强调，以及它们对法律和司法"中心地位"的减损作用和挤出效应。从眼下的势头看，国情主义法治观在气势上显然盖过了普世主义法治观。但令人颇觉吊诡的又一现象是：在定义法治的问题上，国情主义法治观的出现并没有在反思批判整合的努力下，促成对法治内涵和外延认识上的基本共识。①

◇◇第三节 英法德美日新六国法治模式比较

从世界范围看，尽管人们分享着大体相同的价值理念，像"规则之治""保障权利""权力制约"等原则可谓举世公认，或者说全世界法治实践背后的原理是一致的，但基于各个国家和地区不同的文化传统、国情特点、制度样态与历史发展道路差异，究竟通过哪种途径来实现法治、法治的具体制度安排如何等，却没有统一的建构模式、实现机制和评价标准。当今世界占主流的美国法治模式根本说不上是所谓古希腊罗马传统的延续，后者同美国现实政治和

---

① 张志铭：《共和国法治认识的逻辑展开》，《法学研究》2013年第3期。

法治实践格格不入,"旧瓶"完全装不了"新酒"。甚而从起源来看,法治本身就是一种"地方性知识",就是一个矛盾统一体范畴,内在包容着客观性与主观性、抽象性与具体性、普遍性与特殊性、原则性与灵活性、全球性与地方性等各种矛盾。

近代以来,也即在哥伦布发现新大陆之后出现的全球大历史阶段,欧美国家崛起过程中(英国和法国为建立和发展资本主义,掀起了多次规模宏大的革命与战争,付出了巨大代价,美国独立战争更不必说),也导引出各不相同的法治之路和法治模式,诸如英国"法律至上"模式、德国"形式法治国"模式、法国公选公决之"合法性"模式,美国的宪政分权模式。在这些法治模式当中,我们很难说哪一个更好,充其量只能说经过数百年的实践检验,它们各自走出了一条合乎国情需要和政治生态的法治之路。

美国、英国、法国、德国、日本、新加坡也有差异巨大的法治模式,但都在各自的制度框架下基本达到了权力依法运转的法治理想。

一 英国的"法律至上"法治模式

光荣革命之后,由于《权利法案》的订立和生效,英国被视为世界上第一个现代法治国家。由此形成的英国"法律至上"法治模式,堪称世界法治的典范,并对迄今为止的美加澳新等英语国家和地区产生了深远的影响。

(一) 英国法治国家建构的两个关键时刻

英国法治国家的初生是以 1215 年"大宪章"的签署为标志的。经考证的大宪章权威版本有序言和 63 项条款,核心规定了教会自由、城镇自治、国王征税必须经由贵族会议同意等内容。最著名和影响深远的是第 38、39 条和第 40 条,分别规定:"凡不能提供可信证据时,执行吏不得单凭己意使任何人经受审判";"任何自由民,如未经国法裁判,皆不得被逮捕、监禁、没收财产、剥夺法律保护权、流放或者加以任何其他损害";"不得向任何人出售、拒绝或者延搁其应享的权利与公正裁判"。这些条款将反对君主专制的思想由宗教和习惯的软约束转变到实定法层面,即意图通过法律的正当程序限制君主权力。尽管中世纪的大宪章不过是当时反叛贵族为保护自己免受国王繁重税赋而强迫其做出的妥协(或者说只是贵族和王权角力的偶然结果),但大宪章的精神被延续下来,且为英国历代君主和议会反复确认,成为英国宪政法治的制度渊源。

英国法治国家建立的第二个关键时刻是 1688 年的光荣革命。奥兰治的威廉登陆后和被詹姆斯二世解散的议会签订协议,定名为《权利法案》,法律效力持续至今。借助光荣革命,英国建立了西欧第一个现代国家;而由于《权利法案》的订立和生效,英国被视为第一个现代法治国家。《权利法案》只有短短 13 条,详列王权之法定限制。如:"凡未经议会同意,以国王权威停止法律或者停止法律实施之僭越权力,为非法权力";"凡未经议会准许,借口国王特权,为国王而征收,或供国王使用而征收金钱,超出议会准许之时限或方式者,皆为非法";"向国王请愿,乃臣民之权利,一切对此项请愿之判罪或控告,皆为非法";"议会内之演说自由、辩论或议事之自由,不应在议会以外任何法院或任何地方,受到弹劾或询问"。尽管说权利法案同样是议会和王权斗争与妥协的产物,议会借助法律将王权束之牢笼,形成了实质意义的议会主权,但客观上它将普通人的利益和自由用明确的法律形式保护起来,规定了君主以及议会权力施行的底线,成为现代法治国家的源点和关键。①

(二) 法治的核心要义

英国法治实践在大宪章后得到了理论总结和观念证成。13世纪的英国法学先驱布莱克顿在大宪章确立数十年后就写道:"国王不能屈从于臣民,但必须服从上帝和法律:因为是法律制造了国王。"著名的柯克法官延续了布莱克顿的观念,其在17世纪早期的实践和论述为权利法案的诞生奠定了思想基础。

19世纪末大英帝国顶峰期的法学家戴雪是英国法治观念的集大成者,他认为英国政治两大根本特征除议会主权外即为法律主治或者法律至上。法治本质在于"法律是最贵国宝,为君主所有;全国人民以至君主本身都受治于法,倘使法律不能为政,以至全国无法律,必至全国无君主"。在戴雪看来,英国法治有三大独立又相关的观念:第一,法治与专断权力相对。非由普通法院经由法定程序判为违法,任何人不得无故受罚,或者受到身体或财产的强制。第

---

① 参见王若磊《英国的法治之路和法治模式值得借鉴》,《学习时报》2015年3月30日。

二，法律面前人人平等。英格兰四境之内，不但无人在法律之上，且每一人，不论贵贱贫富，均须受命于国内普通法律，并安居于普通法院管辖权之下。戴雪直言，法律平等的意思主要是指所有在职官吏，倘若违法，一律与庶民同罪。第三，司法裁判在个案中确认个人权利，宪法只是个人权利之果，而不是个人权利的来源。综合分析，戴雪强调正式的法律优位，禁止政府专断性地拥有广泛的自由裁量权；法律主体一律平等，一切政府权力与普通公民均服从法律，并同样在法院接受裁判；宪法法律并非抽象的宣言，而是在法院被适用的过程中所产生的一种结果，且权利均能得到救济。

从政治与法律二者的关系角度，英国式"法治"其实包括以下三个原则命题。①

第一，合法性与自由裁量权。法治的第一层含义是，任何事件都必须依法而行。将此原则适用于政府时，它要求每个政府当局必须能够证实自己所做的事是有法律授权的，并在所有场合都得到议会立法的授权。否则，它们的行为就是侵权行为（例如征购某人的土地）或侵犯了他人的自由（例如不批准他人的建设计划）。政府行使权力的所有行为，即所有影响他人法律权利、义务和自由的行为都必须说明它的严格的法律依据。受到影响的人都可以诉诸法院。如果法律依据不充分，法院将撤销此行为，他就可以不去理睬它，而不会产生任何后果。此即合法性原则。法治的第二层含义是，政府必须根据公认的、限制自由裁量权的一整套规则和原则办

---

① ［英］威廉·韦德：《英国法治的几个原则问题》，徐炳译，《环球法律评论》1992年第3期。

事。柯克用优美的语言称法律为金色的、直接超越权杖的棍子，而不是不清楚的、弯弯曲曲的带子。行政法的许多原则是用以限制议会立法非常随便地向部长们和其他当局授予巨大权力的原则。例如，内政大臣名义上具有吊销任何电视营业执照的不受限制的权力，地方城市规划局可以根据它认为合适的条件决定是否给予建设许可证。但是法院绝不允许这些权力以议会意图之外的方式行使。因而，法治的实质是防止滥用自由裁量权的一整套规则。当代的强有力的政府不能不具备许多自由裁量权，既然议会的法律是由政府执掌的，那么授权常常是用很笼统的语言表述的。法治要求法院阻止政府滥用权力。为此，法院采用了许多引人注目的方法多从法律的字里行间找弦外之音，既从实体法，也从程序法上发展把行政权力控制在恰当导向之内的普通原则。

第二，议会主权。议会主权是英国宪法的特点，迄今为止，议会对英国法治发生了并继续产生持久的、强大的影响力。英国的法律主权在女王和议会手中，并通过议会立法行使。议会立法要求女王、上议院和下议院一起批准。其中，上议院和下议院由出席会议的议员多数票通过，这种立法形式是唯一的，其在法律上没有限制，且根据1911年和1949年议会法所规定的程序，法律可以不经上议院批准，但是，这只是授出了委托权，而没有授出主权。主权立法因自身有效，不屈从任何更高的权力。

第三，政府服从法律。如果公共当局超出其权力范围行事，他们就同其他个人一样，对其侵权行为负责。依法设立的国家机关对其公务员的过错要承担责任。

（三）英国法治发展的历史经验

随着时间的推移，英国法律日益发达，法治在其国家治理中发挥了越来越重要而广泛的作用，为其在工业革命后迅速崛起为世界头号强国奠定了政治基础。这时，法治不再仅有内在价值，还有外在功用。它借助丰富的法律，有效地贯彻执行和依法裁断，在大规模商业交换和工业制造的时代背景下，促进了经济交往的稳定和繁荣，化解了大量的社会纠纷和矛盾，建立了相对合理的分配和福利制度，维护了社会稳定和基本的公平正义。借助以法治为核心的政治治理方式，英国500年来没有出现过大规模政治动荡，更推动了英国的崛起和富强。[①] 如果细心回顾数百年英国法治发展的历史进程，其给我们留下了很宝贵的经验。

第一，建立适度强大的政治权威，进而实现政治与法律的良性互动，是顺利走向法治的必要前提。虽然理论研究业已证明，法律和政治的分离，是实现法治的必由之路，但毋庸置疑的是，法律和政治是无法截然分开的，它们作为国家上层建筑的两大核心组成部分，总是结伴而生、互相依存的，一方面，政治的有序运行离不开法律的合法性支持；另一方面，法律价值的实现也离不开政治后盾的保障。同样不容置疑的是，由于政治的核心是权力，其首要目标是获取和运用权力，而法律的核心是权利，其基本价值是界定和保障个人权利，因而政治和法律之间又总是存在一定

[①] 参见王若磊《英国的法治之路和法治模式值得借鉴》，《学习时报》2015年3月30日。

的张力和冲突。为了权力，政治有可能无视权利，压制法律；为了权利，法律必须约束权力，规制政治。所以，政治和法律既相辅相成，又相反相克。二者关系结构的不同直接影响着一个国家法治文明的进程。如果相辅相成关系居于主导地位，则会形成良性互动关系，法治文明将顺畅发展；如果相反相克关系占据了主导地位，就会阻碍法治文明的进步。对于英国来说，在走进国家文明后就建立起了一个适度强大的中央政府。这个政府既完成了国家的政治统一，又没有吞噬掉原始民主习惯，遂使法治传统的萌生成为可能。随后的诺曼征服进一步强化了王权，但由于贵族联合力量的平衡作用，并未强大到东方国家那种程度，从而形成了一种集权而非专权的国王政府，结果就为法治传统的成长提供了一个"左右逢源"的良好政治环境：集权性赋予国王政府足够的力量，使它有能力通过自上而下的司法改革实现法律的统一，而非专权性又决定了它没有"过剩"的力量可以超越法律之上，致使法律自治得以实现和巩固。由此可见，建立适度强大的中央政府对于法治的生成是一个至关重要的前提条件，这是英国留给后人的一条具有普遍意义的历史经验。

第二，法律自治的制度化建设是关乎法治成败的决定性因素。英国的法治传统虽说源远流长，但在12世纪以前，由于尚未建立自成系统的法律设施和制度，因而只能寄托于政治系统的外壳之下。既然"寄人篱下"，难免"仰人鼻息"。在此情形下，倘若出现一个权迷心窍的政治家且决心建立专制统治，法治传统将面临生死抉择，如若不想坐以待毙，只能诉之于人民的非法暴力反抗以求自保

（如约翰王时期的武装叛乱）。除此之外，没有任何合法有效的制度性手段可资利用。普通法的产生终于使这个问题得以解决。换言之，普通法的形成过程亦即英国法律自治传统的制度化过程，如果说在此之前英国的法治传统尚处于"蛹化"阶段，那么，普通法的产生则标志着它已经"化蛹为蝶"。完成制度化后，英国的法治传统终于登上不败之地。从此后，不管遇到多大的艰难险阻，它都能凭借制度化的物质力量而化险为夷。都铎王朝在专制道路上的自我克制，斯图亚特王朝专制梦想的最终破灭，都充分显示出了法律制度化的强大威力。

第三，法治平衡的关键在于政治权力实体都能成为法律主体，通过法定程序可以追究其法律责任并使其承担法律后果。当代英国繁复的法律、法案和法令为内阁、各部门、各政党以及各级各类官员设定了不同类型详尽的侵权、合同、行政和刑事法律责任，使政治权力拥有者和持有机关都负有不同层次的法定义务，成为可被追责的法律主体。

第四，法治发展的重要动力是自治型司法制度的建设。英国的司法制度化早于行政制度化。早在12—13世纪，伴随着普通法的产生，英国就基本实现了司法制度化，而在行政制度化方面直到16世纪才真正启动，伊丽莎白一世时期号称都铎专制王权的顶峰，但她既没有常备军，职业官僚也只有1000人左右，不及当时法国的一个省、中国的一个县。由于司法制度超前发展、自治"早熟"，行政制度发展相对滞后，所以，英国的行政管理在很长时期内主要通过司法渠道来完成，由此形成了行政司法化传统。这与我国行政制度发展最早、最快、最完善以及由此决定的司法行政化的传统是根本不同的。①

二 法国的"公选公决"法治模式

法国是近代人类社会政治法律思想和制度设计方面的先行者和探索者，其在1789年法国大革命后逐步形成的"法律至上"和注重人权原则、司法双轨制下行政法院对行政权力的监督与制约以及宪法委员会确立的司法审查制度是分析法国法治模式的三个重要的维度。此外，还不能忽视《法国民法典》在法国法治模式设计中的作用和影响。

（一）法国大革命与法律至上原则

一般认为，法国大革命开始于1789年的巴黎抗争，终于1799年雾月政变，长达10年之久。在谈及大革命时，弗朗索瓦·傅勒所言："在某种意义上，一切都是从这里开始的：1789年敞开了一个历史偏移的时期，有一天看到旧制度的舞台不过是一群影影绰绰的幽灵。"② 大革命是法国法治发展的一个分水岭，不仅通过暴风骤雨式的革命沉重打击了封建势力，而且通过一系列立法和司法原则保存了大革命的成果。法国的许多法律制度和设计就是在大革命的基

---

① 程汉大：《法治的英国经验》，《中国政法大学学报》2008年第1期。
② 参见[法]弗朗索瓦·傅勒《思考法国大革命》，孟明译，生活·读书·新知三联书店2005年版，第68—69页。

础上产生并得到逐步确立的。

大革命对于法国和世界的影响无疑是持续的，它创造独特的法国政治文化以及种种民主共和制度的合法性争论。1789年8月26日，国民制宪议会发布《人权和公民权利宣言》即《人权宣言》，这是法国大革命的纲领性文件。《人权宣言》共17条，核心内容是"人权"和"法治"，其中的第五条至第十条皆涉及法律，并且强调了法律至高无上的地位，如《人权宣言》第七条规定，"除非在法律所确定的情况下并按照法律所规定的程序，任何人均不受逮捕、控告和拘留"。当然，对于法律的产生、地位和作用表述得更有基础性意义的是《人权宣言》的第六条，"法律是公意的表达。每一个公民皆有权亲自或由其代表去参与法律的制定。法律对于所有的人，无论是施行保护或是惩罚都是一样的。在法律的眼里一律平等的所有公民皆能按照他们的能力平等地担任一切公共官职、职位与职务，除他们的德行和才能以外不受任何其他差别"。这种人权至上、公选公决的法治理念，受到启蒙思想家们的深远影响。卢梭将"法律"界定为"公共意志的体现"，视公意为权力之源，公选公决的国家政权由此具有高度权威性，并通过议会立法而实现；"合法性"（Légalité）原则具有至高权威。但是"合法性"原则并不能证明其自身的正当性，也不能证明法律本身是否侵害了基本人权。

总而言之，《人权宣言》的核心内容是"人权"与"法治"，即强调用以法律为标志的国家权力来取代以君主为代表的封建特权，将封建特权改造为人格化的法律的权力，这是近代法治国家的基本原则。法国大革命确立了形式上的法律中心主义，进而还带来了法典编纂的兴起,这既有革命者在高涨的革命形势下热情浪漫的一面,同时也有社会现实需要的基础。法国当时也的确存在各种各样的习惯法,法律规定的不明确和彼此之间的冲突、重叠引发诸多争议。法典被认为代表着理性,以这种统一法典的形式和内容来统治全国。建立规则有序的社会也将革命者们的"法治野心"表露无遗。①

(二) 行政法院规范行政权力

从比较法的观点来看,世界各国法治发展的水平在很大程度上与其对于公权力的规范密切相关。由于行政权具有主动性、广泛性和自由裁量性等特点,因而规范公权力首先需要关注并加以解决的就是保证行政权力的规范行使,这往往成为一个国家法治发展的关键环节。如何规范行政权力,确立行政权力合法行使的界限,避免因为行政权力的运作偏离公共利益的目标而构成对公民的权利和自由的侵犯,特别是通过司法审查对越权和滥用行政权力的行为进行纠正和救济,最终实现规范行政权力行使、保障公民权利和自由的目标,各国都曾尝试过不同的方法和制度。法国对此是通过设置行政法院系统,并在实践中不断发展、完善其职能的方式予以实现的。

法国司法制度的独特之处就是司法双轨制,即其司法机关分为两套系统,一套是普通法院系统,另一套是行政法院系统。普通法院负责审理一般的民事、刑事案件,它是由初审法院、大审法庭、

---

① 李骁宾:《法国法治发展的多维考察:"法之国"的法治道路》,《交大法学》2014 年第 4 期。

专门法庭、警察法院、轻罪法庭等基层法院,巡回法院、国家安全法院、上诉法院等中级法院和最高法院组成的。而行政法院则专门审理国家机关之间、国家机关或者行政官员在行使公务过程中由于越权、滥权而引起的与公民之间的行政纠纷。这是在普通法院之外的一套独立的法院组织,它和普通法院互不隶属,各自独立行使司法裁判权。法国司法制度设计是以司法双轨制为基础而发展起来的。

(三) 确立了合宪性审查制度

法国宪法学者路易·法沃勒撰文指出,在 20 世纪初叶,尤其是在两次世界大战期间,美国所创立的由普通法院进行的违宪审查的制度在欧洲特别是法、德、意各国十分走红。在法国,从 1902 年开始,比较立法协会的拉尔诺德会长发起了一场旨在建立美国式违宪审查制度的运动,许多知名作家和政治家都支持他的观点。后来,一些公法方面的著名学者,如贝泰勒米、狄骥、欧里安、梅斯特、罗朗教授,一致同意应该鼓动普通法院的法官,使他们敢于以美国为榜样。但是,美国的违宪审查之花并未在法国结出什么丰硕的违宪审查之果,法国试图嫁接美国模式司法审查的努力似乎是失败了。路易·法沃勒指出,效仿美国司法审查实践的主张并未产生什么效果,结果乏善可陈。在很少的几个案子里,行政法院或者是最高法院通过解释将违宪的法律拉回宪法的界限之内,似乎是为了避免实施它,但行政法院或最高法院没有在一个案子里正式宣布过某法违宪。

（四）《法国民法典》

法国大革命前的法国，法律区域可以封为南北两区，南部主要实行成文法，以罗马法为参照；北部主要实行习惯法，但是其中各地区的习惯法千差万别，法国的法律秩序非常混乱。拿破仑成长于法国大革命时期，目睹了混乱的法国的法律秩序，并且在其成长过程中受到了自然法思想和法国启蒙思想家思想的感染和熏陶。其在雾月政变上台后，立志编纂一部统一的法典，统一法国的法律秩序。革命时期所产生的各种立法原理及理想，对于《法国民法典》产生了非常重要的作用。如其中关于离婚及养子制度，便是对其思想的回应。《法国民法典》的编纂和公布，改变了之前法国一国多法的法制混乱局面，建立起在法国统一适用的法律体系。以《法国民法典》为代表的统一的法国成文法典建立标志着近代法国资本主义法律体系的正式形成，将资本主义生产关系通过法典的形式固定下来。同时，法国资产阶级革命的胜利果实以法律的形式固定下来，并且为之后法国法律的发展奠定了坚实基础，对于法国法律制度和体系是一个巨大转折，使法国法治的现代化进程迈出了很大一步。

三　德国的"法治国"法治模式

德国基本法第 28 条第 1 款规定，各州宪法制度必须符合基本法的共和、民主、社会的法治国原则。由此可知，法治国原则是德国基本法的一项基本原则。在德国，法治国经历了自由法治国、形式法治国和社会法治国的转变过程。

自由法治国是法治国发展的初级阶段（18世纪至1848年革命）。法治国最初的含义由卡尔·韦尔克尔（Carl Welck-er）、罗伯特·冯·莫尔（Robert von Mohl）与约翰·克里斯多夫·冯·阿来廷（Johann von Aretin）确立。这种法治国理论受康德、洪堡、弗希特等自由主义思想与传统自然法思想的影响，法治国被认为是"理性国"或"理智国"（Verstandsstaat）。国家在人的共同生活秩序中或者为人的共同生活秩序实现了理性原则。它具体包含三方面的内容：（1）正式脱离了超人的国家形象和国家目的设定：国家并非神的赐物或者神化的秩序，而是为了所有个体的福利的政治共同体。国家秩序的立足点是单个的、同等自由的、自决的个体与其在尘世的生活目的，这种要求构成国家的正当根据。（2）国家的目的与任务是保障人身与财产的自由和安全，也即确保个人自由和使个人的发展成为可能。这意味着将国家的目的限于法保护功能上是不必要的。（3）根据理性原则来组织国家和规制国家行为。对此，首先承认公民的基本权利、法律面前人人平等、财产保障；其次是法官独立、司法保障、法律至上和代议制及其对立法权的分享。仅仅在基于立法权的独立组织方面，权力分立原则被接受，而孟德斯鸠将国家权限进行政治社会性的力量分立而不仅仅是功能上的分割，则作为对统一的国家权力的威胁而受到排斥。

形式法治国是法治国发展的中间阶段（19世纪中期至20世纪中期）。19世纪中期以后，随着国家开始积极地介入社会干预经济和社会保障事务，法治国的含义也相应发生了变化。实质的法治国概念逐渐被化约为形式性的法治概念，逐步处于实证主义思潮的支配之下。自然法治国的特征，如法律面前的平等，在一切合理的情况下关注个体的存在、公民对于所有公共职位享有平等的机会与个人自由等实质性内涵，在1848年革命失败后就逐渐消退了。法等同于法律（国家制定法），"法治"等同于"依法行政"（Rule by law）。其具体内涵是：（1）法律优位原则，公权力的行使不得违反法律，不许依照行政法规变更废止法律；（2）唯有法律能创制"权利—义务规范"；（3）法律保留原则，公权力限制公民的权利或使其承担义务，须有法律根据。这种形式法治国模式同德国较为浓厚的封建专制传统相互契合，借助于法治及其技术系统赋予其统治以合理性，合乎德意志帝国统治者立宪主义君主制或"开明专制"的需要。

值得反思的是，形式法治国中，个人并无主体地位，尽管"法治国"承认并且以保障公民的基本人权为己任，这些基本权利甚至还出现在帝国和各州的宪法中，然而，由于个体并不具有相对于国家而言的主体性，因而德意志帝国公法上并不承认个人的主体地位。所谓的平等原则其实只适用于私法，在公法领域内，个人只是作为国家的臣民而存在，并非与国家平等地享有独立地位的主体。卡尔—史密特所说的"现代的市民型法治宪法就其原则而言与市民的个人主义立场相应"① 中的个人主义，其意义仅限于表达宪法应

---

① 卡尔·施密特宪法学说中的两大原则。

该包含公民个人的基本权利,而并非肯定个人相对于国家的独立主体地位。

1879年,阿道夫·瓦格纳(Adolf Wagner)揭示了"公共及国家行为不断扩张的规律",奠定了近代国家干预的理论基础。于是,形式法治国观念又添加了干预主义的思想资源。这种新的形式法治国受到国家行政事务日益社会化、技术化潮流的影响,人们呼吁行政机构对国家法律的无条件遵循,实体性、组织性的行政权逐步以法律的方式加以确立。弗里德里希·尤利乌斯·施塔尔认为:"法治国的概念不是指国家的目标和内容,而只是指国家实现目标和内容的形式与方法。"不难看出,形式意义上的法治国对于国家所追求的目标是漠不关心的,重要的是它作为一种国家形式而存在。换言之,只要法治国的前述要件得到满足,国家是共和制的还是君主制的,或者是民主制的还是独裁制的,并没有任何意义。《魏玛宪法》体现正是这种形式上的、干预主义的社会法治国理念。它将立法者置于法律控制之外,并继续重申行政合法性、司法对行政行为的审查、法官独立等法治国的形式原则。同时基于干预主义的需要,它还确立了社会性原则,进一步强化了政府的权力。

及至纳粹时期,"法治国"已经被烙上了极为浓重的实质性色彩。国家被赋予一种新的精神与新价值观:民族、人民被置于个人之上,作为整体的人民才是社会唯一的真正主体;民族正义至高无上,成为国家社会主义正义的首要价值。对希特勒而言,"国家是由体力和脑力上均平等的人们所组成的共同体,它意在使更好地维续其种族成为可能,并完成由神为他们设定的存在目的"。法律体现最低伦理标准的传统遭到唾弃,法律与道德的完全合一则被提升为新秩序中的指导性原则。法律和领袖的意志逐渐变得同一,法律成为以法律形式出现的领袖意见。纳粹德国虽在形式上保持了法治国面貌,但是其所作所为与真正意义上的法治却背道而驰。

社会法治国是法治国发展的晚近阶段(二战至今)。经过第二次世界大战的洗礼,德国以和平的方式回归国际社会,国家通过积极的方式介入人民的社会生活,提供物质资料的给付,为人民实现自身权利提供条件。德国组建了宪法委员会制定《基本法》,但由于制宪委员会委员大多不是民选代表,而多是由过去魏玛共和国时期的旧官僚、法学家、政治家等组成,因此《基本法》仍带有不少《魏玛共和国宪法》的色彩。尽管如此,由于战后德国人的政治共识,特别是美国和其他西方盟国的影响,《基本法》的民主性毋庸置疑。《基本法》选择了自由主义的宪政模式不仅是战后德国人对战争的反思,同时也是德国人为了保全民族生存,被迫向美英自由主义做出的重大妥协。

四 美国的"宪政分权"法治模式

随着 20 世纪以来"美国霸权"的持续影响,全世界唯美国式法治马首是瞻。不同于欧洲大陆的立法中心主义,也不同于英国的普通法传统主义,美国法治典型地表现为以美国宪法为基础、以违宪审查制为核心的司法中心主义模式。司法权特别是联邦最高法院在美国法治运转中处于核心地位。

(一) 美国宪政分权法治模式的主要特征

第一，制宪行宪，努力维系国家主权和法治统一。美国法治首先是立宪政治。宪法具有最高权威，整个国家判断曲直的最终标准就是宪法。美国宪法仅有7条，不足万字，以"我们人民"为开头，分别处理国会、行政、司法、州权力、宪法修改、宪法通过等根本问题。1791年又通过《权利法案》作为修正案附后，至今也只有27条。美国宪法以平等商议和普遍同意的方式通过制定基础性宪章建构起一个新国家，是宪法赋予国家权力，而非反之。因此，美国宪法成为美国政治权力的终极来源，授权设置各国家机关并规范其职权与运作方式，以之建立起一套金字塔式的法律秩序和政治架构。在美国，宪法成为国家之母，其至上地位由此树立。

第二，权力分立制衡。纵向上，中央与地方对等分权的联邦制；横向上，强调立法、行政和司法的分权制衡。在联邦党人看来："主权中的主权"是一种政治怪物："国家的主权不是直接来自于人民而是来自于地方主权，中央政府不是向人民负责而是向地方政府负责，中央立法机构不是为每一个人立法而是为地方共同体立法"。这就是以地方政府拦断中央政府与个体公民之间的直接政治联系，这样的结果，正如在前面的章节联邦党人反复提及的：邦联不足以维持邦联，国将不国。《联邦党人文集》第十五篇就继续指出了这种危险，提出了以"人民主权"来对抗"主权中的主权"：中央的权力直接来源于人民而不是地方政府，中央的权力也直接作用于公民个人而不是各个联邦政府。中央政府乃是每一公民个人的直接代表，而非地方共同体当局的仆人。人民主权原则，并不是对地方权力的完全否定。在这个问题上，联邦党人也承认，地方政府和人民之间天然的联系，地方政府所具有的优势的地位是不会被人民主权原则改变的。联邦党人是要在美国建立这样一种政治格局：一个全国性的政府和联邦组成单位的各州政府并存，管辖地域和人民重叠，两种政府的权力来源各自独立。全国性政府直接对公民行使权力，立法的对象是个人，并且有独立的行政机构执行其法律。人民主权原则之下的政治体制强调的是联邦和州两级政府在组成上和权力行使上的各自独立，二者在各自的领域内是至高无上的。从人民主权的实现与大国民主的维度来看，甘阳指出："联邦党人为美国建国所作的努力实际表明，中央集权并不必然走向专制。问题的本质并不在于要否集权，而是在于如何集权。联邦党人的深刻之处就在于他们最早提出，最强大的中央集权恰恰只有在中央权力来自于公民们直接授权的政治社会才真正可能。"

第三，实行违宪审查制度，通过普通法院，维护公民宪法规定的权利和自由。美国宪法成为"活法"的主要原因在于美国的违宪审查制度，或谓之司法审查机制。该制度在美国主要指普通法院有权通过宪法解释对立法和行政行为进行合宪性审查，以维护宪法权威和法治秩序。其中，联邦最高法院是违宪审查机制的最终权威，判断具有终局性。借助违宪审查机制，立法和行政活动受到了司法权制衡，后者审查其权力行使是否符合宪法的规定与精神。违宪审查机制一方面使具有最高性的宪法长了牙齿，在现实政治运转过程中可以以宪法为标准审查政治行为的合法性，宪法权威始终彰显；

另一方面确立了司法权在美国法治中的核心地位。法治的字面含义是法律权威至上，特别是宪法至上，但宪法到底是什么意思还需要解释。因此谁拥有宪法解释权谁就是法治运转的核心和主导者。在美国，这一权力属于法院，特别是联邦最高法院对宪法说了什么具有最终话语权。所以，法院的权威就是法治权威。违宪审查制度建立之后，美国树立起了司法中心主义的法治模式，法院在整个国家政治运转，特别是合法性—合宪性这一终极判断方面拥有了最高权威。布什诉戈尔关于美国总统归属一案要经由法律程序提交法院进行诉讼，并且最终双方尊重最高法院的裁判正是体现了法律的权威和法治的精神。美国法治形式要素是违宪审查机制，实质上是通过回溯宪法条款，特别是考察立法与政策是否违反宪法修正案中列举的基本权利，借助个案式司法救济，通过民权诉讼维护法治。立法和行政违反宪法规定侵犯公民基本权利，被看作违反宪法即亦违反了法治原则，法院要出面进行审查。

第四，主权在民，维护宪法中的公民基本权利和自由。美国宪法诉讼中涉及的基本权利主要有以下三类。一是法律的正当程序。美国宪法第5修正案和第14修正案中对法律正当程序做出规定，核心为未经法定程序，任何人的生命、自由和财产不受剥夺。特别针对刑事司法程序可能造成的权利侵犯，通过法定程序限制警权。比如著名的米兰达告诫，就是因为警方在逮捕犯罪嫌疑人前未明确告知其法定权利而被宣布无罪。二是法律的平等保护。法律平等保护源于美国宪法第14、15修正案，主要意在禁止任何纯粹基于种族、性别、社会地位、财产状况、教育背景、性取向等方面的歧视。法院通过将诸多政治、社会争议置于平等权的议题之下，以司法过程推动政治发展。比如50年前的布朗案，在法律平等保护的名义下，以一案之力推翻了美国传统"隔离但平等"的种族歧视制度。实际上从美国20世纪60年代的民权运动到当前的堕胎、同性恋权益争论，大都基于法律平等保护这一宪法原则。三是表达自由的保护。在美国，还有一部分案件通过宪法第1修正案的言论保护条款来实现。司法权为言论审查设定了严格标准，联邦最高法院大法官霍姆斯就立足言论自由市场竞争学说，提出审查言论的标准应为清楚而即刻的危险。因此，越战征兵、冷战意识形态对抗这些重大社会政治争议也借助宪法权利的回溯通过司法诉讼在法治轨道上化解了。[1]

综上所述，首先树立宪法至上权威，再借助司法审查机制使宪法权威随时能够回溯彰显，最终依靠司法人员的法律解释技巧和政治智慧将巨大政治争议转化为法律问题，以此实现宪法—法律对于权力的控制，这一过程是美国法治的典型过程，也是美国被看作法治国家的原因。

（二）美国法治的经验和反思之处

根据郑成良教授的分析，美国法治有以下几点经验性启示。

第一，法律是最高权威，处理这一问题的基调就是依法行事，就是要求每一个官方或私人决策者在做出决定时，都要把是否合法放在第一位来考虑。即使是政府想为社会办好事、办实事，也必须

---

[1] 参见王若磊《美国的法治模式》，《学习时报》2014年10月22日。

以行动方案的合法性为前提，否则，就等于承认掌握公共权力的人可以不受法律约束。如此一来，法治原则就会被彻底摧毁，因为掌权者可以为自己的任何决策找到一个"良好"的理由，一旦允许在某些事项上权力可以摆脱法律的约束，按照权力的自我扩张本性，就会逐渐演变成权力在一切领域内都摆脱法律的制约。

第二，承认法治的局限，并理性地接受法治的代价。实行法治，并不能毫无遗漏地在每一个事项上把每一个人的合理要求都全部接纳进来。法律是社会合作的产物，也是社会合作的基础。既然是社会合作，就意味着彼此的妥协、让步和牺牲，因此，法律体现的是最大限度地使每个主体的合理要求得以共存的社会条件，而不是一种浪漫理想主义的承诺，它没有也不能保证让任何主体在任何时间、任何地点、任何事项上的任何合理的要求都皆大欢喜地得到满足。这种美妙的事情在哪一个现实社会都是实现不了的，除非到乌托邦中去。尽管在某些个案上，法律所指示的行为方向可能会妨碍效益最大化的实现，但从实现社会总体效益最大化来考虑，法治是唯一合理的选择。

第三，按照合法的程序，利用法律的弹性来回应社会的需求。其中，最典型的方法就是在司法过程中，用法律解释来最大限度地协调制度合理性与社会具体行动目标的合理性之间的关系，让法律制度尽可能地接纳各种合理的具体行为、目标、要求和期望。在这里要注意，是"尽可能地接纳"，而不是"一定要接纳"，因为在美国人的思维方式中，依法行事，尊重法律，无条件地服从法律的支配，是一个永远不能背离的大前提。在美国的司法程序中，强调首先应当按照法律的字面意思来解释和适用法律，但是，当按字面意思解释和适用法律会产生不合理的结果时，法官应当考虑字面意思是否真正表达了立法者的本意，如果让立法者来处理眼前这个个案，他是否同意按字面意思解释和执行法律，如不能，则应参考法律的原则、体系、公序良俗、社会情势等因素来解释和执行法律，做到既不破坏法律的逻辑一致性，又尽可能地（不是"一定要"）符合一般的价值观念。为什么不能消极地等待立法者修改法律呢？因为在现代社会条件下，单靠立法程序已无法适应社会关系的日益复杂化和飞速变化。不过，这并不是主张无限制地随意解释法律，而是主张利用法律自身的弹性来协调法律制度和社会行为的关系。例如，在伊州这个案例中，把 Land 解释成陆地就是利用了法律的弹性，若解释成墓地，仅仅在墓地上禁止赌博，就不是利用法律的弹性，而是无视法律，另搞一套了。这种办法的好处就在于既能够使个案中的合理目标（当然，每个社会的价值观是不同的，在美国认为允许开赌场是可取的选择，在其他国家则可能相反）合法化，又不至于破坏法律秩序和权威。[①]

需要特别指出的是，作为美国法治须臾不可分离的重要组成部分，深入剖析美国法学研究与法律思想的基本特征，对深入了解美国法治有极大价值。依笔者拙见，美国的法学研究和法律思想发展的趋势和特点，无法用一两个简单的口号，或者几句精雕细琢的话作结。在各式各样有着不同历史传承、研究目的、分析工具和认识

---

① 参见郑成良《美国的法治经验及其启示》，《人民法院报》2001年9月9日第3版。

方式的法学流派之间，充满了冲突与和谐、批判与对话的矛盾气氛，体现出"实用、多元、批判"的话语特性，而这种话语方式和思想平台的出现，无疑又同美国这个充满活力且又长期稳定的法治社会的固有特色紧密相关。其具体表现是：（1）与时俱进，注重实践经验，不轻视理论研究和价值判断。美国是一个非常注重实用性的国家，很多理论往往都是在实践需要中产生的，也是随着实践发展而发展的，因此美国法律思想中实用/效主义的一面是不言而喻的。受其影响，美国的法律思想中一直涌动着服从于现实，服务于时代的精髓，法学家们也往往更热衷对社会实践中出现的问题的探讨，而不只是纯粹地去探讨法律理论的正当性与正义性问题。尽管当代美国法律思想实用主义特点突出，但是法律的正当性与正义性的理论支撑也未塌陷。（2）平等对话，百家争鸣，追求思想市场的多元与竞争。各种法律思想各占一隅，相互辩论也相互促进，呈现出竞相发展的局面。在美国法律思想的竞技场上，多种学术资源和解释进路纷然杂陈：既研究法律内部的概念、关系、规范，又研究法律外部的属性、影响、效果；既有反映统治阶级意志的主流法律哲学，又有对整体法律制度及其承载的意识形态和价值体系进行批判和揭露的批判法律传统；既有书斋论道的应然性法学，又有深入法律运作实践的、带有鲜明实证和经验色彩的经济分析、社会分析和田野调查；既有沿袭了欧洲大陆传统的自然法学和分析实证主义传统的诸多流派，更有结合美国本土社会与现实发展的实践，创造性建立起来的社会学法学。而这些反映和解释法律本质之事实、规范和价值的不同进路在美国法的实践中被冶于一炉，相互激荡碰撞，产生法律知识拓展的崭新空间。（3）扬弃欧洲法律思想，推陈出新，卓然一家。美国法思想最初源于近代欧洲启蒙运动的自由、正义、人权、价值等思想，美国宪法中关于三权分立制衡的制度设计，也是对洛克、孟德斯鸠思想的继承和实践。但与此同时，尽管美国在司法审理和法律形式上，继承了英国的判例法传统，并成为普通法系国家之一，但美国并没有像英国一样将法律分为普通法、衡平法、制定法三类，而是逐渐形成了具有美国特色的法律；20世纪以来，随着美国国力日益提高成为世界第一强国，美国法学家力图摆脱英国法律传统的影响，对欧洲大陆和英国不切实际的法学理论进行批判，自觉构建立足美国本地经验的法律和法学体系，推陈出新。[①]

综合而言，美国人将法治理解为保护人权、实现自由、限制权力、诉讼救济的一整套实体与程序兼备的制度和实践体系，其合理元素是强调宪法权威及其适用。这种以宪法为基础、以违宪审查为核心机制、以宪法基本权利保障为实质内容的司法中心主义法治模式有其优势，但也有其特殊性。历史和现实中的很多偶然事件、文化传统因素和制度环境等共同作用造就了其特殊的法治模式。

美国法治模式的主要问题在于对内民主自由，对外强权政治；司法中心主义和违宪审查在实践中也有不少缺陷，各类冤假错案的发生率不低；民主自由过于注重形式和程序，容易被垄断资本家与权贵阶层控制和利用。

[①] 冯玉军：《当代美国法律思想的研究谱系》，《法学家》2007年第6期。

五 日本的法治模式

明治维新之前，日本一直深受中国文化影响，法律亦然。日本法学家穗积陈重指出："日本法律属于中华法族者盖一千六百年矣，虽自大化革新以后经历极多巨大之变化，而日本法制之基础仍属于中国之道德哲学与崇拜祖宗之习惯及封建制度。"①

明治维新彻底扭转了日本发展的前途和命运。明治时期日本向外派出了大量使节，并确立了一个基本命题，即日本是所谓传统国际法秩序中的"非文明国"，因为是"非文明国"，所以只能受到欧美等"文明国"的支配；而要摆脱这样的从属地位，除了满足成为文明国的条件之外，无其他路可走。1871年，岩仓使节团成立，作为明治年间最大规模和最高级别的出访活动，使节团在一年零九个月内走遍了当时世界上所有的"文明国"并受到西方文明的强烈冲击，因此，模仿"文明国"的一切，包括西方国家建立的近代法制体系成为明治时期日本法治理念的宗旨。在政府的大力提倡下，明治初期的法科人才几乎把所有的精力都集中于翻译工作之上。② 日本全民在这一时期都将法律移植看作一件天经地义的事情。明治维新前10年间，日本翻译了大量的西欧法律书籍，其中尤以宪法或宪政制度的介绍居多。

---

① 杨鸿烈：《中国法律对东亚诸国之影响》，中国政法大学出版社1999年版，第173页。

② 胡娟：《近代日本法治思想源流考》，硕士学位论文，华东政法大学，2007年。

也正是在这一时期，日本发生了明治十四年政变，这次政变从某种意义上而言决定了最后的德式制宪。由于日本政府大力强调向西方学习的重要性，西方自由民权思想涌入并促使整个日本的民权运动蓬勃发展，进而又直接推动了1880年国会决定立宪政体的举措。明治十四年政变后，伊藤博文亲自带领宪法调查团再度出发前往欧洲，重点考察了德国。在考察结束后，伊藤博文邀请德国专家协助明治政府完成了宪法以及其他一系列德式法典的编纂。在这样一个全面德化的过程中，德式的宪政思想逐渐统领了日本的公法思想领域，同时也是西方法律理念同日本法律传统的一次融合。西方宪法中的一些自由平等观念与深受儒家文化影响的日本社会中固有的等级观念产生了激烈的冲突，也正因为此，日本政府在派出使节团至欧美国家考察以后，经过谨慎考虑认为应当以西方宪政思想为指导，建立与自身传统相一致的宪政体制，因此采用了德国模式，保留了天皇制度，由此确立了日本的君主立宪政体。[1] 应该看到，日本在明治时期的法治主义虽然积极学习了德国模式，但是由于受到"天皇主权"原则的限制，"明治宪法"中的法治主义具有一定的局限性。[2] 因此，这种意义上的法治主义仅仅是形式法治主义，并未以法律本身的内容为对象。

二战以后，日本在美国的直接干预下制定了新宪法，即《日本

---

[1] 冯玉军：《中日两国法治近代化的三元比较——以1860—1910年为时间跨度的考察》，《东方法学》2015年第2期。

[2] 江利红：《论法治主义在日本的形成与发展》，《人大法律评论》2014年第2辑。

国宪法》。占领当局也迫使日本进行一系列的法律改革，废除旧的军事法西斯制度，对民法、商法、刑法、刑事诉讼法等进行修改，这次修订并非全盘照搬美国模式，而是结合了英美法系的特色，又保留了日本固有的法律传统和特色。[1] 在日本宪法中，不仅确立了国民主权原则、民主行政原则、法治国家原则、责任行政原则、司法国家原则、地方分权原则，而且对于立法权本身也进行了必要的限制。与"明治宪法"相比较，在《日本国宪法》之下，行政权受到立法权的全面控制，国民的基本人权得到较为充分的保障，法治主义较为彻底。宪法不仅将立法权限定于国会，而且对于国会立法的内容也加以限定，规定"最高法院为有权决定一切法律、命令、规则以及处分是否符合宪法的终审法院"。由此设立了违宪审查制度，通过法院的违宪审查来确保法律、命令、规则的内容以及行政行为必须符合宪法以及法律的基本原则。在这种意义上，日本传统的法治主义被扩展为包含要求法的内容必须尊重人权的实质法治主义，由此实现了由形式法治主义向实质法治主义的转变。[2] 除此之外，从明治时期的立宪君主制到《日本国宪法》中的民主制，法治主义实现了从"市民自由主义的法治国"向"社会法治国"的转换。

总体而言，日本法治的特色有以下三方面。

第一，法治发展阶段明确，借鉴两大法系。从日本法治的发展

---

[1] 王芳：《从日本法治看中国法治进程》，《长江丛刊·理论研究》2015年第4期。
[2] 江利红：《论法治主义在日本的形成与发展》，《人大法律评论》2014年第2辑。

历史来看，可以很明确地将日本法治发展阶段划分为明治时代的法治主义阶段和二战以后的实质法治主义阶段，前者主要借鉴德国，后者则受到美国的直接影响。日本首先在明治时期通过派出学者学习西方法治理念等手段在制度上确立了近代法治理念，之后通过几十年的实践促使法治理念被民众接受，但是由于此时的法治理念是形式上的法治理念，因此直接被军国主义和法西斯政权破坏。二战后，日本通过学习美国实质法治理念才重新建立起现代型法治主义。通过这个发展过程可以看出，日本的法治主义是有一个明显的时间段区分的，前半期的形式法治理念虽然有其不足，但是形式法治理念在日本几十年的发展奠定了民众对于法治的基本认识，是后来实质法治理念得以确立的基石。

第二，本国国情与外国理论相结合。日本法治发展的突出特点就是学习国外先进法治理念为本国所用。在这一过程中，深受东方儒家文化影响的日本传统法律思想与西方法律思想不停地在碰撞融合，而日本能在学习西方法治这一方面有今天的成功，与其注重法律移植过程中的本土化是分不开的。首先，日本在移植西方法的过程中，注重本国固有法与外国法的和谐发展。"但是，在每次引进外国法的同时，日本自己所固有的习惯法并没有完全被去除，日本人仍然维持着他们自己所固有的法。"其次，日本对国外传入本土的各种法学思潮的研究和发展，都持开放宽容的态度。[1] 日本的这

---

[1] 张锐智：《东亚国家将儒家和谐观与现代法治相融合的经验及启示——以日本、韩国为例》，载曾宪义主编《法律文化研究》，中国人民大学出版社2011年版，第227页。

种做法以及成果也证明实现法律近代化与保留本国优秀传统文化是可以兼容的,尤其是在大量移植西方两大法系典型国家的制度之后,日本本国传统法律文化仍然可以被保留。

第三,主动学习与被动接受相结合。明治维新时期的日本主动向国外派遣留学生学习西方法律制度,希望借西方法律制度来完成国内法律制度的改革,从而使日本摆脱当时国力较弱的状况。明治维新时期日本对于德国法治理念的学习是一种主动的,站在自己国情实际情况考虑的自救式学习。二战之后由于战败国的身份,日本一度处于美国的影响之下。美国在这个阶段对日本法律制度按照英美法系的特点做了很大的修改和变动,但是这种对于西方的学习其实质是美国主动影响,而日本被动接受的结果。

综合来看,日本在不同阶段对于法治理念的接受的主动性是不同的,前期是自发学习德国,后期则是由于战败不得不接受美国法治理念的影响。

六 新加坡的法治模式

新加坡法治模式源于殖民统治之下的英国普通法,法律渊源有成文法和不成文法两种形式。新加坡法治模式具有威权统治,限制自由,严刑峻法,赏罚分明,肃贪倡廉,廉洁政府,儒家思想,共同价值等特点。新加坡法治模式保有了法治的核心理念,又因地制宜地开创出有别于西方法治的道路。研究新加坡独具特色的法治模式也可以为亚洲国家和地区的法治建设,尤其是东亚儒家社会的国家和地区的法治建设提供重要的启示。

(一) 新加坡法治模式的传统与法的渊源

1959年新加坡获得自治权，1965年建立独立的共和国。而在这之前的大半个世纪里，新加坡作为英国的殖民地，一直处在英国普通法统治之下。1965年新加坡独立后，虽然在某些方面结合本国情况对法律制度做了调整，但大体上还是继承了英国的法律传统。因此，新加坡的法治模式是在缺乏法文化主体性的环境下，被动地接受西方法的制度与理论而形成的，整个发展过程带有明显的殖民主义色彩。继承英式法治，新加坡法治模式也将法律奉为最高权威，任何个人或组织都不能凌驾于法律之上。

历史地看，新加坡的法是伴随着英国殖民统治而产生的，英国法律对其产生了广泛而深远的影响，在法律的研究方法、法律思维和论证风格及其法律制度机构等方面同英国的法律制度非常相似。但英国法律在新加坡的适用并非无限制，在法律的移植过程中，它也适应了新加坡经济社会发展的实际需要。新加坡建国后，除继续沿用根据《英国法令应用法令》和新加坡成文法所允许的英国法律之外，新加坡的法律制度走上了独立的发展道路。

新加坡法的渊源既包括成文法又包括不成文法。其中，成文法是以宪法为核心形成的法律体系，包括宪法、法令、法规和附属法规。宪法在新加坡具有至高无上的地位，任何与宪法不一致的法令、法规、附属法规，其不一致的部分都将归于无效。法令、法规由国会以及有权立法的前身机构制定。附属法规是部长、其他机构在有关法令的范围之内，出于特定的目的而制定的条例或条规。新加坡具有完备的法律体系，配以严格的执法体系，公民生活的各个方面都在法律的调整之下，这一切共同推进着新加坡走向现代化的进程。

受英国法传统的影响，新加坡法律中还包含不成文法。不成文法包括英国法、判例法、习惯法等。新加坡法院在审理案件时若无新加坡法律的具体规定时，经常引用英国法的原则与原理。不过随着新加坡立法数量和范围的扩张，以英国法为不成文法渊源的现象日益减少。判例法方面，先例约束原则在新加坡具有广泛的适用范围，上级法院的判决对下级法院的审判活动起着重要的约束力。习惯法则是为了更好地适应新加坡多元种族的特点，通过对新加坡法律体系的补充，更好地调整华人和穆斯林的家庭、继承等法律生活。

(二) 新加坡法治模式的基本特征

尽管新加坡处于英国统治之下长达大半个世纪，但是英国法律毕竟反映的是西方人的社会基础和文化心理，尚不能很好地贴合独立后新加坡的国情和现实。也正是因为如此，新加坡在独立后并未一味地继承英国的法治模式，而是走出了一条自主发展的法治之路。

1. 威权统治，限制自由

新加坡素以高度法治著称，法律在其社会控制系统中占据了十分重要的地位。提到威权统治，便不得不提到一个人——李光耀。

李光耀被称为"新加坡国父",担任新加坡总理长达31年,卸任之后仍旧在内阁担任重要职务。因此,李光耀的政治与法律理念对新加坡的影响不可谓不深远。作为"性恶论"者,李光耀长期在新加坡推行威权统治,一方面曾利用法律极端地打击政敌,另一方面则对普通公民的自由做出了一定的限制。

新加坡法治崇尚法律面前人人平等,法律之内人人自由,法律之外没有民主,法律之上没有权威。从中可以窥探出这是一个道德高度法律化的社会。新加坡不仅将国家和政府的权力配置及其运行的方方面面都纳入了法律的治理之下,而且几乎将法律渗透到社会生活的每一个方面,留给公民自由支配的"法外空间"很小。国家、社会、家庭的不同问题都可以通过法律得到解决,法制观念深入人心。从新加坡井然有序的社会状态、干净优美的生活环境和口碑甚佳的国家风气可以看到,新加坡的法治模式虽然严格,但是能让每个公民对自己的行为负责,以群体利益为导向,从整体上达至社会的安定。新加坡也存在较多对政治权利和自由的限制。以新闻自由为例,发表推翻政府的言论,或是批评李光耀及其家人的名誉等都被明确禁止,对政府的批评若是过度也将面临被停刊停业,甚至被判处高额赔偿的可能。

2. 严刑峻法,赏罚分明

新加坡在二战时曾被日本占领统治了三年,李光耀总理虽然强烈抨击日据时期的残暴行为,但有感于其"铁腕"手段之下却可以夜不闭户、犯罪率奇低,认为不应当从宽对待罪犯。正是在李光耀的主导下,新加坡建立了严格且完善的刑法体系。随地吐痰、闯红灯、电梯内抽烟等在中国公民看来是琐事的行为，都会在新加坡受到重罚。杀人、绑架、走私毒品、持枪抢劫等严重犯罪更是可能被判处绞刑。另外，新加坡至今仍保留着鞭刑。鞭刑每次执行以3鞭为限，若有受伤，则需康复之后才能继续执行。分期执行又拉长了鞭刑的执行时间，鞭刑后形成的伤疤也可能留下永久的印记，这些都给人造成了极大的恐惧。除了刑罚手段，鞭刑还是维护社会治安的工具，用以处罚张贴小广告和涂鸦等行为。严刑峻法的目的主要在于威慑和阻遏潜在的违法犯罪分子，防患于未然。

3. 肃贪倡廉，廉洁政府

新加坡的国家机构由行政、司法、立法机构三部分组成。李光耀等国家领导人未照搬英国的宪政模式，而是设计建立一个行政主导型分权制衡的政府制度。虽然行政权名义上授予总统，但总统履行的职责是基本礼仪上的国家象征。行政机构即内阁，掌握着新加坡的政府权力，对社会负责。

新加坡的公务员在就职前要进行宣誓，一旦进入政府系统工作就必须严格遵从公务员的"十条规定"，不得做出任何有损政府的行为，亦不得在行使政府职权中夹有私欲。为了保障公务员的清廉，新加坡政府为公务员提供了优渥的薪资待遇和福利待遇。而在肃贪倡廉的法律制度方面，新加坡一方面给肃贪主体的权力赋予了明确的法律依据，保持其权力的合宪性与合法性；另一方面则保障权力活动程序的公开透明并加强社会监督。新加坡的《反贪污法》内容确定，授权明确，惩罚严格，为建立廉洁政府提供了有力的保障。

4. 儒家思想，共同价值

对比新加坡与西方的法治模式，可以发现其不同之处的根源就在于价值内涵的差异。西方的法治模式更强调个人主义，提倡自由主义法治，强调个人利益，而新加坡则以其倡导"共同价值观"著称，看重的是国家利益和社会利益。在这样的价值模式之下，无怪于西方法治模式会有更多的冲突与对抗元素，并强调法律与道德相分离，而新加坡则蕴含更多合作与和谐的元素，强调法律与道德的统一。

新加坡77%的人口都是华人，受儒家文化影响很大。其"共同价值观"正是源自儒家那些强调共同体利益的观念，这与西方社群主义只是对个人主义的改良并不相同。可以说，作为新加坡法治模式的价值内涵是西方价值观念、儒家思想，甚至类似法家思想的混合体。1991年政府发表的白皮书中提出的新加坡共同价值观为：国家至上，社会为先；家庭为根，社会为本；关怀扶持，同舟共济；种族和谐，宗教宽容。新加坡的这些观念也被称为"亚洲价值"，经过金融危机的洗礼仍然保有生命力。

作为一个多种族、多元文化交融的社会，新加坡成功的一个重要经验就是强调法治，重视法制建设。新加坡将法治的普遍性原理与本国的国情相结合，探索出了一种独具特色的新加坡法治模式，建成了一个社会安定、和谐有序的法治国家。新加坡在社会基础、具体国情、文化底蕴等方面，都与中国十分相似，因此我们可以借鉴其法治经验与理念，并将之与我国国情结合起来，探索出一条具有中国特色的社会主义法治之路。

第 三 章

中国法治的现代发展

> 西方是不能借助罗盘找到的。……西方是具有强烈时间性的文化方面的词。它不仅仅是一种思想;它也是一种社会共同体。它意指历史的结构和结构化了的历史两个方面。
>
> ——伯尔曼(Harold J. Berman)

◇◇ 第一节 法制现代化与发展理论

一 法制现代化释义

法制现代化研究是一个具有世界意义的大课题。西方国家随着经济和社会的现代化,17—18世纪以来已经经历了法制现代化的过程。西方的一些学者对这个过程有不同的归纳,如"从身份到契约","从压制性法到自主性法","从实质的不合理性到形式的合理性",等等。20世纪中叶以来,许多西方学者又开始对西方的法制现代化的道路进行反思,提出了所谓"后现代"的问题,认为在某种意义上当代西方法制的发展又有"从契约到身份","从形式合理性到实质的不合理性"的发展趋势。一些发展中国家从20世纪五六十年代开始随着社会经济的发展,也在发起法律现代化运动,美国和其他西方国家派和平队"援助发展中国家",其中也包括把法制现代化的西方模式带到那里去,这就是第一次法律与发展运动。20世纪90年代以来,随着全球化的进程,在世界银行、国际货币基金组织、世贸组织和西方国家的推动下,又发起了针对第三世界国家和转型中国家的法律和司法改革。如何看待西方的法制现代化模式,它们是否适用于发展中国家,已经成为全世界法学界关注的重要理论和现实问题。

总的来说,现代化理论或思潮发轫于20世纪60年代,其兴起的主要背景,是昔日的殖民帝国主义体系的解体,以欧洲为中心的世界秩序的崩溃,以及战后第三世界国家的发展现代化理论的目标之一,就是探求不同文化背景下由传统社会向现代社会转化的共同特征,以便揭示现代化进程的普遍意义。尽管学术界对现代化内涵有许多不同的说法,侧重点亦难达成共识,但都包含这样一个判断:现代化作为一个世界性的历史进程,乃是从传统社会向现代社会的转变和跃进,是人类社会自工业革命以来所经历的一场涉及社会生活主要领域的深刻变革过程。这种概念界定突出了现代化的普遍性世界意义,强调它是人类社会必然的发展进程,因而有其合理性因素。但与此同时,有的学者把传统社会与现代社会对立起来,忽略二者之间的有机联系及其内在转化的相生相容关系;并且把非现代化的非西方民族与国家走上现代化道路看作同现代化的西方民族与国家彼此交往的产物,看作逐步纳入西方现代化模式的过程,因而抹杀了非西方国家和民族自身的社会文化环境对实现现代化所具有的独特功用。这就不可避免地要走上"西方中心主义"的道路。

现代化首先是一个变革的概念,是传统生活方式及其体制向现代生活方式及其体制的历史更替。这种历史性跃进,导致整个文明价值体系的巨大创新。它是一个包含人类思想和行为各个领域变化的多方面进步。这一进程是一个世界性的发展现象,而不是某些民族国家的特殊现象,更不是一个社区性的个别现象,它是突破原有社会形态的固有架构而在社会、经济、政治和文化诸领域所显示出来的革命性的巨变。现代化也是一个连续的概念。现代化运动不仅是渐进过程的中断,而且是一条川流不息的奔腾大河。在从传统社会向现代社会历史跃进的过程中,无疑存在对传统性的突破和否定,但是这种否定在一定意义上是一种历史性的"扬弃"。现代社会脱胎于传统社会,包含对传统性的形式和内容诸要素的肯定和保留。在传统和现代之间不存在一条不可逾越的鸿沟。在社会发展进程中,往往会出现这样的情形,传统社会本身蕴含着某些现代性的因素,而在现代社会中又有许多传统性的成分。现代化的普遍性的世界性的特征,绝不意味着沿袭久远的民族传统精神与形式的历史性消失。对于非西方社会来说,在外部世界提供的模式中,是找不到现成答案的,只能凭借自身基于本民族需要和条件的创造性行动,进而实现民族的现代化改造。就以上意义来讲,现代化进程是阶段性和连续性的有机统一,是世界性与民族性的有机统一。

伴随着社会由传统向现代的转变，法制也同样面临着一个从传统型向现代型的历史变革。这个转型、变革的过程，就是法制现代化的过程。法制现代化过程的性质和特征主要表现在以下若干方面。

从历史角度来看，法制现代化是人类法律文明的成长与跃进过程。这种历史性的跃进，导致整个法律文明价值体系的巨大创新。法律现象绝不是凝固不变的，而是随着社会、经济、政治、文化等条件的发展变化而不断运动的社会现象。人类文明史的发展进程，使法律在客观上形成不同的历史形态。不同类型的法律发展有着迥然相异的价值目标与依托。前现代社会的法律形态，建立在人的依赖关系的基础之上。在这种社会氛围中，个人缺乏应有的独立性，人的依赖关系成为其物质生产的社会关系的共同特征。所以这种法律形态所注重的是社会等级和人身依附，法律调整的基本特点是以确认等级依附关系为基本的价值目标。法制现代化所反映的正是从前现代社会向现代社会转变这一特定阶段中法律变革的激动人心的画面。它不仅要摆脱人对人的依赖关系，而且要积极创造条件，摆脱物的依赖性。它根除了那种表现为与个人隔离的虚幻共同体的传统权力，建立起尊重人的价值、维护人的尊严、确证人的个性的价值机制，社会成员的广泛自由和权利在法律上得到确认和保障。

从基本性质来看，法制现代化是一个从人治社会向现代法治社会的转型过程，是人治型的价值——规范体系向法治型的价值——规范体系的变革过程。人治与法治这一对变项涵盖了传统法律与现代法律之间的根本分野，构成了区别这两类不同的法律价值系统的基本尺度。换言之，法制现代化与法治是内在地结合在一起的。应当把人治的衰微、法治的兴起作为法制现代化过程的基本评估系数。这是一种把从传统法律向现代法律转变过程中各种有关因素，形成为逻辑概念上连贯一致的"理想类型"分析。这种转变乃是从传统性行动向合理性行动的历史转化，是人治型的价值——规范体系向法治型的价值——规范体系的历史性创造性的转化。在这里，价值表征着观念性因素，规范表征着制度性因素。在这一转变过程中，理论的和现实的逻辑告诉我们，必然不可避免地呈现出两种不同的价值——规范体系相互撞击、冲突的时代现象，而这一撞击和冲突，则意味着转化、成长。因此，法制现代化的历史道路，就可以表征为"价值规范冲突与转化"的模型或范式。一个已经实现了法制现代化的国家，必然是一个法治社会（从整体上来说是如此）。法治的基本特点是：社会生活的统治形式和统治手段是法律；国家机关不仅适用法律，而且其本身也为法律所支配；法律是衡量国家及个人行为的标准。法治要通过一系列具体过程体现出来。这些具体过程尽管千差万别，各具特色，但有一点是共同的，即各个法律实践过程（从立法到司法）都需要遵循严格而合理的法律程序，并且每个环节或过程都是为了实现法律正义。很显然，法治的核心价值意义就在于：确信法律能够提供可靠的手段来保障每个公民自由地、合法地享用属于自己的权利。

从内涵特征来看，法制现代化是一个包含了人类法律思想、行为及其实践各个领域的多方面进程，其核心是人的现代化。法制现代化是一场意义深远的法制变革过程。这场变革能否达到预期目的，在很大程度上取决于作为社会主体的人的积极性、能动性和创造性是否得到最大限度的发挥。因此，在这个意义上，法制现代化首先是从事这一变革的主体自身的现代化，是把表现传统法律观念并以传统模式行动的人转变为具有现代法律意识和行为的人的广泛过程。人的现代化是一个国家法制现代化的必不可少的重要因素之一。它绝不是法制现代化过程结束后的副产品，而是实现法制现代化并使现代化法制长期发展的基本的先决条件。法制现代化的基本价值指向，就是要培养公民信任法律、尊重法律的思想意识，确立法律至上的现代法治观念。一个先进的现代化法律制度要获得成功，取得预期的社会效果，就必须有赖于操作这些制度的人的现代素质，即人的价值观念、行为模式、思维方式、情感意向和人格特征的现代化。一个国家的人民只有从心理、态度和行为上与法制现代化的历史进程相互协调，这个国家的法制现代化才能真正实现。换言之，在一个国家法制现代化的进程中，不管这些法律制度如何现代化，如果操作这些制度的那些个人，并没有从心理、态度和行为方式上实现由传统人向现代人的转变，那么，不仅这些法律制度难以取得很理想的效果，而且这个国家的法制现代化不过是徒具虚名而已。因此，从这个意义上讲，我们可以说，法制现代化也是一种精神现象，是人的法律观念和行为方式由传统向现代的转变过程。

二　法制现代化的基本模式

一定社会、地区或国度的法律发展，总有其自身特定的价值系统。这些特定的价值系统，随着文化的传播与相互影响，又会形成反映某些国度共同生活条件的法律发展类型。在急剧变化的法制现代化运动中，这些不同的法律发展类型逐渐演化成为具有不同历史特点和不同变革道路的法制现代化模式。所谓"从身份到契约"，"从压制性法到自主性法"，"从实质的不合理性到形式的合理性"的理论阐释，其实就反映了不同理论基点和视角的差异性观点。

在法制现代化理论研究中，以法制现代化最初的动力来源为尺度，通常把法制现代化模式划分为内发型、外发型和混合型三种样式。

（一）内发型法制现代化模式

内发型法制现代化模式是指由社会自身力量产生的内部创新，经历漫长过程的法律变革道路，是因内部条件的成熟而从传统法制走向现代法制的转型发展过程。这种类型的法制现代化模式一般以英国、法国等西欧国家为代表。该模式的主要特点是：第一，一般来说，它是因社会自身内部条件的逐步成熟而渐进式地发展起来的。在英国、法国等最早走上近代资本主义发展道路的国家，在其创设和形成现代法律的过程中，尽管充满着许多激荡风云的重大社会变革事件，但从总体上看，是一个自然演进的自下而上的渐进变革的过程。第二,商品经济的发展与发达是推动内发型法制现代化运动的强大的内在动力。内发型法制现代化之所以首先发轫于西欧,一个重要的基本原因,乃是由于在一些西欧国家,商品经济有着悠久的发展历史。商业活动是城市社会生活和经济生活的灵魂,追逐利润是这一活动的最佳目的。西欧商业资本主义的涌动与扩张,以及新兴的市民阶级的广泛活动,推动了经济交往规则的革命性变化,也促进了法律意识的转型与发展,从而为近代法制的建立提供了基础。第三,民主代议制政治组织形式的发展成为内发型法制现代化运动的重要支撑力量。近代西欧民主代议制有着久远的历史渊源。从古希腊的城邦民主到古罗马的共和体制,乃至中世纪城市共和国的发展,为近代西欧民主代议制系统的建构积累了较为丰厚的历史资源。近代西欧的政治革命,不仅加速了政治国家与市民社会分离的进程,而且造成了代议制度这一近代民主政治的运行模式,从而推动了内发型法制现代化的持续发展。第四,法律的形式合理性与价值合理性的互动发展构成了内发型法制现代化运动的运作机理。西欧法制现代化的历史活动,首先表现为法律形式主义的扩展与广泛化,以宪法为中轴的诸法分立的法律系统蔚为大观。然而,西欧法制现代化运动总是伴随着广泛而深刻的近代法律精神启蒙运动。构成法律形式主义运动思想基础的,乃是近代的自由、法治和人权观念。

(二) 外发型法制现代化模式

外发型法制现代化模式,是指因一个较先进的法律系统对较落后的法律系统的冲击而导致的进步转变过程。这一模式通常以日本、俄国、土耳其等国家为代表。该模式的主要特点是，第一，强大的外部因素的冲击成为外发型法制现代化运动的生成动力。尽管在外发型法制现代化的国家，其社会内部存在着一些从传统走向现代的生长因素或条件，但是这一转型过程十分缓慢且困难，因而外来的法律文化系统的冲击与渗透，就成为外发型法制现代化运动的强大推动力量。第二，政治变革运动往往成为外发型法制现代化运动的历史先导，政府发挥着主要的推动作用。由于外发型法制现代化的国家是在外部环境影响以及外域法律文化的冲击下而走上法制变革道路的，因而往往有着相对确定的时间起点，而这些时间起点通常又与特定的政治变革事件相联系。由于在外发型法制现代化的国家和社会内部，商品经济因素薄弱，无法自发形成变革社会的主体力量，政府以及现代政党作为有组织的社会力量便在法制现代化进程中起到主导的推动作用。这些作用的方式主要有：建立强有力的官僚体制和国家机器，保障法制改革的顺利进行；根据变革目标的需要，建立法律机构，编纂成文法典；动员和组织社会资源参与法律变革过程。第三，争取法律主权的斗争往往成为外发型法制现代化国家从事法制变革运动的重要目标。在外来法律文化的激荡和冲击下，外发型法制现代化国家内部的各个方面和领域的矛盾都被激发起来，其中之一便是"西方化"与民族化的尖锐矛盾。因此，在外发型法制现代化运动中，民族主义情绪的激荡始终是一个重要的现象。争取法律主权的斗争，往往成为这些国家法制变革的动力和目标之一。第四，法律的形式合理性与价值合理性之间的背离是外发型法制现代化进程的重要表征之一。域外法律文化的冲击，也催发了传统法律精神与现代法律精神的剧烈冲突。传统法律文化根深蒂固，有着顽强的生命力，对域外的法律文化产生排拒的作用，法律的形式合理性与法律的价值合理性之间存在明显的"二律背反"现象。这必然导致外发型法制现代化运动错综复杂，举步维艰。

(三) 混合型法制现代化模式

混合型法制现代化模式是指因各种内外因素相互作用而推动传统法制向现代法制的转型与变革过程。这种模式以中国为典型代表。混合型法制现代化的模式既具有内发型法制现代化模式的某些特征，又兼具外发型法制现代化模式的相关属性。二者内在融合，形成独特的混合式的法律发展范型。具体言之，一方面，从法制现代化的启动机制来看，在混合型法制现代化运动中，确实存在着域外法律文化的强大压力和冲击的问题。舶来的西方法律文化的影响和冲击往往构成启动法制变革运动的重要动因。近现代中国社会是一个剧烈变革的时代。在这一过程中，中国传统法律文化遭遇到空前的挑战，这一挑战在近代西方文明的压力下变得更加尖锐。近现代中国法律的发展进程，几乎每一步都带有西方法制冲击的印迹。从戊戌变法到清末法制改革，从孙中山南京临时政府的法制建设，到北洋政府及国民党南京国民政府的法制实践，尽管还保留着浓厚的传统色彩，但是西方法律文化的影响是显而易见的。因此，从这个意义上看，西方法律文化的影响和冲击，乃是近现代中国法制变迁的催化剂和外部条件。另一方面，从法制现代化运动的生成机理上看，在混合型法制现代化国家的社会内部，已经逐渐生成了法制变革的因素和基础。在中国，明清之际已经孕育的资本主义萌芽，到了19世纪初，商品经济已经顽强地生长起来，为近代的法制变革提供了条件。所以，当19世纪西方法律文化传入时，尽管中国社会尚不具备实现法制现代化的条件，但是变化的基础已经开始确立。由此我们的结论是：近现代中国的法制现代化进程，乃是内部因素与外来影响相互作用的历史产物，是一系列复杂因素综合作用的结果。推动近现代中国法律变革的主要根源，来自中国社会内部存在的处于变化状态中的经济的、政治的和社会的条件。在这些条件的综合作用下，形成了中国法制变革的运动能力和运动方向。

(四) 法制现代化模式的多样性统一

人类社会的法律发展是多姿多彩的。不同民族或国度的法律，在不同条件的作用下，总是循着特定的路程发展演化。在同一个社会形态之内，不同国家的经济、文化和思想发展水平是不一致的，它的国家形态和政治体制方面也有差异，每个国家又有其特定的历史发展、习惯和民族传统特点，况且这些国家所处的地理位置、自然条件、人口状况也不尽相同，等等。这些复杂的因素，势必会使法制现代化运动呈现出五彩缤纷、丰富多彩的特点。各种人类共同体的法律类型，都是由具体的法律制度、具体的法律体系和具体的法律学说及心理所交织而成的运动之网。尽管在法律发展的进程中，在不同的法律系统之间常常会有相似之处，但这种相似性并不能淹没每一个具体的法律系统的个性色彩。法制现代化的历史进程表明，虽然法律的交流与融会日益增进，但全球法制现代化的历史震动并没有因此而变成呆板划一的群体的堆积。科学的法制现代化理论的重要使命之一，就在于从法律发展模式的多样性中寻求统一性，从千差万别的具有偶然性的大量具体法律现象中，探求法制现代化运动的普遍规律。

一方面，法制现代化运动的多样性是统一性的基础。因为一般只能寓于个别之中，并且通过个别来实现。因此要充分注意到法制现代化进程的多样性，研究不同的法制现代化模式，揭示这些不同模式所显示的法律精神。另一方面，法制现代化运动的统一性又是多样性的必然表现。研究者需要从纷纭复杂、繁复多样的法律发展进程多样化的表象背后，揭示出制约整个法制现代化运动的一般规律，因此要努力揭示普遍适用于世界法制现代化进程的构成性要素，探求制约世界法制现代化进程的普遍规律。

三　法治意识形态的时空叙事[①]

法治（Rule of law）即"法律的统治和治理"的一种国家治理模式。它是全人类的价值追求，社会文明进步的重要标志和国家长治久安的根本保障。法律是人类社会处理利益矛盾、维护稳定秩序、追求个人（或集体）自由的产物，在政治形态上通常表现为阶级关

[①] 冯玉军：《全球化中的东亚法治：理论与实践》，中国人民大学出版社 2013 年版，第二章"全球化、现代化视野下的法律悖论"。

系和阶级斗争的产物。而在更加广大的世界范围看，还存在法治理论体系和意识形态的各种分歧。

(一) 世界秩序的整合：中心与边缘

自有人类文明历史以来，秩序观念和构建体系的努力都是人们的追求和倾向。但在近代以来，随着欧洲文明的崛起，出现了套用古希腊欧几里得几何学的意识形态倾向，即世界体系和世界秩序具有一元性和普适性。由此形成一种世界体系理论上的"中心与边缘"关系，即欧美是文明中心和现代化的先行者，处于边缘或半边缘地区的广大非西方国家则是现代化征途上疾步前行的后来人。[1] 中心和边缘的关系，这就像把一块石头丢在水面上所发生的一圈圈推出去的波纹一样，边缘受到中心的影响，而中心的扩张需要边缘的呼应。自中心到边缘，其价值和影响力愈推愈远，也愈推愈薄。这样一种特殊的关系范型，进而成为衡量社会类型的重要尺度之一。在前现代社会，社会成员很少受到中心价值的影响；但在现代社会，边缘参与程度很大，与中心价值的联系更为直接，中心的顶峰不再那么高了，边缘的距离也不再那么远了。[2]

---

[1] "中心与边缘"最初是社会学研究中使用的一对矛盾范畴，内涵极其丰富。人们通常强调每一个社会结构都有一个中心圈，中心圈不是一个简单的空间区位现象，而是一个价值观念的王国，是主宰社会的符号中心与和平共处价值的观念中心；中心圈也是一个行为的王国，是某种制度的操作运行机制，以各种方式影响着每一个社会主体。处在中心圈之外的，构成社会结构的边缘状态；边缘状态中的社会主体成为中心体制和中心价值的局外人。

[2] [英] 爱德华·希尔斯：《中心与边陲》，沈青译，《国外社会学》1988年第1期。

在经济学研究中，人们更多地运用"中心与边缘"这对范畴来指称不同国度在世界经济体系中所处的地位。这主要体现在世界体系理论或称依附理论（Dependency Theory）的解释之中。这种20世纪60年代产生的世界经济理论认为，不能孤立地考察每一个国家的经济和社会发展，因为不发达国家的发展总是和发达国家的统治者、国际垄断集团的决定直接相关。世界资本主义经济体系已经存在了400年，现在所有国家都与它发生这样或那样的关系，都在这个体系中占据某种地位。第三世界处在这个体系的外围，其经济服从处于该体系中心的发达国家，为它们提供廉价的原料和劳动力；而在世界经济体中占据优势的中心地区——发达国家，则将自己的消费品，特别是高科技产品以高昂的价格出口到发展中国家。这样，世界经济体系就划分为中心国家与边缘地区。根据一系列衡量标准，诸如各种经济基础活动的复杂性，国家机器的实力以及文化的完整性等，在中心与边缘之间还存在着半边缘地区，这是一个世界经济体不可缺少的结构性要素，是不断扩张的世界经济体中地缘政治变化的结果。中心地区、半边缘地区和边缘地区在世界经济体系中分别担当着不同的社会经济角色，构成了世界经济体中的等级关系。[1] 在现存的世界经济秩序下，处于外围的第三世界国家只能处于依附地位，其民族经济受到效率更高的发达国家的竞争，不可能独立自主：要么被发达国家、跨国公司的同类产品所击垮；要么只能发展在发达国家已被淘汰的劳动密集型加工业或高污染产业。

---

[1] ［美］伊曼纽尔·沃勒斯坦：《现代世界体系》第1卷，罗荣渠等译校，高等教育出版社1998年版，第463—464页。

第三世界国家的发展从短期看,可能会出现某些快速增长的时期;但从一个较长的时期看,它们最终会停滞或衰退,全球化的最终受益者是世界体系的"中心"国家,而这一切都服从于整个世界资本主义体系运行的总规律。

(二)西方中心论与"现代法律体系"的普适性

世界体系理论在法学上的引申,就是"现代法律体系"的普适性理念及其实践。这种理念的核心是认为当今世界上存在着一个跨国度、跨民族、跨地域的法律体系,在该法律体系中,有得到广泛认同的、历时性的法律文化中心区,该中心区的法律文化具有本源性和衍生性,它的价值准则与制度规范成为其他国度法律的"蓝本"或依归。沿着这种思路,"现代化"(Modernization)被看作一个囊括了所有国家与民族的全球性变革过程。在这一全球性的历史视野中,16世纪的西欧处于原初的中心地位,是全球法制现代化进程开端阶段的中心地区,以欧美国家为发源地的现代法律传统作为一种伟大的人文主义创造,在欧洲近代著名的"三R现象"中得以萌生并成为一种主流意识形态。[①] 该法律发展样式被认为具有全球性的普遍意义,是后起非西方国家法律发展的样板或原型。过去的五六百年间,(西方中心的)法学世界观几乎在全球范围内取代了神学世界观以及其他种种"地方性"法律形态,获得并占据了某种

---

① 即文艺复兴(Renaissance)、宗教改革(Religion Reform)和罗马法复兴(Reception of Roman Law)。这三大运动从不同的领域和价值层面共同促进人文主义在近代欧洲的胜利,也奠定了近现代资本主义社会的文明内核。

支配性话语权力和应然地位。"民主""人权""法治""现代化""全球化"等概念成为时代的强音,学富五车的世界法学家们自觉而娴熟地使用公开性、自治性、普遍性、层次性、确定性、可诉性、合理性和权威性等标准,衡量自己国家或别的国家是否达到乃至实现了法制的"现代化"。西方主流话语选择性地否认了法治就其起源而言是一种"地方性知识"的本质,也选择性地否认了法治就其在世界各国实践而言没有统一标准和模式的事实。

近代的西方历史哲学家,如维柯、黑格尔等,大都在西方强势文明或曰"西方文明优胜论"的核心理念之上建构他们心目中的历史,在人道主义和理性主义的基础上塑造和描绘出一幅现代人类文明进步的"世界图景"(世界体系),进而积淀而成现代人关于法治、民主、人权、宪政的"虚幻"历史观念与思维定式。也正是在这种不容置疑的"理性精神"的光辉照耀下,始自黑格尔和奥斯汀的现代法学理论本能地偏好对法律逻辑的"宏大叙事",即以法律概念、术语、命题为经,以确定性、客观中立性、一元性和普适原则为纬,贯穿理性、个人权利、社会契约、正当程序等理念,涵盖法的本体论、价值论、方法论几大块的法律话语系统。实事求是地说,不管西方法学家们承认不承认,全部承认还是部分承认,被非西方国家的法学理论界、法律实务界频繁地引证与运用的后果,就是西方法律体系成为一种"霸权话语"或某种无可置疑的逻辑分析架构的预设前提。这样一来,西方世界与非西方世界的法制现代化进程就可能被纳入"内发与外生""原创与传导""冲击与反应""主动与被动"之类的二分架构而加以考察和描述。

第三章 中国法治的现代发展

在以西方法治文明为中心的世界法制体系中，无疑存在着西方中心和非西方边缘的秩序地位之别。一方面，这意味着一定的法律秩序在它的法律空间不是均等分布的。中心地区是法律资本更集中并拥有更大的利润的地区，它拥有更多的原创性因素和制度资源（立法机构、法律职业、法院等），可获得更多的法律符号资源（法律科学、法律思想和文化等）的输入，而至为重要的则是中心地区具有评判边缘地区法制建设与法律改革与否的价值优越性。另一方面，由于思想制度资源和价值评判效力的非均衡配置，各种"地方性"知识、"本土资源"以及边远地区国家的主权遭受侵害以及可怕的"漠视"与冷遇。马克思曾经分析过19世纪西方殖民者对待殖民地国家法律的一些既相区别又相联系的做法，即：第一，只要非欧洲法律对殖民者有利，就立即予以承认；第二，对非欧洲法律进行"误解"，使之对殖民者有利；第三，用新的法律规定否定殖民地法律的某些规定；第四，用新的法律文件使殖民地的传统法律文明在实际上变形或解体。① 因此，西方法律文化在非西方社会生活中的渗透，不过是整个西方文明压迫非西方文明的组成部分之一。西方法制乃是西方殖民者征服非西方国家和地区的重要工具。西方国家力图通过法律文化的传播，逐渐地将非西方国家和地区的法律纳入其体系之中，使非西方国家和地区的法律发展处于依附西方法律文化的过程。西方世界对非西方世界的法律殖民主义，强行扭曲了非西方社会法律文明的成长取向，

---

① 《马克思恩格斯全集》第45卷，人民出版社1985年版，第317—327页。

在相当程度上改变了非西方社会法律发展的道路。这也是当今许多非西方第三世界国家和地区法律未能实现现代化的重要原因之一。①

历史的经验昭示出这样一个重大而尖锐的问题：在全球性法制现代化进程中，中国的法制生活逐渐融入全球法律体系之中。怎样才能继续保持独立自主的品格，避免出现依附发展或被边缘化的情形？很显然，这一以全球化进程为基础的新的法律与发展运动，确乎具有复杂性和迷惑力。它在反对种族主义和西方中心论的同时，极力强调全球规则的重要性，主张发展中国家的法制改革应当同全球性市场规则体系的基本要求相一致，应当有利于吸引国际投资者。在这一情况下，倘若广大发展中国家不能有效地维护国家与民族利益，一味追求全球规则的普适性及其对本国法律发展的引导作用，就有可能坠入新的依附发展理论的陷阱。因此，对于正在走进全球化时代的中国来说，捍卫民族国家的法律主权，谨防全球化名义下的新的法律殖民主义，确立在全球法律体系中的自主地位，防止和避免法律发展的边缘化趋势和依附性，走出一条符合本国国情和条件的自主型法制现代化的道路，依然是一项重大而艰巨的历史性任务。

（三）法律制度的移植与借鉴：技术与文化

根据一般的法理学，按照法律制度各组成部分所具有的特征及

---

① 公丕祥：《全球化与中国法制现代化》，《法学研究》2000年第6期。

作用，可以划出技术规范性内容和社会文化性内容两大块。其中，法的技术性内容是中立和价值无涉的，它不因文化而有差异，能够相当容易地跨国界进行移植或借鉴，自由地引进和输出；而法的文化性内容则深深地植根于特定社会秩序中，承载着特定人群的意志、价值取向和偏好等东西，它不容易从一个社会向另一个社会移植。例如，就现代企业制度、交通规范或标准法等而言，它们大都是为了适应现代经济运行的某一方面或某些方面而制定的，带有很强的技术性色彩，不因民族传统或社会文化而有差异，具有普遍适用性，而且这类法律传播很快，可以很方便地移植或借鉴，通用性强。

法律究竟是技术因素居多还是文化内涵占优？古往今来并无定论。在19世纪以前，不同文明体自行其是，并无类似于今天东西方深度法律交流甚或一体化的可能，而在一个国家自身文化内的法律发展中，法律文化的冲突似乎不太明显。况且西方19世纪以前的主导性法律理论是一种形而上的法律本体论研究，即理性自然法思想。古典自然法学家从普遍的人性出发，构建不受时空限制的普遍适用的法律概念和法律原则。面对这种"不以人的意志的转移为转移"的客观实在，人们近乎一致地把"法律"看作现代文明的外壳，是超越世界任何区域文化之上的、客观公正的理性代表，以及确定的、普适的客观自身规律的表现。在这个时期，法律的文化与技术两分法没有也不可能得到学界重视。

孟德斯鸠是最早关注法律文化因素的法学家。他认为，一个现实社会中的法律并不是一组普遍有效的分类原则，而是特定人们的文化的组成部分。法律与国家政体、自由、气候、土壤、民族精神、风俗习惯、贸易、人口、宗教都有关系。既然法律是它赖以存在的文化的一部分，那么，很难想象一个国家的法律制度能够被轻易地移植到另一个社会，不同的（民族）文化决定了不同的法律的存在，进而陷入了地理环境决定论的窠臼，认为法律的普遍移植是不可能的。

德国历史法学派的代表人物萨维尼认为，法律制度是特定时代特定人们文化的一部分，它的发展依赖于民族精神。"法律如同一个民族特有的语言、生活方式和素质一样，都具有一种固定的性质，这种现象不是分离地存在着，而是与一个民族特有的机能和习性，在本质上是不可分割地联系在一起，具有我们看到的明显的属性。这些属性之所以能融为一体是由于民族的共同信念，一种民族内部所必需的同族意识所致。""法律随着民族的发展而发展，随着民族的力量加强而加强，最后也同一个民族失去民族性一样而消亡。"[①] 他还将一个民族共同体及其法律的生命周期分为三个发展阶段。在民族发展的早期，法律制度缺乏法律的技术因素，法律原则就是民族意识的组成部分；在民族发展的中期，一方面保留了民族的法律意识及其对法律的感情认同，另一方面法律又具有了法律技术因素，这个阶段的一个重要特征是法律由专门的法律家来实施的；在民族发展的晚期，民族特性最终消失，法律技术化为少数专家的"财产"，失去了大众的支持，法律技术因素的出现和发展成

---

① ［德］萨维尼：《论当代立法和法理学的使命》，转引自《西方法律思想史资料选编》，北京大学出版社1983年版，第526页。

为法律民族性消失的腐蚀剂。由此，萨维尼以维护法律的民族性为由，反对法典化运动以及任何法律技术化的倾向。毋庸置疑，在某种意义上讲，以孟德斯鸠和萨维尼为代表，他们更加强调法律文化因素和法律不可移植性。

从分析法学开始，法学研究逐渐带有法律逻辑和技术分析色彩。凯尔森认为，法律是社会组织的一个特殊手段，也就是说，法律不是一个目的，而是一个手段、一个工具，能为任何社会的政治、经济制度服务。法律是"人类行为的一种秩序"和"社会组织的特殊技术"。法律与其他人类行为的秩序（宗教秩序、道德秩序）的区别就在于法律是一种特殊技术，是"一种强制性秩序"。除此之外，大多数法律社会学家们在强调法律的功能时，也都是侧重于把法律作为一种社会控制的技术来进行分析。面对20世纪以来全球化的新形势，弗里德曼指出：当前的经济全球化、现代化，以及世界大众文化的传播使得法律的文化因素与技术因素二者的界限模糊起来。全球化和趋同是现代法律制度的重要特点，即指法律制度或其一部分在平行方向上进化，发展出更多的共性，随着时间的推移在实体和结构上都越来越相似的趋势。他说："很明显，现代性的冲击，侵蚀和替代了世代相传的法律传统，连本土的结婚和继承方式在现代世界中也难以幸存。"[①] 随着各国法律文化的日益趋同，法律越来越技术化，大量的法律跨越了国界，制度之间的文化的、实体的差异更呈下降趋势，世界法律文化很自然地产生广泛会合。一

---

① ［美］劳伦斯·M.弗里德曼：《存在一个现代法律文化吗？》，刘旺洪译，载《法制现代化研究》第4卷，南京师范大学出版社1998年版，第415—416页。

句话，现代法律文化正在征服世界。

然而，纵观现代法律国际化的实践，"文化"的跨越并非如此简单，法律技术规范的可移植与法律文化内涵的不可移植之间的矛盾始终存在，并不时爆发出来，产生与"法律现代化"进程是相一致的法律文化冲突。从世界范围来看，近代以来第一次冲突是伴随着欧洲殖民者将西方法律制度和文化（民法法系和普通法法系）强加给各个殖民地的，与包括各种各样的不成文法在内的本地法律相遇，其结果是在殖民地形成了法律多元化局面，即两种或更多的法律相互作用的状态。第二次冲突是在发展中国家的法律现代化过程中出现的。它始于20世纪初，在第二次世界大战后的"法律与发展运动"中达到高峰。这一过程的特点是一些发展中国家为了自身的现代化而自愿引进西方法，建设"现代法治"成为以世界各国竞相效仿欧美国家的新一轮国际化浪潮的基本目标，与此同时，西方发达国家也以援助为名，积极参与了发展中国家的法律现代化进程，现代法被当作可以由国家直接控制的实现社会变革的技术手段被大规模引进。此项努力尽管以日本、中国香港为代表的少数国家和地区取得了法律移植的成功，但多数发展中国家引进的西方法律制度并未取得预期效果，也相继引发了不少社会冲突，并最终形成某种新的法律多元化状况。

究其原因，首先由于社会生活是千变万化、复杂多样的，区域环境和文化传统不同，还由于主体对移植法律的社会需求的具体层面、实现机制以及利益分配结果等的把握是不尽相同的，因而常常会出现移植法律的实际效果与主体的预期目的彼此相悖的情况，即

"橘生淮南则为橘，橘生淮北则为枳"的现象。需要指出的是，法律移植中的失败并不能作为"法律不可移植"的论据，正如医学上某次器官移植手术的失败不能就此否定器官移植的可行性一样，而应该从被移植法律的选择上做文章，在如何尽可能降低法律移植成本，增加法律移植收益上做文章。关于文化东西不可交流之说法，实际上不全对。实际上文化的东西也不是不可交流的，这关键取决于评价标准和评价尺度。如果加长时段、如果采用另一种推广方式等，其结果就会大大不同。文化的可交流或不可交流取决于一定参照系，而不能一概而论，得与失、成与败，都需要具体分析。一种法律意识形态能否被移植，其本身的发生决定了它不仅取决于所移植国家的法律技术状况，而且更重要的是取决于后者的文化对移植对象的相容程度，亦即对所引进的外国法的本国化问题。一般来说，法律与原有利益格局或传统的"异质性"越强，移植成本就越高；二者间的"亲和性"越强，移植收益越大。一般来说，各国立法所使用的手段、立法的内容及其表达方式，一般不采用与本国民族的传统、习俗、习惯、语言、情感、信仰、观念意识等行为方式与规范模式以及与本民族心理定式、价值观等规范性评价相冲突的形式。如果忽视此种不同和冲突，照搬照抄外国法律，可能会带来更为不良的后果。

由此看来，法律中技术性因素与文化性因素的关系是一种既对立又统一的关系。实质上也就是客观与主观、描述与事实之间的矛盾关系。文化和技术二性本来就不是一种板块式的结构。一定的法律技术的产生与发展，本身就是文化的产物，离开一定的文化，很难理解和把握一定的法律技术。全球化并不意味着世界各国都生活在一个同一的法律模式之下，法律的技术化趋势也不可能消灭法律文化的差异性和丰富性，更不可能否认法律的文化性。[①] 实践中，我们不能不考虑文化传统的相容程度而片面强调法律技术引进的便利，也不能因为不同国家、民族间存在较大的文化差异就抱残守缺，不思进取，在全球化大潮中自甘落伍。

第二节　中国法治发展的历史道路及其特征

一　中国现代法制的起步

（一）概述

中国传统法制构成了中国法制现代化抑或法治发展的历史起点。中国传统法制是在绵延数千年的历史长河中形成和发展起来的具有浓郁的农业文明色彩的法律文化机制，是由特定的法律制度与法律观念所构成的法律文化系统。它作为一种独特的把握世界的方式，有着自己固有的制度规范和价值取向，体现着独特的民族法律心理和经验。

从形式意义上看，中国传统法制表现为诸法合体的法律分化程度较低的法律结构体系，其主要特征有：其一，在法律的地位上，

[①] 石泰峰：《全球化与法制文明冲突》，《新视野》2001年第2期。

中国传统法制缺乏独立性和自治性，成为伦理道德体系和行政命令的附席；其二，在法律的结构形式上，中国传统法制表现为公法与私法不分、诉讼法与实体法合一的诸法合体的法律结构体系；其三，在司法过程的运动机制上，中国传统法律实行司法与行政合一，行政长官兼理司法。从实体价值上看，中国传统法制表现为以宗法为本位的熔法律与道德于一炉的伦理法律价值体系。以宗法伦理理性为核心的传统中国法律，充分反映了儒家伦理精神对法律生活的深刻影响，是一个建构于"天人合一"的深厚道德基础之上的以王道精神自相标榜的、通过家族本位的君权主义表现出来的法律系统。这种以"天人合一"观念系统为深层指导原则和终极依托、以"内圣外王之道"为行动方式的伦理法，包含三个彼此联系的独特品格。一是礼治主义。它所反映的乃是建立在宗法结构基础上的等级森严、尊卑有序的社会政治伦理秩序体系；它所体现的乃是以宗法家族为本位的个人与社会、个人与家族、个人与国家的关系图式。二是泛道德主义。这种法律的泛道德主义，必然导致对法律的不信任，影响法律的权威性，进而动摇法律在治理国家中的重要地位。三是人治主义。帝王的绝对统治和吏治的发达，必然为法律世界中的人治主义提供现实的基础，法律成为皇权的附庸而丧失独立存在的地位。

这种具有特定意味的形式与实体、外部结构与内在价值之有机统一，便构成了中国传统法律制度的基本模式，从而与现代法制相分别。

（二）清末变法修律及其意义

在清末变法修律之前，中国的法律制度仍属于封建法律体系，儒法结合，诸法合体，以《大清律例》为基本的法律规范来调整社会关系。然而1840年鸦片战争之后，西方列强取得了在中国的领事裁判权，使得中国丧失了司法主权。这使清政府不得不结合现状对自身的法制体系进行一定程度的变革。19世纪末，中国社会及其统治者普遍认识到富国强民的途径不仅仅在于引进西方的工业技术，更重要的是对政治体制和法律制度的变革。1898年，清政府开始推行以法律改革为核心的变革运动。1903年修订法律馆成立。于是，以法律移植为基调的变法运动在中国轰轰烈烈地开展起来。

由于西方列强的入侵，清政府不得不改变原有的外交政策，转而开始学习国际法，以期在对外交涉中尽可能地维护自身利益。洋务派的奕訢、张之洞等都非常重视国际法等"公法"的学习，因为这样可以避免西方各国在同中国进行谈判时"恒以意要挟"的状况。[1] 此外，由于帝国主义的入侵和清政府反抗无力且持续腐败无能，竟伙同西方列强剥削国民，国内的各种反抗势力俱增。因此，清政府在刑事案件上加大了处罚力度。就地正法制度便是一个典型的例子。这一制度是为了镇压太平天国运动而由咸丰帝于1853年诏旨颁布的。它授权各地各级地方官一旦抓获土匪，就

---

[1] 张晋藩：《中国法律的传统与近代转型》，法律出版社2005年版，第398页。

第三章　中国法治的现代发展

地正法,"格杀勿论"①。这一制度一直未予废除,被用于镇压各种反抗斗争,成为清廷的一根"救命稻草"。1860年近代洋务运动的开展,中国开始了资本主义经济的发展,因此用来规范商业行为的法律就显得十分必要。洋务运动时期开办了众多的工厂、商行,然而清朝旧律中并无此项相关规定,只能比照陈旧的京城钱铺治罪章程处罚虚设公司的诈骗者,而不能主动给予行业规范。② 资本主义工商业在如此法制环境下很难有所发展,民族工商业主要由官方扶持,如大实业资本家张謇即是受时任两广总督的张之洞之委托,在江苏开办纱厂的。③ 此一时期的民商事行为主要是为了响应官方的洋务运动,以官督办的形式开办企业。张之洞称要"利权分离",即企业不享有任何经营活动权利,这些"权"必须掌握在统治者即官方手中。④ 因此,虽无相关的法律制度规定,但由于官方权力的介入,资本集中速度也随之加快,资本主义经济确实出现了一定程度的发展。

1901年,迫于各方压力之下的慈禧太后发出变法上谕,清朝官方才正式开始了对西方法律理念的实践。1903年清政府成立法律修定馆,任命沈家本、伍廷芳等为修定法律大臣,开始了修律之实践,具体如表3—1所示:

---

① 李贵连:《近代中国法制与法学》,北京大学出版社2002年版,第7页。
② 同上书,第8页。
③ [日]依田熹家:《日中两国近代化比较研究》,卞立强等译,上海远东出版社2004年版,第309页。
④ 同上书,第277页。

表 3—1　　　　　　　　中国近代立法实践情况①

时间	部门法名称	状态	修定情况/过程
1908 年 8 月	《钦定宪法大纲》	颁行	1905 年开始，经过国外考察、讨论等至 1908 年颁行
1910 年	《大清刑事诉讼律草案》《大清民事诉讼律草案》	草案拟定，颁行	1906 年拟定《大清刑事民事诉讼法》，后反复讨论至 1910 年
1910 年	《大理院审判编制法》《法院编制法》	未颁行	在修订诉讼法时相继出台的草案
1911 年 1 月	《大清新刑律》	颁行	1910 年改《大清现行刑律》，经过"礼法之争"最终制定颁行，但后附 5 条"暂行章程"
1911 年 8 月	《大清民律草案》	未颁行	1907 年始编纂，聘请日本专家并在国内进行民事习惯调查
1904 年 1 月、1911 年 9 月	《改定大清商律草案》	未颁行	1904 年颁行《钦定大清商律》，后经修改未行以单行商法为主

从表 3—1 可以看出，实施新政后的立法实践有如下几个特点。

第一，时间极短。新政立法实践只经历了从 1908 年至 1911 年短短三年的时间，即使以"新政上谕"发布为期至 1911 年《改定大清商律草案》的出台也只不过十年时间。这当然与 1911 年的辛亥革命不无关系，但更多的是由于这次新政变法的发起者们只注重在形式上进行近代化，只求法律之形，而轻视法律的实施。但这三年不但使中国法律从孤立的发展到与世界接触，而且为其近代转型奠定了基础。

第二，从法律的实行状态来看，六个部门法中有四部法律是只

---

① 正如前文所述，清末的法治改革并未构建出真正的法律制度，立法也只能作为实践层面来认识，因此与日本不同，笔者将清末的立法放在实践部分。

公布了草案而未颁布实施，只有《钦定宪法大纲》和《大清新刑律》得以颁布实行。原因在于：一是新政时期社会环境动荡不安，最终爆发了辛亥革命使清政府灭亡，大部分法律均来不及颁布实施；二是由于清政府新政立法目的狭隘，为的是维护其封建统治，最终使这次立法成为封建传统与近代西方先进立法技术的奇怪混合，①且所立之法与当时中国的社会情境也不相符，即使能够颁行也会出现法令不行的局面。

第三，从修定情况来看，均经过了长期的甚至可以说是曲折的过程。此次立法的主导思想即"博辑古今，汇通中外"，如沈家本所说的"折衷各国大同之良规，兼采近世最新之学说，而仍不戾乎我国历世相沿之礼教民情"②。以刑法为例，1905年和1907年分别对《大清律例》进行修改，至1910年公布了《大清现行刑律》以为过渡。1911年1月25日公布了《大清新刑律》，是为中国第一部近代意义上的专门刑法典。这次刑律的修定，由于充满了西方法律思想和制度理念与中国传统法律文化的冲突而历经曲折。这集中体现在修律过程中出现的"礼法之争"中。以沈家本等为代表的法理派与以张之洞为代表的礼教派展开了激烈的争论。争论的焦点集中在如何解决法律与道德的关系问题上，亦即对于"纲常名教"在刑法上的约束力问题。礼教派认为关乎纲常伦理之规条不可废，仍应由刑律调整规范以维护传统的伦常教义。而法理派则认为这些内容

---

① 曾宪义主编：《中国法制史》，中国人民大学出版社2000年版，第242页。
② 《大清光绪新法令》，载沈家本《进呈刑律分则草案折》，转引自李贵连《近代中国法制与法学》，北京大学出版社2002年版，第318页。

刑律中不应体现或不用立专条规定之，由道德规范自律即可。由此而引发的争论，是在中国封建社会末期法律实践中必然经历的过程。这是中国传统法律文化与西方法律制度之间的较量，虽然法理派在制定法律过程中并未绝对地放弃礼教，而是汇通中西，然而由于统治阶级的百般反对，法理派最终做出了让步，在《大清新刑律后》附了《暂行章程五条》，对于违反纲常伦理的行为做了特别规定。可以说这部近代意义的专门刑法典，经过了五年多的修改、起草和讨论，最终仍然以法理派妥协的方式而结束。这一方面说明中国近代法治改革所遇到的阻力之大，另一方面也说明中国法治近代化过程已然摆脱"中体西用"而转向"西学中用"。

第四，从借鉴国家来看，中国法治近代化所参照的是大陆法系国家，主要是德国和日本，并以日本为主。总的来说，晚清早期法律主要受英美法系影响，尤其以国际公法为主，但新政立法的实践却以大陆法系国家为模型，且以日本为主。

此外，司法制度方面也推行了司法行政改革，改刑部为法部，专职全国司法行政事务，不承担任何审判职能，地方设提法使司职地方司法行政工作，将行政与司法审判分离。进而在审判机构上，改大理寺为大理院，为全国最高审判机关，地方设高等、地方、初级审判厅，建立起一套审判机构体系；同时设立警察机构和改良监狱制度，改革诉讼制度，引进了西方一些近现代诉讼制度，包括四级三审制、律师、辩护制度等。

综上所述，清末法制现代化的种种改革，往往流于形式，并未在真正的实践意义上加以运用。这些改革最终也未能在中国建立起完全意义上的近代法治体系。当然，这里也有辛亥革命爆发的客观原因。但是，完全作为受体的中国法律制度并没有在传统和西方近代法律文化之间找到一个结合点，而仅仅停留在了法律技术层面。清政府的封建、腐败和顽固，使得这次法律近代化变革几乎失败。但我们仍应看到，这次法治变革使得中国人的法律意识开始觉醒，更重要的是打破了几千年来"华夷"观念的束缚，使中国法律开始与世界衔接，也为中国法律的现代转型奠定了必要的基础。

二 中国法治的现代发展及其特征

从大历史观来看，自1840年鸦片战争以来的170多年特别是1901年以来都是中国法制现代化或者中国法治发展史。如果以1949年为中间点，可区分如下两个大历史时期和七个小阶段：（1）旧中国法治发展时期，从1901年到1949年，先后经历了清末法制改革、辛亥革命的法制实践、北洋军阀时期的法律发展、中华民国南京国民政府的法制活动等发展阶段。（2）新中国法治发展时期。1949年10月至今，经历了新中国新型法制的确立、社会主义法制现代化进程的阻却和停滞，以及改革开放以来的法治发展阶段。

（一）民国时期的法制进步

承继清末修律的成就，中国法制的现代化随着社会变革的深入展开，在外在形态上不断健全，在内在价值上不断告别君主专制的传统，取向民主共和的现代法治要求。

1911年孙中山领导的辛亥革命结束了在中国存续两千多年的封建专制统治，开启了以现代政制架构为基础的民国时代。在中华民国先后存在的三种政权中，以孙中山为首的革命党人领导的中华民国南京临时政府尽管存在仅一年有余，却在很短的时间内进行了一系列立法活动，包括制定作为宪法的《中华民国临时约法》，初步奠定了中华民国时期的法制基础。1912年袁世凯夺权建立了中华民国北京政府（又称北洋政府），尽管这是一种借民国之名行军阀独裁的政权，但这一时期也进行了大量的立法活动，使得法制较南京临时政府时期更为系统和完备，从而为中国法制的现代化积累了有利的条件。从1927年到1949年，是由蒋介石领导的国民党掌权的中华民国南京国民政府时期。这一时期颁布了大量的法律、法令和解释例，并以大陆法系国家为样板形成了由宪法、刑法、民法、商法、刑事诉讼法和民事诉讼法构成的"六法体系"，从而在立法层面基本完成了现代法律制度的构建过程。值得注意的是，立法技术的提高和立法的完备并非法制现代化的全部，与此相伴随的还有现代法治精神和法律价值的树立。在这方面，南京国民政府可以说抛却了孙中山极力倡导的"拥护亿兆国民之自由权"的进步观点而代之以国家与社会本位的法律原则，强调国家至上，并且对传统的宗族主义有所保留。[1]

---

[1] 公丕祥：《二十世纪中国的三次法律革命》，《中外法学》1999年第3期。

（二）新中国成立后的法制建设状况

新中国法制建设的发展，可以从1978年年底党的十一届三中全会为分界点，经历了前后两个历史发展时期。其中前28年又可以分为三个小阶段。

1. 1949—1956年，是新中国成立伊始的法制初创阶段

中国共产党领导的新民主主义革命和社会主义革命，在现代化的主题下展示了法制演变新的图景。其主要目标包括：首先，它是在新民主主义法制发展基础上，适应中国社会经济、政治秩序历史变革的客观要求，坚定地走向社会主义法制，创设和发展中国社会主义国家制度所要求的社会主义法律秩序。其次，它坚决地打碎旧法制赖以存在的旧的国家政权系统，并且废除旧法统的法律效力，同时根据新的社会条件的需要和可能，有条件地吸收先前法律系统中的某些因素。再次，它适应全新的社会经济和政治条件的需要，建构了社会主义类型的法律运行机制，奠定了社会主义计划经济体制下政治、经济和社会生活的法律基础。最后，它反映了新中国成立初期社会变革的要求，建立了新的法律制度赖以存在和发展的法律与社会秩序。

其实，早在1949年中华人民共和国成立之前，共产党领导的革命根据地政权就进行了创建新型法制的各种活动，为新中国成立后的法制建设积累了一些经验和教训。1949年1月1日，面临败局的蒋介石发表《新年文告》，提出与共产党谈判求和的"五项条件"："神圣的宪法不由我而违反"；"民主宪政不因此而破坏"；"中华民

国的国体能够确保";"中华民国的法统不致中断";"军队有确实的保障"。① 1月4日,毛泽东针锋相对地发表了《评战犯求和》一文,对蒋提出的"五项条件"逐条批驳。1月14日,他又发表《关于时局的声明》,正式提出和平谈判的"八项条件",其中第二条是"废除伪宪法",第三条是"废除伪法统"。② 中共中央书记处在1949年1月21日发布《关于接管平津国民党司法机关的建议》,明确宣布:"国民党政府一切法律无效,禁止在任何刑事民事案件中,援引任何国民党法律。法院一切审判,均依据军管会公布之法令及人民政府之政策处理。"③ 一个多月后,中共中央于2月22日发出《关于废除国民党"六法全书"和确定解放区司法原则的指示》。该文件宣称《六法全书》(包含宪法、刑法、民法、商法、刑事诉讼法、民事诉讼法)是"反动法律",是"保护地主和买办官僚资产阶级""镇压和束缚群众的武器"。要求各解放区"人民的司法工作不能再以国民党的《六法全书》作为依据",在"新民主主义政权下"不能"采用国民党反动的旧法律"。不过,在八年抗战期间,党领导下各解放区的政权机关在司法实践中确已实施过《六法全书》,并以之为刑事、民事的办案依据。对此,该文件特别指出,要"彻底粉碎那些学过旧法律而食古不化的人的错误和有害的思想","消除旧司法人

---

① 张树德:《红墙大事:共和国历史事件的来龙去脉》上册,中央文献出版社2005年版,第33页。

② 毛泽东:《中共中央毛泽东主席关于时局的声明》,载《毛泽东选集》第4卷,人民出版社1991年版,第1389页。

③ 《关于接管平津国民党司法机关的建议》,载中央档案馆编《中共中央文件选集(1948—1949)》第十四册,中共中央党校出版社1987年版,第528页。

员炫耀《六法全书》、自高自大的恶劣现象"。①

1949年后,人民政府采取了"废除国民党六法全书""废除伪法统"的基本政策,并在苏联法制和法学的影响下开始了建立新法制的进程。以"五四宪法"、《惩治反革命条例》等法律文件为标志,体现了百废待兴和巩固无产阶级专政的时代需要。虽然确立了社会主义制度的"四梁八柱",有了基本的立法,如1950年《婚姻法》、1951年《惩治反革命条例》、1954年宪法等,但是总体特点是专政的法律多,民商经济法很少;移植借鉴苏联的立法多,对中国传统法律文化和西方法律文化采取了一刀切的否定态度;而对国民党以及西方国家法律采取全盘否定的态度,给新中国后来的司法改革和法制建设带来的消极影响也是显而易见的。

为培养新中国发展所需要的新型法律人才和培训在职司法干部,新中国新设了政法大学、政法干校等法学教育机构。1950年,建立了第一个正规的、新型的高等法学教育机构——中国人民大学法律系,借鉴苏联模式开展法学教育,其主要职能为培养高校法律系所需的师资和法学研究专家。1952年,国家对新中国成立以前的高等院校进行了调整和改革,改私立学校为公办学校,合并和停办了部分院系,并对法学院系进行调整。通过调整,中国法学教育机构包括北京

---

① 纪坡民:《〈六法全书〉历史沿革》,载《产权与法》,生活·读书·新知三联书店2001年版,第303—304页。需要指出的是,废除包括国民党《六法全书》在内的一切反动法律、典章制度、政治机构、政治权力,是中国共产党的既定方针和一贯主张而不是时任中央法律委员会主任王明"偷梁换柱"的结果。张希坡:《废除伪"伪法统"就是废除以国民党〈六法全书〉为代表的一切反动法律——兼评对"中共中央废除国民党〈六法全书〉指示"的某些不实之词》,《法学杂志》2005年第1期,第123页。

政法学院、华东政法学院、西南政法学院、中南政法学院和中国人民大学、东北人民大学、武汉大学、西北大学的法律系，形成"四院四系"的格局。1954年北京大学和复旦大学也恢复了法律系。

2. 1957—1966年，是法制建设相对停滞阶段

尽管在1961年中央先后出台了工业70条、农业60条、商业40条、手工业35条等政策法规，但是"左"倾错误也在不断滋长。这一时期法学教育陷入停滞，招生停止，教师和学生数量减少。1958年，高等政法院系再次大规模调整，政法院系近于取消。

3. 1966—1976年，十年"文化大革命"是民主法制的彻底破坏阶段

法治发展进程遭遇严重挫折，且酿成巨大历史悲剧。这是"无法无天"的十年，给国家、社会和公民造成了极大伤害。公检法机关被统统砸烂，以阶级斗争为纲，"造反有理、革命无罪"和"文攻武卫"等极"左"思想甚嚣尘上，实际上既无民主又无法制，带来了人间浩劫。著名的张志新案，就是遵照为祸惨烈的《公安六条》所造成的冤案。1966年到1976年，"文化大革命"期间实际上撤销整个司法机关体系，中国的法学教育也名存实亡。1970年，高等学校开始招生并恢复上课。1971年只有北京大学法律系和吉林大学法律系保留建制。1971年到1976年，全国总共才招收法学学生329人，占全国在校生总数不到0.1%。[①]

总之，这是一个有辉煌也有挫折和失败的过程，并在民主与法

[①] 朱立恒：《法治进程中的高等法学教育改革》，法律出版社2009年版，第19页。

制、政策与法律、传统与现代、外来与本土等矛盾方面积累了经验，也留下了惨痛的教训。

第三节 当代中国社会主义法治的发展

进入改革开放时期以后，细致地观察执政党思想意识形态和战略决策的变化，中国法制建设和法治发展可以分为以下三个阶段。

一 社会主义法治的恢复建设期（1978—1996年）

以制定1982年《宪法》和《民法通则》《刑法》《刑事诉讼法》为标志，开启了中国社会主义法制建设的新航程，实现了从专制向法制的第一次飞跃。通过制定一系列重要法律，推进多轮民主与法制变革，重建社会管理秩序，保障基本人权和民主，确定建立社会主义市场经济法律体系的战略取向，初步实现了社会治理的法律化、制度化。

1976年10月，"文化大革命"宣告结束。中国共产党的领导层开始拨乱反正，认真总结"文化大革命"历史教训、平反冤假错案，竭力将国家生活拉上正轨。

1978年12月，中国共产党的十一届三中全会，标志着中国走上了以实现现代化为目标、以经济建设为中心、民主法制恢复建设的改革开放新时期。邓小平明确提出："为了保障人民民主，必须加强法制。必须使民主制度化、法律化，使这种制度和法律具有稳定性、连续性和极大的权威，不因领导人的改变而改变，不因领导人的看法和注意力的改变而改变。"① 全会公报指出："为了保障人民民主，必须加强社会主义法制，使民主制度化、法律化，使这种制度和法律具有稳定性、连续性和极大的权威，做到有法可依，有法必依，执法必严，违法必究。从现在起，应当把立法工作摆到全国人民代表大会及其常务委员会的重要日程上来。检察机关和司法机关要保持应有的独立性；要忠实于法律和制度，忠实于人民利益，忠实于事实真相；要保证人民在自己的法律面前人人平等，不允许任何人有超于法律之上的特权。"

1978 年，全国人大决定恢复 1975 年被错误撤销的人民检察院体系；1979 年，再次通过决议恢复主管司法行政事务的司法部和律师制度（1986 年举行了第一次全国律师资格考试），同年中共中央宣布取消由党委审批案件的制度，反"右"之后被搞乱了的执政党与司法机关的关系被重新理顺。1979 年 2 月 17 日，中共中央宣布撤销《关于无产阶级文化大革命中加强公安工作的若干规定》（简称"公安六条"），"文化大革命"当中据此制造的大量"以言治罪"、滥用群众专政的冤假错案逐步得以平反昭雪。

1980 年，由最高人民法院组成特别法庭公审了林彪、江青两个反革命集团，虽然使用的"反革命罪"罪名还带有传统激进色彩，但是依法公审全过程却是对"文化大革命"砸烂公检法的正式纠

---

① 邓小平：《解放思想，实事求是，团结一致向前看》，载《邓小平文选》第 2 卷，人民出版社 1994 年版，第 146 页。

正，也是对民主法制的有力捍卫。1980年11月22日《人民日报》发表的《社会主义民主和法制的里程碑》评论员文章，对这次历史性审判总结出五条现代法律原则：司法独立、司法民主、实事求是、人道主义和法律平等。该文最后说："对林彪、江青反革命集团的审判，是我国民主和法制发展道路上的一个引人注目的里程碑。它充分体现了以法治国的精神，坚决维护了法律的权威，认真贯彻了社会主义民主和法制的各项原则，在国内外引起了强烈反响，具有除旧布新的重大意义。"尽管如此，由于之前长期存在的人治观念和法律虚无主义、法律工具主义的影响，把法律当作一种维护政权统治和社会秩序的手段的思想仍然占据优势，这个时期还不能说执政者已经树立了现代法治理念，充其量还只是对以往人治秩序的反思，同时兼顾了对国内外舆论的路线宣示作用。

作为最高国家权力机关，第五届全国人民代表大会承担起加快立法的历史重任。在刚刚恢复工作不久的老一辈无产阶级革命家、法制委员会主任彭真同志的领导下，大家以只争朝夕、时不我待的劲头，在1979年上半年，仅用了三个月的时间，就制定和颁布了刑法、刑事诉讼法、全国人大和地方各级人大选举法、地方各级人大和地方各级政府组织法、人民法院组织法、人民检察院组织法、中外合资经营企业法七部法律。[①] 新时期大规模立法的序幕由此拉开，

[①] 1979年6月26日，彭真在五届人大第二次会议上做关于七个法律草案的说明时，特别强调了法律贯彻执行中的三个重要问题："一是把法律交给九亿人民掌握，使他们运用这个武器监督国家机关和任何个人依法办事；二是建立一支强大的专业的执法队伍；三是坚持法律面前人人平等。"参见《彭真传》第4卷，中央文献出版社2012年版，第1365—1366页。

各种社会关系开始纳入法律的调整范围。

值得一提的是,从人权荡然无存、公民权利被践踏的"文化大革命"阴影中走出来,人民群众对基本人权和秩序安定的强烈要求成为这一波法制改革的巨大动力,我们国家的各级党政领导干部顺应了人民的这一需求,恢复重建人民法院和人民检察院,建立和完善刑法、刑事诉讼法,拨乱反正,甄别纠正了大量冤假错案,为改革开放的顺利开展奠定了政治和法律基础。[①] 虽然用今天的眼光审视,1979年的刑法和刑事诉讼法很不完善,部分规定还很不成熟,但在当时能制定出这样水平的法律,是很不简单的。

1982年12月4日,五届全国人大五次会议通过了现行宪法,它是新中国第四部《宪法》,继承了"五四宪法"的优良传统,都属于好宪法的范畴。该宪法序言的最后一段强调要维护宪法与法律的尊严与权威:"本宪法以法律的形式确认了中国各族人民奋斗的成果,规定了国家的根本制度和根本任务,是国家的根本法,具有最高的法律效力。全国各族人民、一切国家机关和武装力量,各政党和各社会团体、各企业事业组织,都必须以宪法为根本的活动准则,并且负有维护宪法尊严,保证宪法实施的职责。"此外,这部宪法还恢复了被1975年《宪法》和1978年《宪法》取消的司法独立和法律平等原则。

1986年《民法通则》颁布,奠定了国家立法的崭新基础。《民

[①] 在十年动乱中,公、检、法机关统统被砸烂,不能有效地行使审判权和监督权。粉碎"四人帮"后,人民法院和人民检察院在复查、纠正"文化大革命"期间判处的约120万件刑事案件的特殊历史背景下逐渐得以恢复、重建。

法通则》在彼时的诞生与实施，对中国社会和改革开放的意义是多方面的。首先，它填补了中国民事基本法的空白，为市场经济运转提供了基本法律原则和制度，其中规定要保护公民合法财产，为普通民众的权利保护、投资兴业夯实了根基。其次，促进了立法战略重点的转移，即从以维护无产阶级专政的公法为中心转向以促进商品经济和市场发展的民商法、经济法为中心。再次，它在根本上促进中国法制的民主化、现代化进程。在高度集中的经济体制下，国家担负了太多的社会任务，不得不动用庞大的行政体系贯彻统一的资源配置计划、管理具体的生产交换过程，而广大人民群众和数量庞大的经济组织则处于某种被支配状态，自上而下行使的行政手段成为经济管理的主线。但在商品经济、市场经济条件下，国家主要是从事宏观调控和间接管理，要把应由社会担负的任务交还社会，由民事主体依法自主完成，《民法通则》的诞生与实施，为我国治国方略的转变奠定了法律基础。

从20世纪80年代中期开始，中国的经济体制就朝着商品经济、市场经济的方向进行改革，其间由于思想认识和形势变化等原因，经历过一些波折。1992年邓小平南方讲话，提出了社会主义也可以有市场经济的问题。在随后召开的中国共产党第十四次代表大会上，党中央正式提出了"建立社会主义市场经济"的战略方针。

以社会主义市场经济概念的提出为契机，引发了中国政界和思想界在观念、理论和制度上的全面革新，那些体现计划经济和僵化的社会主义思想教条的法律观念、法律政策得到全面清理。这之后全国人大进行了宪法修改，对经济问题的表述做了方向性改变，即：强调资源配置的市场经济导向，突出国有经济的实现形式多样化问题，承认私有经济、非国有制经济是社会主义经济的重要组成部分，等等。在修宪的同时，也加快了市场经济立法，特别是一系列民商法律的制定和修改。在短短几年之内就制定或修改了公司法、合同法、担保法、票据法、反不正当竞争法、专利法等一系列符合市场经济发展需要的法律。在司法领域，提出了司法改革的基本路线图：强调当事人举证责任—庭审方式改革—审判方式改革—诉讼制度改革—司法体制改革—相关领导制度和政治体制改革。尽管实践发展一波三折，但这样一份清晰明确的路线图还是给知识界人士和社会公众带来很大希望。

在法学教育方面，"文化大革命"结束后法学教育面临的最重大、最紧迫课题，就是尽快恢复法学专业招生，加快培养法律人才。1978年，中共中央提出"恢复法律系，培养司法人才"的要求。1978—1979年，西南、北京、华东、西北四所政法学院和中国人民大学法律系等陆续恢复招生。1979—1983年，教育部先后批准了厦门大学、南京大学、中山大学、武汉大学等八十多所综合性大学设置法律系或法律专业。1983年又批准以北京政法学院为基础建立中国政法大学，恢复中南政法学院。一些重点高校1978年开始招收硕士研究生，1982年开始招收博士研究生。到20世纪80年代末，全国直属教育部的重点综合性大学和一些省级综合性大学均设立了法学院（系）。

1992年，中国提出建立社会主义市场经济的目标，之后又明确提出依法治国、建设法治国家的治国方略，社会各行各业对法律人才的需求越来越大。各级人民法院、人民检察院、公安机关和司法行政部门需要大量高素质的法律人才，而各类企事业单位中也需要适应市场经济发展的各类法律人才，法学教育迎来了难得的发展机遇。1993年国家教委（教育部）颁布《关于加快改革和积极发展普通高等教育的意见》，推动中国的法学教育进入了快速发展的阶段。为了培养高层次的应用型、复合型法律人才，1995年开展法律专业硕士学位试点工作。截至1996年年底，已经形成了多类型、多层次的法学教育体系，包括：（1）普通高等法学教育，分别包括法学本科教育、法学硕士学位教育、法学博士学位教育；（2）成人高等法律职业教育，包括法律函授、夜大等，即专科层次教育；（3）中等法律职业教育，培养中级法律人才。

二 社会主义法治的快速发展期（1997—2011年）

以确立依法治国，建设社会主义法治国家为治国基本方略和加入世界贸易组织为标志，法治的地位和作用获得空前的重视，开启了全球化条件下深层次法治改革。法律价值成为国民精神和国家形象的重要元素，法律权威日益受到执政党和国家机关的维护和尊重，法治原则（如保障人权、限制公权、程序公正等）在法律体系建构和法律实施中得到体现，实现了从法制到法治的第二次飞跃。

其一，确立了"依法治国，建设社会主义法治国家"基本方略，全国人大多次修宪予以落实。1997年10月，党的十五大报告中正式提出"依法治国，建设社会主义法治国家"的治国基本方略和奋斗目标。① 次年3月，第九届全国人民代表大会第一次会议以宪法修正案的形式，将其规定在国家宪法中。同时在宪法序言中明确规定，"我国将长期处于社会主义初级阶段"；"坚持公有制为主体、多种所有制经济共同发展的基本经济制度，坚持按劳分配为主体、多种分配方式并存的分配制度"；"农村集体经济组织实行家庭承包经营为基础、统分结合的双层经营体制"；"在法律规定范围内的个体经济、私营经济等非公有制经济是社会主义市场经济的重要组成部分"。2004年，第十届全国人大对《宪法》又修改了十多处，主要有：国家尊重和保障人权；② 公民的合法的私有财产不受侵犯；国家鼓励、支持和引导非公有制经济的发展；国家为了公共利益的需要，可以依照法律规定对土地实行征收或者征用，并给予补偿；国家建立健全同经济发展水平相适应的社会保障制度；增加："'三个代表'重要思想指引下""推动物质文明、政治文明和精神文明协调发展"；特别行政区可推选人大代表；等等。与此同时，历届人大还通过制定《国民经济和社会发展五年规划》，详细

---

① 中国政府于2008年发表了《中国的法治建设》白皮书。全面介绍了新中国成立以来，特别是改革开放30年多来国家法治建设取得的成就。全文近2.9万字，分前言、建设社会主义法治国家的历史进程、中国特色的立法体制和法律体系、尊重和保障人权的法律制度、规范市场经济秩序的法律制度、依法行政与建设法治政府、司法制度与公正司法、普法和法学教育、法治建设的国际交流与合作、结束语和附录等部分。

② 中国政府于1991年发表了《中国的人权状况》白皮书，2008年之后又连续发布年度《国家人权行动计划》，向国际社会阐述了中国在人权问题上的基本立场和实践，通告未来一年在人权行动方面的详细计划，以推进国家各项人权事业的发展。

规定民主法制建设要点，引领和推进法治建设目标的实现。①

其二，不断完善中国特色社会主义法律体系。2011 年 3 月 10 日，吴邦国在第十一届全国人民代表大会第四次会议的报告中，正式宣布到 2010 年年底，一个立足中国国情和实际、适应改革开放和社会主义现代化建设需要、集中体现中国共产党和中国人民意志，以宪法为统帅，以宪法相关法、民法商法等多个法律部门的法律为主干，由法律、行政法规、地方性法规等多个层次法律规范构成的中国特色社会主义法律体系已经形成。截至 2011 年 8 月底，中国已制定现行宪法和有效法律共 240 部（2014 年 4 月为 254 部）、行政法规 706 部、地方性法规 8600 多部，涵盖社会关系各个方面的法律部门已经齐全，各个法律部门中基本的、主要的法律已经制定，相应的行政法规和地方性法规比较完备，法律体系内部总体做到科学且和谐统一。国家经济建设、政治建设、文化建设、社会建设以及生态文明建设的各个方面实现有法可依。②

---

① 以 2006 年 3 月 16 日通过的《国民经济和社会发展第十一个五年规划纲要》的"民主法制建设要点"为例，其主要内容有：(1) 扩大民主，健全法制。(2) 坚持和完善人民代表大会制度、中国共产党领导的多党合作和政治协商制度、民族区域自治制度。(3) 积极稳妥地继续推进政治体制改革。(4) 健全民主制度，丰富民主形式，扩大公民有序的政治参与，保证公民依法实行民主选举、民主决策、民主管理、民主监督。(5) 加强基层民主建设，保证公民依法行使选举权、知情权、参与权、监督权。(6) 尊重和保障人权，促进人权事业全面发展。(7) 贯彻依法治国基本方略，推进科学民主立法，形成中国特色社会主义法律体系。(8) 推进司法体制和工作机制改革，规范司法行为，加强司法监督，促进司法公正，维护社会正义和司法权威。(9) 实施"五五"普法规划和法制宣传教育，提高全民法律素质。(10) 加强廉政建设，健全教育、制度、监督并重的惩治和预防腐败体系。

② 中华人民共和国国务院新闻办公室：《中国特色社会主义法律体系》白皮书，2011 年 10 月发布。

其三，以加入 WTO 为契机，适应中国经济、政治和公共事务上全面融入国际社会的客观需要，加快相关立法和法律清理，按照国际通行规则全面推进中国的法制改革。根据中国政府代表入世时所签署《中国加入工作组报告书》第 22 条之规定："（我国）将保证所有法律、法规和行政要求自中国加入之日起全面遵守和执行在本国产品和进口产品之间的非歧视原则，除非议定书（草案）或报告书中另有规定。中国代表声明，不迟于加入时，中国将废止和停止其实施效果与 WTO 国民待遇规则不一致的所有现行法律、法规及其他措施。这一承诺是针对最终或暂行法律、行政措施、规章和通知或任何其他形式的规定或指南作出的。"[①] 法律创制和清理的具体工作包括：（1）1999 年制定的新合同法结束了"三足鼎立"的局面，2001 年修订的著作权法、商标法和专利权法全面构建了我国知识产权法律体系，2007 年颁布的中国物权法及此前颁布的担保法，等等。（2）在电信管理、外资证券公司、外资保险公司、国际海运管理、农业补贴等领域，制定一些世贸规则所允许和要求的、符合市场经济运作的新的法律法规。例如，服务贸易方面的立法、保障措施法、电信法以及保护集成电路布图设计的法律需要提上全国人大的立法日程。（3）修改现行法律法规中不符合世贸规则的一些内容，或者补充某些规定的不充分的内容。对于明显违反世贸规则的，一律修改。（4）加速国际立法特别是国际经贸方面的立法。（5）废除那些不符合世贸规则的规定。内部文件要废除，不能作为

[①] 中国加入工作组：《中国加入工作组报告书》，2016 年 2 月 25 日（www.people.com.cn/digest/rswj/bgs.pdf）。

法律依据，一些时过境迁不再使用的法规也要明令废止。总之，中国的立法部门始终强调转变观念，更多地学习、借鉴、吸收甚至移植国外立法和国际立法的经验，注意同国际立法接轨和向国际惯例靠拢，显著提高了立法体制的民主化、立法行为的程序化、立法技术的规范化，为构建中国特色社会主义法律体系奠定了基础。

其四，整体推进司法改革，实施统一司法考试和庭审制度、羁押制度以及证据认定等项改革。党的十五大明确提出"推进司法改革，从制度上保证司法机关依法独立公正地行使审判权和检察权"的要求。1999年10月，最高人民法院制定下发了《人民法院五年改革纲要》，纲要涉及审判方式、审判组织、诉讼程序、证据制度、法官管理等各个方面。纲要的制定和实施，为推进深层次的人民法院司法改革积累了经验，奠定了基础，为促进观念更新、确立一系列现代司法理念，推进人民法院的全面改革提供了必要的思想准备和理论准备。2001年，最高人民法院进一步明确提出"公正与效率"是21世纪法院工作的主题，是审判工作的灵魂与生命。2002年，整合了法官、检察官和律师的准入门槛，开始举行全国统一司法考试。2003年5月，中央政法委牵头成立司法改革领导小组。参加的单位有全国人大法工委、最高人民法院、最高人民检察院、国务院法制办、财政部等二十多个中央部门和国家机关。在这个时期，人民法院、人民检察院系统先后推出三个司法改革纲要，为司法改革的深化提供了政策指引。据统计，1978年全国法院受理各类案件52万余件，2010年已超过1000万件。收案范围也由原来的民事、刑事案件，扩展为刑事、民事、经济、行政、海事五大类，还有涉外和涉港澳台的案件。司法在维护公民和法人合法权益方面的作用日益彰显。1995年《法官法》和《检察官法》的颁布，对从业人员入门门槛的提高，使接受过正规法学院教育的毕业生逐渐成为各级司法机关从业人员的主体，司法从业人员完成了替换，法律职业共同体也渐露端倪。

其五，全面落实依法行政，打造责任政府。2004年3月22日，中国国务院审议通过了《全面推进依法行政实施纲要》，明确提出建设法治政府的奋斗目标。这是中国行政法制建设的一个重要成就，是依法行政原则在自身不断完善和发展过程中的一个新的里程碑。2007年中国共产党第十七次代表大会又提出加快行政管理体制改革，建设服务型政府的目标，要求健全政府职责体系，完善公共服务体系，推行电子政务，强化社会和公共服务。加快推进政绩分开、政务分开，与市场中介组织分开。2010年10月，国务院发布《关于加强法治政府建设的意见》，为在新形势下深入贯彻落实依法治国基本方略，全面推进依法行政，进一步加强法治政府建设，提出九条具体意见：（1）加强法治政府建设的重要性、紧迫性和总体要求；（2）提高行政机关工作人员特别是领导干部依法行政的意识和能力；（3）加强和改进制度建设；（4）坚持依法科学民主决策；（5）严格规范公正文明执法；（6）全面推进政务公开；（7）强化行政监督和问责；（8）依法化解社会矛盾纠纷；（9）加强组织领导和督促检查。在上述文件的指引带动下，从上到下各个行政机关都开始积极落实依法行政，打造责任政府，推行法治政府建设。

其六，不断推进法学教育改革，形成与社会需求全面接轨的法学教育格局。20世纪90年代末，随着高等教育大发展和时代进步的需要，法学教育围绕人才培养目标、培养模式、培养机制和实践教学进行了多项改革，以培养社会需要的法律人才。1998年，教育部颁布《普通高等学校本科专业目录》，将原来的经济法、国际法、国际经济法等专业取消，只设置法学专业，改变了原有专业划分过细的问题，强调培养宽口径、厚基础的法律人才，法学专业的人才培养目标更加适应社会经济文化发展的需要。2002年，中国开始实行统一的司法考试制度，促进法学教育与法律职业有效衔接，这对法学教育目标调整和课程设置有一定的引导作用。目前，高校已经将培养法律职业人才作为一项重要工作。1995年，法律专业硕士学位教育的试点工作展开，重点培养能适应法律、管理等各项工作的高层次复合型、应用型、外向型的通用人才。这意味着法学教育开始强调法律职业人才培养。从2006年开始，法律硕士限招非法学专业本科生，旨在使学生在非法学专业和法学专业之间产生复合的知识和能力。2009年开始，法律硕士又对法学本科生开放，并加大法律硕士在法学研究生中的比例，旨在培养法律职业人才，尤其是具有扎实的法学基础和实践能力的法律人才。全国法学院系和法科学生在校生数量三十年间均有几十倍、上百倍的增长，年均增长率和同时期国民生产总值的增长率大体相当。

其七，法学研究蓬勃发展，出现了百花齐放、百家争鸣的良好局面。就宏观发展而言，中国法学研究的学术旨趣日益体现出学者的主体性和自主性，更加注重科研创新；不仅深入研究法治建设的普遍规律与原则，也自觉回应国计民生和现实问题，总结与提炼法律发展的中国经验；研究方法突破传统法学的拘囿，吸收借鉴其他学科，尤其是现代社会科学的理论与方法，体现为日益多样化、国际化；全球化时代，中国法学研究还出现了与世界法学发展整体背景相互衔接、遥相呼应的态势。

其八，权利观念兴起。伴随着市场经济的发展，个体的价值日益受到重视。此外，改革开放之初，为了改变中国民众法律意识淡漠、守法意识不强的局面，形成现代国家必不可少的法律秩序，国家开展了以五年为周期的"普法"活动。这场波及亿万民众的普法活动不仅使民众的法律知识有了显著增长，同时也启迪了民众的权利意识。随着知情权、参与权、表达权等概念的逐渐深入人心，自下而上的维权事件层出不穷。权利观念的兴起，极大地改变了中国的法律制度，并将深层次影响中国法律制度的重构。[①]

2011年3月16日通过的《国民经济和社会发展第十二个五年规划纲要》第十三篇，规定了"发展民主 推进社会主义政治文明建设"要点。其总方针是"坚持党的领导、人民当家做主、依法治国有机统一，发展社会主义民主政治，建设社会主义法治国家"。在发展社会主义民主政治方面，要求：坚持和完善人民代表大会制度、中国共产党领导的多党合作和政治协商制度、民族区域自治制度以及基层群众自治制度，不断推进社会主义政治制度自我完善和发展。健全民主制度，丰富民主形式，拓宽民主渠道，依法实行民主选举、民主决策、民主管理、民主监督，保障人民的知情权、参

[①] 侯欣一：《中国法治的缤纷与争议》（http://www.cssn.cn/xk/xk_wtbl/201411/t20141128_1421201.shtml）。

与权、表达权、监督权。支持人民代表大会依法履行职权。巩固和壮大最广泛的爱国统一战线。支持人民政协围绕团结和民主两大主题履行职能。支持工会、共青团、妇联等人民团体依照法律和各自章程开展工作，参与社会管理和公共服务。贯彻落实党和国家的民族政策，保障少数民族合法权益，开展民族团结宣传教育和创建活动，巩固和发展平等团结互助和谐的社会主义民族关系。全面贯彻党的宗教工作基本方针，发挥宗教界人士和信教群众在促进经济社会发展中的积极作用。鼓励新的社会阶层人士投身中国特色社会主义建设。做好侨务工作，支持海外侨胞、归侨侨眷关心和参与祖国现代化建设与和平统一大业。在全面推进法制建设方面，要求：全面落实依法治国基本方略，坚持科学立法、民主立法，完善中国特色社会主义法律体系。重点加强加快转变经济发展方式、改善民生和发展社会事业以及政府自身建设等方面的立法。加强宪法和法律实施，维护社会主义法制的统一、尊严、权威。完善行政执法与刑事司法衔接机制，推进依法行政、公正廉洁执法。深化司法体制改革，优化司法职权配置，规范司法行为，建设公正高效权威的社会主义司法制度。实施"六五"普法规划，深入开展法制宣传教育，树立社会主义法治理念，弘扬法治精神，形成人人学法守法的良好社会氛围。加强法律援助，加强人权保障，促进人权事业全面发展。在加强反腐倡廉建设方面，要求：坚持以人为本、执政为民，以保持和人民群众血肉联系为重点，扎实推进政风建设。坚持标本兼治、综合治理、惩防并举、注重预防的方针，以完善惩治和预防腐败体系为重点，加强反腐倡廉建设。严格执行廉政建设责任制。

加强领导干部廉洁自律和严格管理,认真落实领导干部收入、房产、投资、配偶子女从业等情况定期报告制度。深入推进改革和制度创新,逐步建成内容科学、程序严密、配套完备、有效管用的反腐倡廉制度体系。建立健全决策权、执行权、监督权既相互制约又相互协调的权力结构和运行机制,积极推进政务公开和经济责任审计,加强对权力运行的制约和监督。加大查办违纪违法案件工作力度。开展社会领域防治腐败工作。加强反腐败国际交流合作。①

人权的全面发展是中国政府和中国人民不懈追求和努力的目标。社会主义中国不但不避讳人权问题的解决,而且随着经济建设的不断前进,不断改善人民生存权和发展权,全方位提高和完善人民群众的基本人权。继1991年11月中国政府发表了《中国的人权状况》白皮书,2008年中国政府发布了第一个《国家人权行动计划》之后,2009年国务院新闻办公室又发布了《国家人权行动计划(2009—2010年)》,向国际社会阐述了中国在人权问题上的基本立场和实践,全面通告了未来一年在人权行动方面的详细计划,借此切实而有效地推进我国各种人权事业的发展。该行动计划共分五章,第一章"经济、社会和文化权利保障"包括:工作权利、基本生活水平权利、社会保障权利、健康权利、受教育权利、文化权利、环境权利、农民权益的保障、四川汶川特大地震灾后重建中的人权保障。第二章"公民权利与政治权利保障"包括:人身权利、被羁押者的权利、获得公正审判的权利、宗教信仰自由、知情权、

---

① 《国民经济和社会发展第十二个五年规划纲要》(http://www.gov.cn/2011lh/content_ 1825838_ 15. htm)。

参与权、表达权、监督权。第三章"少数民族、妇女、儿童、老年人和残疾人的权利保障"包括：少数民族权利、妇女权利、儿童权利、老年人权利、残疾人权利。第四章"人权教育"。第五章"国际人权义务的履行及国际人权领域交流与合作"包括：国际人权义务的履行、国际人权领域交流与合作两方面。

国务院新闻办公室2008年2月28日发表《中国的法治建设》白皮书。这部中国政府首次发表的法治建设白皮书全面介绍了新中国成立近60年来，特别是改革开放30年来，在建设中国特色社会主义的伟大实践中，中国的法治建设取得的巨大成就。白皮书全文近2.9万字，分前言、建设社会主义法治国家的历史进程、中国特色的立法体制和法律体系、尊重和保障人权的法律制度、规范市场经济秩序的法律制度、依法行政与建设法治政府、司法制度与公正司法、普法和法学教育、法治建设的国际交流与合作、结束语和附录等部分。白皮书说，中国确立了依法治国基本方略，中国共产党依法执政能力显著增强。经过多年不懈的努力，以宪法为核心的中国特色社会主义法律体系基本形成。目前，全国人民代表大会及其常务委员会已经制定了229件现行有效的法律，涵盖了全部七个法律部门。各法律部门中，对形成中国特色社会主义法律体系起支架作用的基本的法律，以及改革、发展、稳定急需的法律，大多已经制定出来。与法律相配套，国务院制定了近600件现行有效的行政法规，地方人民代表大会及其常务委员会制定了7000多件现行有效的地方性法规，民族自治地方的人民代表大会制定了600多件现行有效的自治条例和单行条例。国务院有关部门以及省、自治区、直辖市和较大的市的人民政府还制定了大量规章。改革开放以来，在从计划经济体制向市场经济体制转变过程中，中国不断加强经济立法和相关立法，符合社会主义市场经济要求的法律制度已基本形成。白皮书指出，依法行政，建设法治政府，是全面落实依法治国基本方略的重要内容。目前，中国各级人民政府的行政权力已逐步纳入法治化轨道，规范政府权力取得和运行的法律制度基本形成，依法行政取得了重要进展。中国建立健全了审判制度，完善了民事、行政和刑事三大审判体系，形成了符合建设社会主义法治国家要求的现代司法制度，努力维护司法公正和社会正义。中国积极推动在全体公民中树立法治观念。多年来，国家坚持不懈地开展法制宣传教育，弘扬法治精神，加强公民意识教育，努力使全社会形成学法、守法、用法的良好风尚。中国坚持从国情出发开展法治实践，同时也注意借鉴和吸收国外法制建设的有益经验和人类共同创造的法治文明成果，丰富和完善中国特色社会主义法治文明。

三 全面依法治国的新时期（2012年至今）

2012年至今，党的十八大做出全面推进依法治国的战略部署，十八届三中全会进一步把"完善和发展中国特色社会主义制度，推进国家治理体系和治理能力现代化"作为全面深化改革的总目标，十八届四中全会则由线到面、由面到体，凝聚全党全国人民智慧，确立了"建设中国特色社会主义法治体系，建设社会主义法治国家"的战略目标，科学系统地提出全面推进依法治国的基本原则、工作布局和重点任务,这是当代中国社会主义法治建设史上的第三次重大突破,揭开了中国法治建设的新篇章。

中共十八大在之前历次大会上所提出依法治国方略的基础上,做出"全面推进依法治国"的战略部署,开创了法治建设的新局面。十八大报告第三部分"全面建成小康社会和全面深化改革开放的目标"指出:"人民民主不断扩大。民主制度更加完善,民主形式更加丰富,人民积极性、主动性、创造性进一步发挥。依法治国基本方略全面落实,法治政府基本建成,司法公信力不断提高,人权得到切实尊重和保障。"要"加快推进社会主义民主政治制度化、规范化、程序化,从各层次各领域扩大公民有序政治参与,实现国家各项工作法治化"。第五部分"坚持走中国特色社会主义政治发展道路和推进政治体制改革"指出:全面推进依法治国。法治是治国理政的基本方式。要推进科学立法、严格执法、公正司法、全民守法,坚持法律面前人人平等,保证有法必依、执法必严、违法必究。完善中国特色社会主义法律体系,加强重点领域立法,拓展人民有序参与立法途径。推进依法行政,做到严格规范公正文明执法。进一步深化司法体制改革,确保审判机关、检察机关依法独立公正行使审判权、检察权。深入开展法制宣传教育,弘扬社会主义法治精神,树立社会主义法治理念,增强全社会学法、遵法、守法、用法意识。提高领导干部运用法治思维和法治方式深化改革、推动发展、化解矛盾、维护稳定能力。党领导人民制定宪法和法律,党必须在宪法和法律范围内活动。任何组织或者个人都不得有超越宪法和法律的特权,绝不允许以言代法、以权压法、徇私枉法。党的十八大之后，习近平总书记就法治建设发表了一系列重要讲话，对弘扬宪法法律权威、树立法治信仰、加强法律实施、发挥人民在法治建设中的主体作用、领导干部带头守法等提出了明确要求，发表和阐述了一系列新的科学观点命题、命题和论断。

十八届三中全会通过的《中共中央关于全面深化改革若干重大问题的决定》确立了完善和发展中国特色社会主义制度，推进国家治理体系和治理能力现代化的总目标。要求"紧紧围绕坚持党的领导、人民当家做主、依法治国有机统一深化政治体制改革，加快推进社会主义民主政治制度化、规范化、程序化，建设社会主义法治国家，发展更加广泛、更加充分、更加健全的人民民主"。强调"必须坚持依法治国、依法执政、依法行政共同推进，坚持法治国家、法治政府、法治社会一体建设。深化司法体制改革，加快建设公正高效权威的社会主义司法制度，维护人民权益，让人民群众在每一个司法案件中都感受到公平正义"。进而，分别从维护宪法法律权威、深化行政执法体制改革、确保依法独立公正行使审判权、检察权、健全司法权力运行机制、完善人权司法保障制度、加强反腐败体制机制创新和制度保障、推动人民代表大会制度与时俱进等方面对如何推进法治建设提出了一系列方针策略。《决定》把建设"法治中国"作为中国法治建设的最高目标，这一崭新提法，既尊重法治发展的普遍规律，又联系现实国情民意，是法治一般原理与中国法治实践紧密结合后在法治道路、法治理论、法治制度上进行创造性转换的产物，对打造中国法治模式、探明法治路径、振奋中国精神、增强民族凝聚力、开创中国法治建设的新局面意义深远。

不仅如此,《决定》还自始至终体现着尊重和保障人权、公平正义、民主共和、维护社会主义法制统一尊严和权威的法治理念和法治精神,都需要用宪法和法律凝聚改革共识、引导和规范改革、确认和巩固改革成果。事实上,全面深化改革的过程就是同步实施法制改革和全面推进法治建设的过程,一方面,是法制"自身改革",即法制适应法治现代化和社会现代化的发展趋势与客观规律对自身的体制、机制、方法等进行的改革创新;另一方面,是法制"配套改革",即指为了保证、引导和规范经济社会生态等领域的改革,而进行的与改革相适应、相协调的法制改革,以及法律的立改废等。[①]

十八届四中全会通过《关于全面推进依法治国若干重大问题的决定》,这是建党 90 多年,也是新中国成立 65 年来中央全会第一次以"全面推进依法治国"为主题的决定。它是党在全面总结我国社会主义法治建设成功经验和深刻教训的基础上,凝聚全党智慧做出的战略决策,有突出的历史性和里程碑意义。该《决定》确立的全面依法治国战略目标、规划的 180 多项重要法治举措,提出的一系列创新思路和观点,既是对以往法治文明经验的高度总结与凝炼,又是以问题为导向,扎实推进依法治国的现实行动指南。

这是一百多年来仁人志士不懈努力、追求民主法治理想,实现中国腾飞梦想的伟大成就;必将对未来十年乃至更长一段时间形成系统完备、科学规范、运转协调的社会主义法治运行体系,实现国家和社会治理的现代化、法治化,建成因应中华民族伟大复兴和全

[①] 张文显:《全面推进法治改革,加快法制中国建设》,《法制与社会发展》2014 年第 1 期。

球善治潮流的法治中国起到战略引领作用。

四 新时期法治发展的必然性分析

客观分析，中国改革开放以来法治发展持续推进的内外原因在于以下四方面。

其一，国际国内历史经验和"文化大革命"教训的反思和总结是思想背景。"文化大革命"中遍及全国的严重破坏民主与法制、废弃宪法、践踏公民权利的历史再也不能重演。历史经验也表明，相较于人治、礼治，法治是治国理政的最佳方略，在法治的基础上确立宪政、实现民主政治是中国未来发展的必由之路。

其二，社会发展的需要和经济体制改革的推动是决定力量。经济体制改革向前发展的每一步，都需要并实际促进了法律制度的创新与保障。例如：1984年提出"计划为主，调节为辅"，1987年提出"有计划的社会主义商品经济"，1992年提出"社会主义市场经济"，2000年提出"知识经济"与"经济全球化"，2003年提出"市场经济建设要为和谐社会服务"，2013年提出"推进国家治理体系和治理能力现代化"。这些经济领域的重大变革都无一例外地带来法律观念、法律制度、法律规范和法治方式的因应创新。

其三，经济与公共事务全球化是外部挑战。在"地球村"时代，不管是发达国家还是发展中国家、大陆法系还是英美法系、资本主义法治还是社会主义法治，都面临国内外法的规则趋同和应对解决各类全球性问题的法律挑战。在民商法、反垄断法、知识产权法、国际贸易法等一系列法律的制定过程中，广泛吸收了外国及港台地区立法经验，这对形成吸收世界法制文明成果的中国特色法律体系，发展一种"异而趋同，同而存异"的法治文明格局，最终实现公平正义、可持续发展的法律全球化前景有极大助益。

其四，人民日益增长的政治民主要求和法治权利意识是内在动力。邓小平多次强调，改革要坚持"一手抓建设，一手抓法制"，"两手抓，两手都要硬"的方针。所谓"两手抓"，其实就是社会主义初级阶段要着力解决的经济和政治两方面矛盾。经济矛盾是落后的生产力与人民日益增长的物质文化需要之间的矛盾，解决这一矛盾的基本方针是全面深化经济改革，优化市场经济条件下的资源配置，促进民生问题的解决和社会和谐发展；政治矛盾是指匮乏的民主法制供给与人民日益增长的公平正义及自由民主需求之间的矛盾，解决这一矛盾的基本方针是全面推进依法治国，深化领导和政治体制改革，扩大人权和政治民主。其本质就是构建和谐民主的社会政治秩序，使人民安居乐业，实现更加充分的意志自由、行动自由、良法善治和公平正义。

第四章

中国特色社会主义法治道路与法治体系

全会决定有一条贯穿全篇的红线,这就是坚持和拓展中国特色社会主义法治道路。

——习近平

全面推进依法治国,总目标是建设中国特色社会主义法治体系,建设社会主义法治国家。……形成完备的法律规范体系、高效的法治实施体系、严密的法治监督体系、有力的法治保障体系,形成完善的党内法规体系。

——十八届四中全会《关于全面推进依法治国若干重大问题的决定》

道路决定命运,不同的路径选择会产生截然不同的结果,没有正确的道路,美好的梦想无法实现。习近平总书记强调,"全面推进依法治国,必须走对路。如果路走错了,南辕北辙了,那再提什么要求和举措都没有意义了"①。十八届四中全会《关于全面推进依法治国若干重大问题的决定》（以下简称《决定》）明确宣示必须坚定不移走中国特色社会主义法治道路。我们在全面推进依法治国实践中，必须始终牢牢把握这条红线，不断增强坚持走中国特色社会主义法治道路的自信、自觉，不为噪声、杂音所扰，不为错误思潮所惑，牢牢把握正确的政治方向。中国的法治实践证明，中国特色社会主义法治道路是中国特色社会主义道路的重要组成部分，是实现国家长治久安的必由之路，是创造人民美好生活的必由之路。

全面推进依法治国这件大事能不能办好，最关键在于方向是否正确，政治保证是否坚强有力，具体讲就是要坚持党的领导，坚持中国特色社会主义制度，贯彻中国特色社会主义法治理论。这三个方面实质上是中国特色社会主义法治道路的核心要义，它规定和确保了中国特色社会主义法治体系的制度属性和前进方向。② 其中，党的领导是中国特色社会主义最本质的特征，是社会主义法治最根本的保证。中国特色社会主义制度是中国特色社会主义法治体系的根本制度基础，是全面推进依法治国的根本制度保障。中国特色社会主义法治理论是中国特色社会主义法治体系的理论指导和学理支撑，是全面推进依法治国的行动指南。

---

① 习近平：《加快建设社会主义法治国家》，《求是》2015 年第 1 期。
② 习近平：《关于〈中共中央关于全面推进依法治国若干重大问题的决定的说明〉》，载《〈中共中央关于全面推进依法治国若干重大问题的决定〉辅导读本》，人民出版社 2014 年版，第 50 页。

◇ 第一节　法治靠得住

一　人治好还是法治好？

一个国家、一个社会靠什么办法来治理，古往今来众说纷纭，实践当中也是各种情况都有。但其中最主要的争论，是人治好还是法治好这样一个千古讼案。

古希腊哲学家柏拉图在其著作《理想国》中提出了贤人治国的"哲学王"思想，实质上是指德性治国、圣贤专政。他说，人治是第一等好的，法治是第二等好的；理想的国家是靠哲学家的知识和智慧来管理，而非靠法律来管理。柏拉图明确宣告，要想让国家富强、人民幸福，要么哲学家成为国王，要么国王精通哲学，成为哲学家。

无独有偶，中国儒家学派的创始人孔子也认为依靠品德高尚的圣贤通过道德感化来治理国家是最好的。他认为国之治乱，不在法而在统治者的贤能与否。法固然不可缺，但执政者"其身正，不令则行；其身不正，虽令不从"。主张"为政在人"，君主以身作则，施德行仁，并尚贤使能，任用得力官吏推行礼治，以达"文武之治，布衣方策，其人存，则其政举，其人亡，则其政息"的境界，从而把人治与礼治、德政结合起来。

虽然柏拉图和孔夫子都说人治好，但是我们仔细回顾一下奉行人治和家天下的中国历史，情况却并不让人乐观，反而让人感到十分悲观。所谓"五百年方有圣人出""黄河清则圣人出"，在封建社会的国家治理当中，那种圣贤或者"哲学王"实在是"神龙见首不见尾""烟涛微茫信难求"。好容易出了一个英明无比的唐太宗李世民，他还是一个逼父退位、弑兄，有着种种道德劣迹的皇帝，人治说起来还真是让人不敢相信。

进一步讨论，中国几千年封建社会当中，人治多于法治。皇权至上、专制集权大行其道；有罪推定、刑讯逼供十分猖獗；各种残酷异常的生命刑和肉体刑令人发指。所谓"普天之下，莫非王土"，"率土之滨，莫非王臣"，"君叫臣死，臣不得不死"，给人们留下了几千年惨痛的记忆。

为什么直到今天我们还把到法院进行诉讼活动叫"打"官司，而不是"审"官司、"办"官司呢？这里面一定有它历史上的深层原因。《笑林广记》（第1卷"听讼异同"）中有这样一种经典说法。"官吏老爷听讼，无是非，无曲直，曰：'打而已矣'。无天理，无人情，曰'痛打而已矣'。所以老百姓不说'审官司'，而说'打官司'，官司而名之曰打，真不成为官司也。"这种靠"打"来处理官司的办法，就是我们今天所说的"刑讯逼供"。它是指司法者对案件当事人运用体罚手段以获取口供的审判方式。作为中国封建司法制度当中最残酷的一个侧面，刑讯逼供是封建官吏办案定罪的手段，在审判实践中存在了两千年之久。

尽管中华人民共和国成立不久就制定了若干法律，也提出要依法办事的原则，但是这种法治的萌芽却在十年"文化大革命"中遭到了严重破坏。当时的国家主席刘少奇手拿宪法也改变不了被迫害致死的命运。"文化大革命"时期是典型的法律虚无主义。当时几乎没有任何法律规范,也没有人愿意按照法律规定办事。个人专制、独断、一言堂,国家治理有非常强的随意性和个人意志性,大搞"造反有理、革命无罪","砸烂公检法、文攻武卫",大搞运动治国,国家统治缺乏制度与法律规范的保障,整个国家陷入国民经济崩溃和法律失序的状态。

1976年10月,党中央粉碎"四人帮"反革命集团之后,人民群众对"文化大革命"中遍及全国的严重破坏民主与法制、废弃宪法、践踏公民权利的种种现象深感痛心,急切盼望恢复和健全民主与法制秩序。邓小平同志深刻反思了"文化大革命"对法治的破坏以及造成的恶果,意味深长地说:还是要靠法制,搞法制靠得住些。[1] 可谓字字千钧、意义重大。

特别值得一提的是,法治与人治这两种治国方略的界限不在于承认不承认法律运行中人的因素,而是在于从主体上,法治是众人之治(民主政治),人治是一人(或几人)之治(君主专制或贵族政治);法治依据的是反映人民大众意志的法律,人治则依据领导人个人的意志。法治与人治的分界线是:当法律与当权者的个人意志发生冲突时,是法律高于个人意志,还是个人意志凌驾于法律之上,或者说,是"人依法"还是"法依人"。

---

[1] 《邓小平文选》第2卷,人民出版社1993年版,第379页。

二 从法制到法治

所谓"法制"是一个国家或地区法律制度的总称,它关注法的规范性和有效性,要求严格依法办事,以实现立法者期望的法律秩序。在阶级社会,法制可以作为统治工具或手段被专制君主和独裁者实施,法制与人治并不截然对立。封建社会有法制,资本主义社会有法制,社会主义社会也有法制,这种形式性的制度体系本身不决定其性质的好坏。

所谓"法治",即依法治理,是一种与人治相对立的治国方略或良好的法律秩序。形式意义上的法治包括"依法办事"的制度安排及其运行体制机制;实质意义的法治则强调法律至上、制约权力、保障权利、程序公正、良法之治的法律精神和价值原则。

原来有不少人误认为,制度一制定,法律一颁布,大家就会执行。但实际上,"纸上谈兵"谈好了不容易,要在实践中贯彻更难。因此,要让法律的实施贯穿于国家各个领域,我们不仅要有健全的法律体系,更要在经济社会生活的各个方面都运用实施法律,同时借助于严格执法、公正司法和全民守法确保法律的贯彻落实,其中心环节就是依法办事。

由此可见,依法治国、建设社会主义法治国家,从原来制度的"制",改成治理的"治",这一字之差,意义重大。首先,就是从静态的、纸面上的法制,发展到动态的、行动中的法治;其次,就是从人治走向法治,走向了规则之治、民主之治、程序之治;最后，就是要让宪法法律成为整个国家和社会治理的权威，法律价值成为国民精神和国家形象的重要元素，法律权威受到执政党和国家机关的维护和尊重，人民权利得到充分的保障。

综合地看，中国走向法治道路，有其历史的必然性和必要性。

（一）国际国内历史经验和"人治"暴政的深刻教训

前面已经说到，古今中外的历史经验和教训反复证明，作为治国理政的基本方式，法治优于人治。人治，具有明显的主观性和不确定性，这种治理方式的好坏取决于其决策者的贤明程度，正所谓人无完人，人具有天生的自私自利的本性，如果让某一个人掌握了绝对的权力，其后果必然是以天下为其一人一姓之私产，而未能考虑人民的利益。这种治理方式当然不符合我们当今的民主法治的要求，是一种不正义的制度。

而法治，却有着天然的客观性。法治有两方面的必然要求，首先，必须有良法；其次，良法必须得到良好的遵守。法治的第一个方面在于法律的性质的善恶，这里的法必须是良法，即符合社会上绝大多数人利益的法律内容。法治的第二个方面重点在于法的运行，尤其关注的是法律的遵守问题。这里既要求执法者遵守法律去办事，也要求公民不违反法律的禁止性规定。法治社会里法律具有最高的效力，不允许任何人凌驾于宪法和法律之上。

古今中外历史上的暴君以及纳粹希特勒的残暴统治就是典型的人治社会，在那里几乎没有人权可言。而当今的欧洲和美国则是典型的法治社会，每个人都要在法律的范围内去行事，而我们当今中国，正处于向法治发展的道路上大踏步迈进的阶段，我们应该有自信去建立一个民主法治繁荣昌盛的国家。

(二) 市场经济的稳定发展需要法治的保驾护航

我们说货币是天然的平等派，市场是平等主体实现交易和配置资源的竞技场。纵观人类社会的历史发展，商品经济、市场经济是法律存在与发展的土壤；商品经济、市场经济需要法律的促进和保障；商品经济、市场经济越发展，法律体系就越完善，其作用就越来越广泛。人类历史上经济关系的每一次大的变革，无不有相应的法律变革相伴随；三十多年来中国经济体制改革向前发展的每一步，都有赖于法律制度的创新与保障；也只有完善健全的法律制度，才能对经济创新与社会发展起到更好的保障和促进作用。

市场经济本质上是法治经济，或者说是法治的市场经济。市场经济是通过社会分工和自由、等价交换实现资源的有效配置。没有法治保障，市场经济难以持续发展；没有市场经济作为基础，法治也会因为缺少内在的价值和灵魂难以确立权威。法治的市场经济要求规范市场运行的法律规则具有良好的包容性，要求这些规则能够得到公开、公正、平等的适用，保障产权和市场运行安全，降低市场交易费用。进行社会主义市场经济建设，必须规范政府行为，减少政府对经济活动的干预，实现市场主体自主决策、分散决策；必须保护财产权利与人身自由，保证市场主体平等地位，实现公平竞争；必须贯彻诚实信用原则，降低交易成本；必须严格执法、公正司法，有效解决争议，维护市场秩序。

法治不仅是市场经济的内生变量，而且对市场经济的外部条件包括政府权力、社会环境以及文化意识等产生良好作用。法治内在的规范性与权威性，可以有效规范与约束政府行为，防止权力被滥用，使全社会养成遵纪守法的良好社会风气，维护市场秩序与社会秩序。法治保护权利与自由的基本价值，与市场经济自由交换的内在要求高度契合，两者相互促进。法治不但可以弥补市场失灵的缺陷，也可以为市场经济的发展起到规范、保障、引领、推动等作用。更为重要的是，由于体系化、制度化的法治具有自我推动、自我修复、自我实施等特点，不同于单纯依靠外力推动的政治权威，可以持续地为市场经济服务。

（三）对外开放、接轨国际通行规则的必然结果

经济全球化、金融全球化、法律全球化和公共事务全球化的极大压力构成了中国法制改革的外部动力。这是一种不改不行的推动，如果说前二十年我们的口号是"改革开放"，那么进入21世纪以后，就是"开放改革"。我们越是开放，外部世界就越对我们施加改革的极大压力，这同时也成为我们深化改革的动力。在"地球村"时代，不管是发达国家还是发展中国家，不管是大陆法系国家还是英美法系国家，不管是资本主义法治还是社会主义法治，都面临国际法与国内法的规则趋同和统一化的前景，都面临应对全球性法律重构的问题。

作为对上述外来挑战的法律回应，法治改革目标就是要造就一个整体上借鉴和吸收世界法制文明成果的有中国特色的新法律制

度。三十多年来,在民法、知识产权法、公司法、合同法、担保法、证券法、国际贸易法等一系列重要法律的制定过程中,广泛吸收了包括西方发达国家、近邻日本以及中国台湾地区、香港地区的相关立法,也取得了很好的法律效果。面向未来,我们必须认真把握国家与社会、国家与法律以及国家与个人之间的动态关系,恰当地维护社会法制稳定与推行法律改革之间的微妙平衡,遵守国际性"游戏规则"并努力参与规则的制定,恪守国际承诺,以促进全社会的经济进步和法律发展。在法制改革中,开放性地法律移植也还有很大空间,例如:人权保护方面,可以从西方的人权法案中,从世界人权宣言、公民权利和政治权利国际公约和文化权利公约提取各种现成的制度做参考;司法体制和诉讼机制的改革,也可以借鉴和吸收英美和大陆两大法系丰富的经验和运作机制。只要我们充分认识到经济全球化和法律全球化的本质,并且积极主动地去迎接它,驾驭它,必然有助于消除相互隔绝、制度迥异的国家间壁垒,有助于发展一种"异而趋同,同而存异"的法治文明格局。而作为对上述外来挑战的法律回应,未来中国法治建设的一个必然结果,就是形成一个整体上借鉴和吸收世界法制文明成果的新"中华法系",实现国家治理体系和能力的现代化飞跃。

(四)落后和相对匮乏的民主法制保障与人民日益增长的权利意识、法治要求之间存在着巨大的矛盾

在改革开放之初,中央认定落后的生产力与人民日益增长的物

质文化需要之间的矛盾是社会主义初级阶段的主要矛盾，进而以经济建设为中心任务，坚持一百年不动摇。但是，中国的发展不能只强调物质文明的建设，还应包括精神政治文明的建设。邓小平多次强调，要坚持"一手抓建设，一手抓法制"，"两手抓，两手都要硬"的方针。如果有所偏颇，在经济迅猛增长的同时，忽视政治文明和民主法制建设，就会极大地压抑人民群众当家做主的主动性和创造力，反过来禁锢了经济发展的未来空间。

所谓"两手抓"，其实就意味着社会主义初级阶段要着力解决的经济和政治两方面矛盾。经济矛盾就是落后的生产力与人民日益增长的物质文化需要之间的矛盾，解决经济矛盾的基本方针是进一步深化经济体制改革，优化市场经济条件下的资源配置，促进民生问题的解决和社会和谐发展；政治矛盾是指落后和相对匮乏的民主法制保障与人民日益增长的权利意识、法治要求之间的矛盾。解决政治矛盾的基本方针是进一步深化领导制度和政治体制改革，加强民主法制建设，完善公民权利和政治权利保障机制，扩大人权和政治进步。

法治改革说到底就是为了实现更加良好的社会秩序，使人民群众安居乐业，实现更加充分的自由，拓展人民群众的意志自由、行动自由的空间和无限的可能，实现全社会的正义与公平，人民群众在利益均衡、权力对等、同舟共济的体系体制中得以健康生存，实现资源价值的极大化，生产力的最大化，让人民群众在充满活力和生机的社会主义中尽享生活的乐趣。

在走向权利的时代，人民群众反对人治呼唤法治的强烈愿望，要求摆脱市场经济无序状况的强烈愿望，对执法不公、司法不公和司法腐败等弊端的强烈不满，要求权力公开透明运作和法制创新的强烈愿望构成了中国法治改革的内部动力。

尽管由于历史和现实的多种原因，中国普通公民，特别是广大农民及社会弱势群体在维护合法权益方面一般都具有非主动的特点，但经过三十多年改革开放的法治洗礼，有越来越多的人主动拿起法律武器维护自己的合法权益，其情景，就像电影《秋菊打官司》的主人公秋菊那样，为获得一个让自己满意的解纷方案（"说法"），一次次把官司打到上级部门。中国法治的大门一旦打开，就不会关闭，随着国家法制建设的日益深入，在党依法执政、政府严格执法、司法机关公正司法、人民群众全面守法之下，法治化的美好图景也就日益展现出来。

◇ 第二节　坚持中国特色社会主义法治道路

中国特色社会主义法治道路，是社会主义建设成就和经验的集中体现，是建设社会主义法治国家的唯一正确道路。《决定》指出，坚持走中国特色社会主义法治道路，就是要坚持人民主体地位，坚持法律面前人人平等，坚持依法治国和以德治国相结合，坚持从中国实际出发，通过科学立法、严格执法、公正司法、全民守法，建设中国特色社会主义法治体系，建设社会主义法治国家。

一 党的领导是社会主义法治最根本的保证

历史和现实一再证明:"中国共产党的坚强领导是中国实现社会主义现代化的根本保证,是维护中国国家统一、社会和谐稳定的根本保证,是把亿万人民团结起来、共同建设美好未来的根本保证。这是中国各族人民在长期革命、建设、改革实践中形成的政治共识。"[①] 党领导人民制定宪法和法律,是党的领导在社会主义法治建设方面的具体体现,也是党坚持依法执政的重要内容。党的十八届四中全会决定指出,"党的领导是中国特色社会主义最本质的特征,是社会主义法治最根本的保证"。把党的领导贯彻到依法治国全过程和各方面,是中国社会主义法治建设的一条基本经验。中国宪法确立了中国共产党的领导地位。坚持党的领导,是社会主义法治的根本要求,是党和国家的根本所在、命脉所在,是全国各族人民的利益所系、幸福所系,是全面推进依法治国的题中应有之意。

(一) 处理好执政党与社会主义法治的关系是法治建设的核心问题

中国共产党在国家政治生活中居于总揽全局、协调各方的领导核心地位,拥有无可比拟的政治优势、组织优势、思想理论优势和

[①] 国务院新闻办公室:《中国的政党制度》,《人民日报》2007年11月16日第15版。

密切联系群众优势，这就决定了只有在党的领导下厉行法治，建设社会主义法治国家才有主心骨，人民当家做主才能充分实现，国家和社会生活法治化才能有序推进。习近平总书记指出："依法治国是我们党提出来的，把依法治国上升为党领导人民治理国家的基本方略也是我们党提出来的，而且党一直带领人民在实践中推进依法治国。"①

党的领导和社会主义法治是一致的，社会主义法治必须坚持党的领导，党的领导必须依靠社会主义法治。只有在党的领导下依法治国、厉行法治，人民当家做主才能充分实现，国家和社会生活法治化才能有序推进。关于党的领导和依法治国的关系，实践中还有两个命题必须处理好。其一是"党大还是法大"的命题。这是个伪命题。把属于政治组织范畴的政党和属于制度范畴的法律两个差异性概念放在一起比较，不但不符合逻辑，而且还设置了一种两难选择的陷阱，无论如何选择都会落入圈套：似乎党的领导和依法治国是相互矛盾的，党的权威和法律权威是无法统一的。把党的领导和依法治国视为不可兼容的两个选项，设问党大还是法大，就如同设问火车头大还是铁轨大一样，是极其荒谬的。火车运行离不开铁轨，党的领导要依靠法治；但如果没有火车前行，铁轨则没有存在的价值，法治必须坚持党的领导。因此，党的领导和社会主义法治是一致的，社会主义法治必须坚持党的领导，党的领导必须依靠社会主义法治。目前，中国已进入全面建成小康社会的决定性阶段，

---

① 《加快建设社会主义法治国家　坚定不移走中国特色社会主义法治道路》，《求是》2015 年第 1 期。

需要秉持法律这个准绳、用好法治这种方式。其二是"权大还是法大"的命题,这是个真命题。这个命题真就真在现实生活中确有一些领导干部违法行使权力,甚至以言代法、以权压法、徇私枉法、滥权任性,在人民群众中造成权比法大的恶劣影响。必须强调,党的领导是党作为一个执政整体而言的,具体到每个党政组织、每个领导干部,必须服从和遵守宪法、法律,做到在法治之下,而不是在法治之外,更不凌驾于法治之上想问题、做决策、办事情。把权力关进制度的笼子里,就是要依法设定权力、规范权力、制约权力、监督权力。"奉法者强则国强,奉法者弱则国弱",要实现"两个一百年"奋斗目标、实现中华民族伟大复兴的中国梦,必须有一个坚强的"奉法者"。对此,中国共产党责无旁贷。

(二) 党的领导是中国法治建设的根本要求

确保中国共产党对全面推进依法治国的领导,既取决于党的本质属性和根本目标,又是全面推进依法治国的客观必要。

应然角度看,中国共产党是中国工人阶级的先锋队,也是中华民族整体利益的代表者。人民性、先进性是党的根本属性,党始终坚持全心全意为人民服务,始终把人民利益放在首位,始终保证人民行使当家做主的权利,始终以实现、维护、发展好最广大人民的最根本利益为第一要务。党的性质和宗旨决定了其与社会主义法治在本质上的高度一致性。而社会主义法治在本质上是人民性、社会性和科学性的统一,是人民的共同意志和根本利益的反映。从人民权利出发,由人民当家做主,通过依法制约国家权力最终实现人民的权益。

实然角度看,党利用自身特有的政治、组织、思想和理论以及社会优势,不断凝聚人心、汇聚力量,发挥核心领导、战斗堡垒、先锋模范作用。党坚持依法执政、民主执政和科学执政,坚持依法治国理政、依规管党治党,依法推进国家治理能力和治理体系现代化,有利于实现党的根本宗旨和领导核心作用。

全面推进依法治国,从一定意义上讲实质就是中国政治体制的深化改革和自我完善。这场具有政治体制改革性质的"法律革命",在指导思想、基本原则、领导方式、改革举措等许多方面,是不同于以往中国发生的经济体制改革、社会体制改革、教育体制改革、卫生体制改革的。它需要政治、经济、文化、社会等多方面资源协调配合,需要教育、行政、经济、道德、纪律、宗教、习俗等多种手段协同辅助,[①] 是一个系统工程,既面临着伟大的机遇,也面临着严峻的挑战和繁重的任务。所谓"全面"是指法治建设的系统性、全局性和整体性,势必对国家和个人生活的各个领域及其主要方面、主要环节都带来重大的变革和完善,无论是政治、经济、文化、社会还是生态文明,无论是国家事务、社会事务还是经济文化事业,无论是党的机关还是国家权力机关、行政机关和司法机关以及社会组织的活动及其相互关系,都将会在法治改革中进行不断调整、不断优化。因此,全面改革应当着力防止出现一盘散沙、混乱无序的状态。必须强化改革的组织性,找准主心骨。而在所有的社

---

① 李林:《习近平全面依法治国的新思想新战略》,第十一届首都法学家论坛(未刊稿)。

会力量中,只有共产党才是领导核心,才能够总揽全局、协调各方。所谓"推进"是从广度转向深度,强调要进行深刻的改革,要拿出革命的勇气搞法治改革。要全面推进法治建设,树立法律的权威,实现公平正义,必然涉及体制的重大调整甚至根本突破,打破现有利益格局,消除千百年来腐朽思想和陈规陋习的桎梏和阻碍,必然会引起不同利益的冲突甚至尖锐对立。如此系统深刻的改革、如此复杂艰巨的任务,决定了只有共产党才能凝聚人心、优化布局、成就改革、夺取全面推进依法治国和全面深化改革的伟大胜利。

综上所述,走中国特色社会主义法治道路,最根本的是坚持中国共产党的领导;推进法治领域各项建设和改革,必须有利于加强和改善党的领导,必须有利于巩固党的执政地位和完成党的执政使命。

(三)依宪依法执政是共产党领导法治的基本方式

坚持党的领导,体现在党领导立法、保证执法、支持司法、带头守法上。把依法治国基本方略同依法执政基本方式统一起来,把党总揽全局、协调各方同人大、政府、政协、审判机关、检察机关依法依章程履行职能、开展工作统一起来,把党领导人民制定宪法法律同党坚持在宪法法律范围内活动统一起来。善于使党的主张通过法定程序成为国家意志,善于使党组织推荐的人选通过法定程序成为国家政权机关的领导人员,善于通过国家政权机关实施党对国家和社会的领导,善于运用民主集中制原则维护中央权威、维护全党全国团结统一。只有把这些要求落实好，才能够很好地实现党的领导、人民当家做主、依法治国的有机统一。

依法执政，既要求党依据宪法法律治国理政，也要求党依据党内法规管党治党。必须坚持党领导立法、保证执法、支持司法、带头守法。"善为国者必先治其身。"无数历史经验证明，党的纪律与党的规矩，是依法治国的有力保障。邓小平同志曾指出："国要有国法，党要有党规党法。党章是最根本的党规党法。没有党规党法，国法就很难保障。"[①] 作为执政党，必须加强党内法规制度建设，完善党内法规制定体制机制，形成配套完备的党内法规制度体系，从政治生活的方方面面严格约束党员领导干部，倡导法治精神，推动法治精神内化于心、外化于行，构成促使党员干部自觉推动法治建设的硬约束。"正其身者方能正人。"党的十八届四中全会《决定》提出，党规党纪严于国家法律。这里的"严"，不是指党规党纪比国家法律处罚严，也不是指党规党纪比国家法律效力高，而是指它的标准和要求更严，是对党员领导干部提出了更高、更多甚至更为严苛的要求。中国共产党是执政党，国家权力大都掌握在党员干部手中，用党规党纪规范和约束党员干部手中的权力实际上是在用法律约束权力的同时又增加了一道约束，有助于更好地把权力关进制度的笼子。从这一意义上讲，党规党纪既是管党治党的重要依据，也是建设社会主义法治国家的有力保障。

---

① 《邓小平文选》第 2 卷，人民出版社 1994 年版，第 147 页。

二 中国特色社会主义制度是法治的根本制度保障

(一) 确立法治发展的正确道路

指明全面推进依法治国的正确方向，统一全党全国各族人民认识和行动的意义何在？习近平指出："一个政党执政，最怕的是在重大问题上态度不坚定，结果社会上对有关问题沸沸扬扬、莫衷一是，别有用心的人趁机煽风点火、蛊惑搅和，最终没有不出事的！所以，道路问题不能含糊，必须向全社会释放正确而又明确的信号。"[①] 中国法治建设的成就，大大小小可以列举出十几条、几十条，但归结起来就是开辟了中国特色社会主义法治道路这一条。

坚持和拓展中国特色社会主义法治道路是一个深入探索和不断实践的过程，但基本的东西必须长期坚持，不能动摇。动摇了，就会迷失方向、失去特色，路就会走错。党的十八届四中全会提出法治中国建设的五个前提：只有坚持中国共产党的领导，才能有力有序推进法治建设，这是根本保证；只有坚持人民主体地位，才能从根本上保障人民权益，这是本质要求；只有坚持法律面前人人平等，才能维护社会公平正义，这是基本原则；只有坚持依法治国和以德治国相结合，才能实现法律和道德相辅相成，法治和德治相得益彰，这是基本方式；只有坚持从中国实际出发，才能与国情相适应、与社会相对接，这是基本前提。这"五个坚持"，是我们在长

[①]《加快建设社会主义法治国家 坚定不移走中国特色社会主义法治道路》，《求是》2015年第1期。

期实践中总结出来的基本经验，决定着我们能不能搞好法治建设、迈向法治中国。

坚持走中国特色社会主义法治道路，是由中国社会主义制度所决定的。习近平指出："一个国家选择什么样的治理体系，是由这个国家的历史传承、文化传统、经济社会发展水平决定的，是由这个国家的人民决定的。我国今天的国家治理体系，是在我国历史传承、文化传统、经济社会发展的基础上长期发展、渐进改进、内生化演化的结果。"[1] 法律制度与政治制度紧密相连，有什么样的政治制度，就必须实行与之相适应的法律制度。坚定不移走中国特色社会主义法治道路，是坚持和发展中国特色社会主义的必然要求，是中国特色社会主义道路在法治建设领域的具体体现。中国特色社会主义法治道路，不是照搬和模仿西方的模式，而是吸收了中国传统文化的有益成分，借鉴了人类文明的优秀成果，以中国共产党人自我探索、自我创造为主，形成一条内生式演进发展的道路。这条道路体现了社会主义法治的"三个有机统一"，即它是党的领导、人民当家做主与依法治国的有机统一，是法治国家、法治政府和法治社会的有机统一，是植根于中国社会实际，自我发展、自我创新、自我完善的有机统一。

（二）把握中西方在政治制度和意识形态上的分野

中国实行工人阶级领导的、以工农联盟为基础的人民民主专政

---

[1] 习近平：《在省部级主要领导干部学习贯彻十八届三中全会精神 全面深化改革专题研讨班开班式上的讲话》，2014年2月17日。

的国体，实行人民代表大会制度的政体，实行中国共产党领导的多党合作和政治协商制度，实行民族区域自治制度，实行基层群众自治制度，把选举民主和协商民主相结合，具有鲜明的中国特色，这样一套制度安排完全符合民主与法治发展的一般规律和我国具体实际，具有明显的优越性：一是真正实现了人民当家做主，而不是少数利益集团凭借金钱力量背后操纵。与只强调程序合法性却掩盖阶级属性的西式民主相比，中国的人民民主政治制度透明得多、实在得多、理直气壮得多；二是议行合一、民主集中，最大优势是可以集中力量办大事，迅速、高效地完成社会动员，快速改变发展中国家经济社会的落后面貌。

人民当家做主是中国特色社会主义制度的本质属性，其制度支柱和政治表现就是人民代表大会制度。世界上不同国家的代议民主的内容和形式是不同的。从实质上讲，西方的代议民主反映了资产阶级的利益，是随着工业革命的推进，经济上的新贵族在向封建王权争夺政治权力的过程中产生的。当他们夺得了国家政权后，立即通过以宪法为核心的法治制度来确立和保障所获得的政治经济利益，通过形式平等、公共参与、吸纳民意的表面形式来强调其统治的合法性和正当性。但这些做法无论如何都改变不了维护资产阶级核心利益这一根本属性。社会主义代议民主制度在源头上与资产阶级不同，并不是由经济上的新贵族主导的。相反，是由人民大众在共产党领导下建立的。1949年以来，特别是1954年宪法的颁布，使之获得了形式合法性。人民代表大会制度作为中国共产党和中国人民的伟大创造，在当今世界政治体系中具有保证人民当家做主、协调国家机关高效运转、凝聚各族人民力量的政治优势。

中国宪法庄严宣告，中华人民共和国的一切权力属于人民，人民行使当家做主的权利。人民是历史的创造者和社会实践的主体，是推动社会历史进步的根本力量。中国宪法规定：国家行政机关、审判机关、检察机关都由人民代表大会产生，对它负责，受它监督。人大行使立法权、监督权、重大事项决定权以及其他重要权力，各级人民政府行使行政管理权和行政执法权，人民法院和人民检察院行使司法权。人大根据党的主张和人民的意愿，通过制定法律、做出决议，决定国家大政方针，并监督和支持"一府两院"依法行政、公正司法，保障各国家机关协调有效地开展工作，把人民赋予的权力真正用来为人民谋利益。这是一种不同于横向平行模式的纵向权力结构模式，有利于形成治国理政的强大合力，切实防止出现相互掣肘、内耗严重的现象。

民主政治是全人类的共同追求，也是中国政治体制建设和改革的方向。但是，由于现代政党政治发源于英美等西方国家，一些人习惯于以西方政治话语体系和政党政治模式来解析中国共产党领导的多党合作和政治协商制度，认为中国的政党制度与西方主流政党制度不兼容、不接轨，甚至断言中国的政党制度将会成为中国现代化的"阿喀琉斯之踵"，是影响中国未来发展的"短板"。此外，我们还应该清醒地认识到，民主政治不是在实验室封闭环境中完成的科学实验，而是涉及中华民族前途和亿万人民命运的社会实践，是一项复杂的系统工程，不存在简单复制的模板，不能照搬照抄西方两党或多党竞选制度。中国共产党领导的多党合作和政治协商制度不是一党制，而是立足于共同政治经济基础上的共产党领导、多党合作；也不是多党制，而是共产党执政、多党参政。它是在历史发展进程中形成的，与中国数千年所形成的选贤任能政治传统、治国安邦的历史使命、民为邦本的治国理念、兼收并蓄的包容文化等政治理念有着极大的历史传承关系，也扎根于当代中国的政治经济发展基础之上，要比多党竞争、议会政治更适合中国国情。这种政党制度既能够有效避免多党竞争、相互倾轧造成的政治动荡，也能够有效避免一党专制、缺乏监督导致的种种弊端，具有政治参与、利益表达、社会整合、民主监督、维护稳定等重要功能。新中国成立以来，中国共产党把中国引入欣欣向荣、充满生机的上升通道，人民生活不断改善，在发展中国家奔向现代化的长征中脱颖而出。这一事实充分证明了中国共产党的执政能力和中国政党制度的有效性。

我们并不是笼统地、一般地去反对多党制本身，而是尊重各国人民选择自己的道路。我们所反对的，只是那种不问青红皂白，不顾时空条件，把国外政党制度生搬硬套到当代中国的主张。我们应该充分发挥中国政党制度的比较优势：把国内各种力量有序"组织起来"，而不是无序"竞争起来"。在中国政治发展的进程中，我们有理由自信，有必要从容。正如习近平所指出的那样："我们走自己的路，具有无比广阔的舞台，具有无比深厚的历史底蕴，具有无比强大的前进定力。"[①] 中国人民一定能够在坚持和完善中国共产党领导的多党合作和政治协商制度的过程中，闯出一条具有中国特色

[①] 习近平：《在省部级主要领导干部学习贯彻十八届三中全会精神 全面深化改革专题研讨班开班式上的讲话》，2014年2月17日。

政治文明发展之路,为人类政治文明的发展做出独特贡献!

三 中国特色社会主义法治理论是法治的行动指南

(一)西法东渐与法律移植

现代之前,中国有一个独立发展的历史。但是现代以来,中国的历史已经萎缩、蜕化为西方征服世界史的一个附属或者分支。也就是说,现代的中国史其实是西方史的一部分,而我们也就失去了自己讲述自己的能力。表现在法律实践和法律教育、法学研究方面,自从清末修律以来中国法和法学始终处在一个不断学习、借鉴、吸收、消化外国法律和外国法治经验的进程之中。中国法的近现代化,与欧美法和日本法律密不可分。当前中国法律体系中的各项制度、原则和用语,许多都是从欧美以及日本移植或改变而来的,只是又充分考虑到中国的国情和文化传统而有所变化,原本来自外域的法律已然成为现代中国法不可分离的重要的主体部分。

多年以来,法史学者们对各部门法域的法律移植和继受问题做过大量的细致研究,取得了许多成果,但因篇幅所限,本书从略。以下仅从法治维度对法律移植的实践予以概述。

就法律观念而言,中国近现代法上的一系列观念,如公法与私法的观念,部门法划分的观念,法律面前人人平等的观念,审判独立或司法独立的观念,三权分立或孙中山先生提出的五权独立的观念,在中国传统社会中是找不到的,它们完全是移植西方社会法律观念的产物。20世纪70年代末以来,人权观念、言论自由,法律保护老人、儿童、妇女以及消费者等弱势群体合法权益，依法纳税、环境保护、企业产品质量责任和社会责任等观念日益深入人心。

就法律体系而言，无论是将中国整个法律分为宪法、行政法、民商法、刑法、刑事诉讼法、民事诉讼法、国际法等各个部门法的体系，还是在各个部门法的内部，再分成若干个部分，如将民法领域分成总则、债权、物权、亲属、继承等的做法，都是外来的。最近，中国主流的民法学者在编纂民法典草案时，提出要打破过去德国民法"五分"结构，综合两大法系的优点，将人身权法和侵权法单独成编，这种观点无疑打破了简单移植一种法律制度的做法，而是结合中国法律实践，有所创新。

就法律制度而言，中国近现代宪法上曾经出现的总统制、内阁制、选举制、政党政治、代议制，民商法上的法人制度、物权制度、侵权行为制度、时效制度、代理制度、监护制度、亲属制度、继承制度、财产担保制度，刑事法律上的定罪量刑制度，诉讼法上的审级制度、辩护制度、陪审制度、证据制度、律师制度，以及经济法、知识产权法等各个法域中的制度，应当说是移植了大陆法系的法律制度。在当代中国，法律制度移植的实例更是不胜枚举。环境保护法中，从国外或者国际规则中移植了自然资源有偿使用制度、清洁生产制度、环境影响评价制度、排污收费制度等。具体的例子如，1983年施行的《中华人民共和国海洋环境保护法》与法条内容小符所规定的150总吨以上的油轮和400总吨以上的非油轮，应当备有油类记录簿，以及《中华人民共和国海洋倾废管理条例》第11条确立的倾废紧急许可证、特别许可证和普通许可制度等，都是移植了英国、加拿大和美国等西方发达国家相应的规定，经实践证明这些规定是解决同类问题的较好办法，已成为国际海洋环境保护的公认事实。各国的立法必须承认这一事实，否则就没有办法与他国合作。

就法律原则而言，中国近现代宪法上的民主原则、平等原则、人民主权原则、公民的各项权利受到严格的法律保护原则，民商法上的公民个人民事权利能力平等原则、私有财产所有权受到严格保护原则、合同自由原则、过错责任与无过错责任相结合原则，刑法上的罪刑法定原则、罪刑相适应原则、法不溯及既往原则，刑事诉讼法上的无罪推定原则、一事不再理原则、不告不理原则，等等，也都是移植了外国的法律制度。

就法律的概念与术语等而言，中国近现代法上的法律专业名词，如法律、法学、法医学、法律行为、仲裁、宪法、民法、刑法、公法、私法、主权、公民、权利、自然人、法人、成文法、所有权、物权、动产、不动产、不当得利、无因管理、代理等，大部分是由日本人在翻译西文著作时直接创造出来，后又被我们的前人从日文中吸收过来的。值得注意的是，近年来，由于美国法律制度在全世界范围内的强势影响以及中国经济全球化的不断加深，英美法系的许多专有概念和法律术语逐渐渗透和进入中国法律制度当中，诸如按揭、区分所有权、惩罚性损害赔偿、交易成本、风险、不确定性、最高额抵押、内幕交易、虚假陈述、信托、反垄断法、不正当竞争行为、消费者权利、知情权、隐私权、产品召回等法律语汇都直接或者间接地通过日本、中国香港地区、中国台湾地区渠道进入中国大陆的法律条文当中。这些概念和用语，至目前事实上完全本土化了，已经成为现代中国法律文化的一个组成部分。

中国自清末立法改革起，就仿照西方先进国家的做法，建立起西洋式的法律教育体制。1895年10月，中国第一所近代型大学天津中西学堂开学，其所设学科和修业期限，均系美国人丁家立以美国哈佛、耶鲁大学为蓝本设计的。1898年开办的京师大学堂，其章程明确规定："仿日本例，定为大纲分列于下：政治科第一，文学科第二，格致科第三，农业科第四，工艺科第五，商务科第六，医术科第七。"科下设目，"政治科之目二：一曰政治学，二曰法律学"。以后北洋政府时期中国建立的法律学堂，及至国民党统治时期创办的综合性大学中的法律院系，从学业年限、教学手段、教学体制、课程设置、教材内容、职称系列、学位授予等，基本上都是从法国、美国和日本等国家中移植而来。即使到了20世纪末，中国在创建法律硕士专业学位研究生教育体制时，仍然移植了美国法学院的J. D. 培养模式，规定法律硕士必须从非法律专业的本科毕业生中招收，然后学习三年的法律知识，毕业后获得法律硕士学位。不仅如此，在法学教育当中的法律诊所、L. L. M学位等，在法学研究当中的法经济学、法律与文学、后现代法学、批判法学、性别法学、种族批判法学等学科在中国大陆地区也是方兴未艾，体现出中国法律教育和法学研究同西方交流程度的不断加深。

就法律职业而言，中国古代没有专业的法官，也没有检察官，更没有律师。中国近代型的法官、检察官和律师制度，都是在清末修律之后，从西方移植而来的。1949年新中国成立后，随着对国民党政府法制传统的彻底否定，我们中断了移植西方资本主义国家法律职业的进程，但与此同时，我们却全方位地移植了苏联的司法体制，如法院组织和系统、监察体制和律师制度，以及民事诉讼和刑事诉讼的各种程序。2002年3月，中国司法系统在移植外国司法体制方面又迈出了重要的一步。即法官、检察官和律师的考试合在一起，一并进行，一起选拔。很明显，这一体制也是参考了日本统一司法考试的模式。

总体而言，如果说以往法律移植的对象主要是日本法和德国法的话，那么20世纪50—60年代则以吸收苏联法律为主，其中比较重要的法制建设决策有"废除国民党政府的伪法统""另起炉灶"（不承认国民党政府与外国建立的旧的外交关系，在新的基础上与各国建立外交关系）和"一边倒"（倒向社会主义阵营一边）。这样，在苏联派遣法律专家来华指导和教授法律、中国选送留学生学习苏联法律等活动之外，中国法学界大量引进苏联的法学理论，无论是国家与法的理论，还是各个部门法领域，都深深地打上了苏联法的烙印。当然，这一波移植苏联法的过程由于受到政治、文化等问题的影响，并未持续太久，其在中国的实践后果（如是否深入人心等）也需要重新评估，但它形塑了新时期中国法制的基本特征却是毋庸置疑的。20世纪70年代末以来，中国法律移植则更为多元，很多法律的起草都是借鉴很多国家相关规定的产物。例如，《中华人民共和国中外合资经营企业法修正案》在中外合资经营期限的问题上，就参考了18个国家和地区的相关规定。类似于《标准化法》和《外商合资企业和外国企业所得税法》这样技术性和政策性很强的法律，参考和借鉴的法律就更多了。20世纪80年代末期，我国立法机关还曾做出过允许深圳特区移植香港法律的决定。20世纪90年代末期，《刑事诉讼法》和《刑法》修改过程中的法律移植突破了以往只移植民事和商事法律的界限，在犯罪嫌疑人的权利保护、正当程序等诸多方面移植了西方国家的规则和制度，如在刑事诉讼中采取当事人中心主义而不是法官中心主义，就是移植了普通法制度的结果。

（二）重建中国的法治话语体系

走中国特色社会主义法治道路，离不开中国特色社会主义法治理论的引领。没有科学的法治理论就不可能取得法治中国建设的成功。必须从中国基本国情出发，同改革开放不断深化的过程相适应，总结和运用党领导人民实行法治的成功经验，围绕社会主义法治建设重大理论和实践问题，推进法治理论创新，发展符合中国实际、具有中国特色、体现社会发展规律的社会主义法治理论，为依法治国提供理论指导和学理支撑。

从历史角度看，中国有不同于别国的历史文化传统、地理资源禀赋、独特的发展阶段、自成一体的文明习惯和思维方式。中国春秋战国时期就有了自成体系的成文法典，秦汉形成全国统一的法律，汉律开始礼法结合，唐律成为世界上封建时期法典的最高代表，以其为基础形成了在世界几大法系中独树一帜的中华法系。从现实角度看，中国特色社会主义法治理论是伴随着中国特色社会主义法治实践而逐步形成和发展的，既源于法治实践又指导法治实践，在中国特色社会主义法治实践中得到检验、与时俱进、丰富完善。伴随着中国特色社会主义法律体系的形成，依法执政、依法行政、公正司法、全民守法稳步推进，法治基础更加坚实，法治经验更加丰富。在积极开展法治实践探索的同时，我们党不断总结新中国成立以来法治建设的成功经验，深刻反思偏离法治轨道的惨痛教训，并将这些经验和反思上升为理论，以毛泽东、邓小平、江泽民、胡锦涛等为代表的中国共产党人，在法治建设的不同时期和不同阶段，在继承和发展马克思主义法律和法学思想理论的基础上，结合中国国情，对中国特色社会主义法治理论做出了巨大贡献。特别是党的十八大以来，习近平总书记发表了一系列有关法治的专题讲话，创造性地发展了法治理论，推进了中国特色社会主义法治理论体系的形成。

中国特色社会主义法治理论是对马克思主义法学基本原理进行创造性转换的科学理论，是马克思主义法学当代化、现实化和中国化的产物，是将普遍性的法治理论同中国具体的法治实践紧密结合起来的结果，深刻地揭示了法治中国建设的理论基础、科学内涵和实践规律。结合执政党关于全面推进依法治国方针政策、习近平总书记的相关论述以及学者们的归纳，其主要内容包括："党的领导和社会主义法治是一致的，社会主义法治必须坚持党的领导，党的领导必须依靠社会主义法治"；"党的领导、人民当家做主和依法治国的有机统一"；"法治是国家治理体系和治理能力的重要依托"；"坚持依法治国、依法执政、依法行政共同推进，坚持法治国家、法治政府、法治社会一体建设"；"法律是治国之重器，良法是善治之前提";"依法治国首先是依宪治国、依法执政首先是依宪执政";"公正是法治的生命线";"人民是依法治国的主体和源泉,法律为人民所掌握、所遵守、所运用";"人民权益要靠法律保障,法律权威要靠人民维护";"一手抓法治、一手抓德治";"健全事实认定符合客观真相、办案结果符合实体公正、办案过程符合程序公正的法律制度","法律红线不可逾越、法律底线不可碰触";"法律的生命在于实施,法律的权威也在于实施""法律的伟力在于实施";"法律的权威源自人民的内心拥护和真诚信仰";"领导干部的法治思维和依法办事能力";等等。① 这些新命题、新观点、新思想深刻回答了法治中国建设的重大理论问题,推动了中国特色社会主义法治理论体系的形成,使中国法治建设在一个更加成熟、更加定型、更加科学的法治理论指导下全面推进。中国特色社会主义法治理论体系和话语体系的形成,必将打破西方法治话语体系的支配地位,消解西方法治中心主义的影响,增强我们在法学研究上的自我认知、理论反思和学术续造力,也有利于提升中国在国际社会的法治话语权和影响力。

(三) 中国特色法治的重大原创性理论

中国特色社会主义法治理论涵盖了法治几乎所有领域、所有问题,形成了科学的理论体系。它传承了中华传统法律文化的精华,借鉴了西方法治理论的优秀成果,是马克思主义法学思想中国化的

---

① 更详细的总结和概括可参见张文显《习近平法治思想研究》(上、中、下),《法制与社会发展》2016年第2、3、4期。

最新成果，系统总结了改革开放以来中国社会主义法治建设的实践经验。根据原中共中央政法委副书记、中国法学会会长王乐泉的概括，属于我们党原创性的重大理论包括以下几个方面。①

社会主义民主制度化、法律化、程序化理论。这是邓小平同志较早提出的重大理论。邓小平同志指出："为了保障人民民主，必须加强法制。必须使民主制度化、法律化，使这种制度和法律不因领导人的改变而改变，不因领导人的看法和注意力的改变而改变。"发展社会主义民主政治，制度问题更带有根本性、全局性、稳定性和长期性。人治危险得很，搞法治才靠得住。从制度上、法律上保障和发展人民民主，这是我们党对社会主义民主法治规律认识的一个重大转变和提升。之后，党的十六大在民主制度化、法律化的基础上进一步提出"实现社会主义民主政治的制度化、规范化和程序化"，强调程序化的要求。党的十七大和十八大都重申了这一观点。民主政治的制度化、规范化、程序化彻底改变了社会主义政治生态，不仅有利于党和国家长治久安，而且有利于在各领域各层次扩大公民有序政治参与。

中国特色社会主义法治的核心价值理论。法治的诸多价值目标与全面推进依法治国的中国特色法治建设相结合，主要体现为"人民主体"和"公正是法治的生命线"。"人民是依法治国的主体和力量源泉。"坚持人民主体地位既是全面推进依法治国的基本原则，也是社会主义法治的根本价值。法治建设为了人民、依靠人民、造

---

① 王乐泉：《坚持和发展中国特色社会主义法治理论》，《人民日报》2015 年 8 月 28 日第 7 版。

福人民、保护人民，以保障人民根本权益为出发点和落脚点，保证人民依法享有广泛的权利和自由、承担应尽的义务，维护社会公平正义，促进共同富裕。坚持公正是法治的生命线，加快制定和完善体现权利公平、规则公平、机会公平的法律法规，并保障和监督公正执法和公正司法。以此为基础，当代中国法治的基本价值体系，主要包括保障和促进社会公平正义、维护社会和谐稳定、确保国家长治久安、推进经济持续发展、维护世界和平。

依法治国、建设社会主义法治国家理论。1997年党的十五大正式将依法治国作为党领导人民治理国家的基本方略，1999年宪法修正案明确提出"建设社会主义法治国家"。之后，党的历次全国代表大会和若干中央全会以新的观点丰富和深化了依法治国和法治国家理论，特别是党的十八届四中全会在做出全面推进依法治国战略部署的同时，全面推进了依法治国和法治国家理论的创新发展。建设法治中国，必须坚持依法治国、依法执政、依法行政共同推进，坚持法治国家、法治政府、法治社会一体建设。建设社会主义法治国家，必须将"一个共同推进"和"一个一体建设"有机结合起来，更加重视法治建设的整体推进和协调发展，更加重视调动各方面的主动性和积极性。

党的领导、人民当家做主、依法治国有机统一理论。党的十六大报告指出，发展社会主义民主政治，最根本的是要把党的领导、人民当家做主和依法治国有机统一起来。十六大之后我们党对"三统一"理论进行了深刻阐述。十八大以来，习近平总书记进一步丰富和发展了"三统一"理论。他在庆祝全国人民代表大会成立60

周年大会上强调指出，在中国，发展社会主义民主政治，关键是要坚持党的领导、人民当家做主、依法治国有机统一。坚持党的领导、人民当家做主、依法治国有机统一是我国社会主义法治建设的一条基本经验。在党的领导、人民当家做主与依法治国三者的有机统一中，党的领导是关键，人民当家做主是目的，依法治国是途径。人民代表大会制度是坚持党的领导、人民当家做主、依法治国有机统一的根本制度安排。"三统一"的法治理论是对马克思主义法学思想和中国特色社会主义法治理论的重大发展。

依法治国和以德治国相结合理论。依法治国和以德治国的关系是一个古老的话题。党的十六大报告阐述了依法治国和以德治国的关系，指出依法治国属于政治文明范畴，以德治国属于精神文明范畴，依法治国与以德治国并非彼此对立，而是相互补充、相互促进的。习近平总书记明确指出："法律是成文的道德，道德是内心的法律，法律和道德都具有规范社会行为、维护社会秩序的作用。"因此，治理国家、治理社会必须一手抓法治，一手抓德治，既重视发挥法律的规范作用，又重视发挥道德的教化作用，实现法律和道德相辅相成、法治和德治相得益彰。从法哲学角度讲，一方面，道德使法律更善，增加了法律的德性；另一方面，法律使人们对待社会道德问题更加客观，增加了道德的理性。依法治国和以德治国相结合的理论是对我国古代治国理政经验的传承，也是对国家治理现代化理论的丰富和发展。

党的领导与法律权威的党法关系理论。在国家和社会生活中如何对待执政党的权威和法律的权威是治国理政不能回避的问题。习近平总书记在省部级主要领导干部学习贯彻党的十八届四中全会精神全面推进依法治国专题研讨班上讲话指出："党和法的关系是政治和法治关系的集中反映。法治当中有政治，没有脱离政治的法治。西方法学家也认为公法只是一种复杂的政治话语形态，公法领域内的争论只是政治争论的延伸。每一种法治形态背后都有一套政治理论，每一种法治模式当中都有一种政治逻辑，每一条法治道路底下都有一种政治立场。"我们在总结国内外经验和深刻教训的基础上得出了明确的结论：党法一致、依法执政、依宪执政。从根本上讲，党的领导和社会主义法治是一致的，社会主义法治必须坚持党的领导，党的领导必须依靠社会主义法治。社会主义法治建设必须依靠党的领导，依靠党强大的组织力量、动员力量和思想力量来推进，党的领导能够强有力地支持科学民主立法、严格公正执法司法、全民带头守法，从而树立法律权威和法治权威。宪法法律是党和人民共同意志的体现，维护宪法法律权威就是维护党和人民共同意志的权威。宪法的根基在于内心拥护，宪法的伟力源自真诚信仰，依法治国首先要依宪治国，依法执政首先要依宪执政，我们党作为执政党能否尊重宪法和法律，能否带头执行宪法和法律，直接关系到法律的权威存在与否，关系到社会主义法治建设的成败。

推进法治中国建设理论。党的十八大以来，习近平总书记在多次讲话中提出了"法治中国"的科学命题。十八届三中全会正式确认了这一概念，并做出推进法治中国建设的重大部署。十八届四中全会《决定》绘就了法治中国的"路线图"。"法治中国"是中国法治建设的升级版，是对"以法治国"和"依法治国"的超越。

"法治中国"是"法治国家""法治政府"和"法治社会"的综合体。"法治中国"与富强中国、民主中国、文明中国、和谐中国、公平中国、美丽中国、平安中国等核心要素相辅相成，共同绘就中华民族伟大复兴的美好愿景。"法治中国"概念和理论的提出，能够更加全面科学有效地统领依法治国和法治建设的所有理论和实践问题。

深化司法改革理论。改革必须为了人民、依靠人民、造福人民。司法公正对社会公正具有重要引领作用，司法不公对社会公正有致命破坏作用。从在十五大报告首次提出"推进司法改革"到党的十八届三中、四中全会全面系统地部署司法体制改革，司法改革一直是法治建设的重中之重。在持续推进司法体制改革的过程中，我们党不断创新司法和司法改革理论，提出司法权是裁判权，本质上属于中央事权，司法的价值功能是权利救济、定纷止争、制约公权，司法体制改革的终极目标是建立公正高效权威的社会主义司法制度，根本尺度是提高司法公信力，评价标准是人民群众在每一个司法案件中都感受到公平正义，基本原则是坚持党的领导、坚持中国特色社会主义方向、坚持从中国国情出发、坚持人民主体地位、坚持统筹协调、坚持依法推进改革。中国司法改革已经进入了最佳历史机遇期，相信有科学的司法理论指引，我们的司法改革必将大刀阔斧又积极稳妥地进行。

法治与国家治理体系和治理能力及其现代化理论。党的十八届三中全会将"完善和发展中国特色社会主义制度，推进国家治理体系和治理能力现代化"作为全面深化改革的总目标。法治是国家治理体系的重要组成部分，法治体系是国家治理体系的重要依托，是国家治理体系的制度载体。推进国家治理体系和治理能力现代化，就是要实现党、国家、社会各项事务治理制度化、规范化、程序化，就是要提高党科学执政、民主执政、依法执政水平。全面推进依法治国是国家治理领域一场广泛而深刻的革命，这场革命发生在国家治理领域，服务于全面深化改革的总目标，其艰巨性和困难性可想而知。这场革命将使我们彻底告别几千年的人治传统，真正从主要依靠政策治理国家转向主要依靠法律治理国家。

中国特色社会主义法治体系理论。中国特色社会主义法治体系是全面推进依法治国进程中总揽全局、牵引各方的总纲领、总抓手，它包括宪法实施监督体系、法律法规体系、法治实施体系、法治监督体系、法治保障体系、党内法规体系等的理论。建设中国特色社会主义法治体系就是要加快形成完备的法律规范体系、高效的法治实施体系、严密的法治监督体系、有力的法治保障体系和完善的党内法规体系。

良法善治理论。亚里士多德指出："法治应当包含两重意义：已成立的法律获得普遍的服从，而大家所服从的法律本身又应该是制定得良好的法律。"这种含义的法治得到人们的广泛认同，概括起来讲，法治的内容包括：一是良法，二是善治。《决定》提出："法律是治国之重器，良法是善治之前提。"前一句话是形式法治的思想，后一句话是实质法治的思想，形式法治和实质法治的有机统一即通常所说的良法善治。所谓"良法"应当符合以下标准：一是反映人民的意志和根本利益；二是反映公平、正义等价值追求；三是符合社会发展规律；四是反映国情、社情、民情；五是具备科学合理的体系；六是符合法定程序，具有程序正当性。"善治"应包括如下几个方面的内容：善治是民主治理；善治是依法治理；善治是贤能治理；善治是社会共治；善治是礼法合治。良法善治理论超越了工具主义法治和形式主义法治的局限，是现代法治理论的重大创新。

依法治国与改革开放的关系理论。依法治国与改革开放是辩证关系：全面推进依法治国本身就是全面深化改革的有机组成部分；法治又是改革的牵引力、推动力和保障力。全面深化改革需要法治保障，全面推进依法治国也需要深化改革。一方面，以法治凝聚改革共识，发挥立法对改革的引领和推动作用，实现改革决策和立法决策相统一、相衔接；以法治规范改革行为，做到重大改革于法有据，运用法治思维和法治方式推进各项改革，许多重大改革都涉及现行法律，如果在法律当中没有规定，就要抓紧制定法律，一些合理的改革如果与现行法律有明显冲突，法律应适应改革需要，抓紧"立改废释"；以法治确认、巩固和扩大改革成果，将实践证明已经比较成熟的改革经验和行之有效的改革举措尽快上升为法律，使其更加定型化、精细化，并以法律的强制力保证其实施。另一方面，在全面深化改革的总体框架下全面推进依法治国，在改革中完善法治，以改革驱动法治现代化。这一理论既丰富了法治理论，也丰富和发展了现代化理论。

运用法治思维、法治方式推动发展理论。党的十八大提出"法治是治国理政的基本方式"，同时提出要用法治思维和法治方式治国理政。党的十八大以来，习近平总书记深刻阐述了法治思维和法治方式，要求各级领导干部要提高运用法治思维和法治方式深化改革、推动发展、化解矛盾、维护稳定的能力，做到办事依法、遇事找法、解决问题用法、化解矛盾靠法。法治思维和法治方式理论以其有的放矢的问题导向，把先进的法治理念转化为科学的法治实践。

从严治党、依法反腐理论。反腐败既是一场长期的政治斗争，也是一场严肃的法制改革；既要"打老虎"，也要"拍苍蝇"；既要揭露与法办腐败分子，使他们不敢腐，也要把公权力关进制度的笼子里，使他们不能腐。习近平总书记提出要用制度管权管事管人，把权力关进制度的笼子里；把完善的党内法规体系作为中国特色社会主义法治体系的重要组成部分，把反腐败工作纳入法治轨道；健全权力运行制约和监督体系，有权必有责，用权受监督，失职要问责，违法要追究；高度重视公权力配置的源头治理和公权力运行过程中的上游治理，推行政府权力清单制度，依法公开权力运行流程；坚持有腐必反、有贪必肃，坚持反腐败无禁区、全覆盖、零容忍；坚持制度面前人人平等、执行制度没有例外，不留"暗门"、不开"天窗"，坚决维护制度的严肃性和权威性。从严治党、依法反腐的理论积极应对和解决廉政建设和反腐败斗争面临的严峻复杂问题，也为党的建设提供了科学有效的理论指导。

国际关系民主化、法治化理论。中国共产党人关于国际关系民主化的思想内涵涵盖政治、经济、文化和安全等多个维度，其中维护主权独立和民族尊严是重要前提，和平共处、平等协商是主要手段，反对霸权主义和强权政治是最主要内容，建立国际新秩序和构建和谐世界则是其目标和方向。中国对内坚定推进依法治国，对外坚定维护和积极推动国际关系法治化。习近平总书记明确提出："国家不分大小、强弱、贫富，都是国际社会平等成员，都有平等参与地区和国际事务的权利。""应该共同推动国际关系民主化。世界的命运必须由各国人民共同掌握，世界上的事情由各国政府和人民共同商量来办。""应该共同推动国际关系法治化。推动各方在国际关系中遵守国际法和公认的国际关系基本原则，用统一适用的规则来明是非、促和平、谋发展。"这些主张符合各国的普遍意愿，符合历史发展潮流，极大地丰富了国际法治理论。

◇◇ 第三节　建设中国特色社会主义法治体系

中国特色社会主义法治体系是一个内容丰富的整体，将全面推进依法治国的理论和实践提高到一个新水平。这个法治体系包含以下几个方面的具体内容：一是完备的法律规范体系，既包括法律、行政法规、地方性法规的法律体系，也包括市民公约、乡规民约、行业规章、团体章程在内的社会规范体系；二是高效的法治实施体系，其中最重要的是宪法实施，也包括建立健全执法、司法、守法等方面的体制机制；三是严密的法治监督体系，包括由党内监督、人大监督、民主监督、行政监督、司法监督、审计监督、社会监督、舆论监督等构成的权力制约和监督体系；四是有力的法治保障体系，包括党领导依法治国的制度和机制、队伍建设和人才保障；五是完善的党内法规体系，是指以党章为根本、若干配套党内法规支撑的党内法规制度体系。这五大方面是中国特色社会主义法治体系的五大支柱，是一个有机的整体，既相对独立又紧密联系、相辅相成、缺一不可，共同构成具有鲜明中国特色社会主义的法治体系。

一　完备的法律规范体系

完备而良善的法律体系是法治国家的基本标志，是政权稳定和社会发展的基本保障。完备的法律规范体系是法治体系的第一要义。法律体系是一个宽泛的概念，而法律规范体系则相对具体明确。法律规范一般是指由假定、处理、后果三要素构成的逻辑规范。其中，假定是适用法律规范的前提，只有符合法定条件，法律规范才能适用。如果法律规范对其适用条件或场合规定不明确、设计不科学，势必导致随意适用法律规范处理问题的情形，有悖于法治的确定性、明晰性、逻辑性。处理是指对法律规范调整的行为进行高度抽象而归纳出来的行为模式，分为可以做什么、应当做什么和不得做什么三大类型。后果则是依照或违反法律规范设定的行为模式而行为所产生的法律上的后果，包括奖励、授权等肯定式后果和惩罚、制裁等否定式后果。完备的法律规范体系对规范性法律文件的制定提出了更高的要求：一是价值优良。始终以社会主义核心价值观为引导，恪守以民为本、立法为民理念，坚持反映人民意志、实现人民利益的根本原则，把公正、公平、公开原则贯穿立法全过程，切实做到实质正义。二是逻辑严谨。构建以宪法为核心、上下有序、各部门法和同一法律部门不同法律规范之间协调一致、有效衔接、调控严密的法律体系，从而实现从法律大国向法律强国的根本转变。三是实践要求。对权利义务和责任的设定要明确具体，具有可操作性和执行性，坚决反对打法律白条，防止空洞抽象、逻辑模糊或自相矛盾。

新中国成立后，经过60多年特别是改革开放30多年来，中国共产党领导中国人民经过坚持不懈的努力，到2010年年底，形成了立足中国国情和实际、适应改革开放和社会主义现代化建设需要、集中体现中国共产党和中国人民意志，以宪法为核心的中国特色社会主义法律体系。中国国家和社会各方面总体上实现了有法可依。中国特色社会主义法律体系，是以宪法为统帅，以法律为主干，以行政法规、地方性法规为重要组成部分，由宪法及宪法相关法、民法商法、行政法、经济法、刑法、诉讼与非诉讼程序法等多个法律部门组成的有机统一整体。它的形成，体现了中国特色社会主义的本质要求，体现了改革开放和社会主义现代化建设的时代要求，体现了结构内在统一而又多层次的国情要求，体现了继承中国法制文化优秀传统和借鉴人类法制文明成果的文化要求，体现了动态、开放、与时俱进的发展要求，是中国社会主义民主法制建设的一个重要里程碑。

2011年吴邦国委员长在第十一届全国人大四次会议上宣布中国特色社会主义法律体系已经形成。然而，法律体系的形成并不等于法律规范体系的完备，社会实践是法律的基础，法律是实践经验的总结、提炼。社会实践永无止境，法律体系必将随着社会关系的变化、改革开放的进程以及中国特色社会主义实践的发展不断完善和发展。事实上，中国在现有的法律体系中不协调、不一致、体系性不强等问题依然突出，地方立法缺乏应有的科学性、民主性及合理性，部分法律过于笼统，或不完备，存在法律漏洞，部分法的规定有些过时，或过分超前立法。总之，有些法律法规未能全面反映客观规律和人民意愿，立法工作中部门化倾向、争权诿责现象较为突出，有些法律规范互相冲突，使执法者和司法者无所适从。然而，经济社会越发展，人民群众对美好生活的盼望越强烈，加强和改进立法的任务就越艰巨。习近平总书记指出："人民群众对立法的期盼，已经不是有没有，而是好不好、管用不管用、能不能解决实际问题；不是什么法都能治国，不是什么法都能治好国；越是强调法治，越是要提高立法质量。这些话是有道理的。我们要完善立法规划，突出立法重点，坚持立改废并举，提高立法科学化、民主化水平，提高法律的针对性、及时性、系统性。"建设完备的法律规范体系，我们还应做好如下几个方面的工作。

第一，树立宪法权威，加强宪法实施。宪法是国家的根本法，是治国安邦的总章程，具有最高的法律地位、法律权威、法律效力。坚持依法治国首先要坚持依宪治国，坚持依法执政首先要坚持依宪执政。法治的权威能不能树立起来，首先要看宪法有没有权威。宪法的生命在于实施，宪法的权威也在于实施。为保障宪法的有效实施，党的十八届四中全会《决定》提出："完善全国人大及其常委会宪法监督制度,健全宪法解释程序机制。加强备案审查制度和能力建设,把所有规范性文件纳入备案审查范围,依法撤销和纠正违宪违法的规范性文件,禁止地方制发带有立法性质的文件。"国家将每年12月4日定为国家宪法日,在全社会普遍开展宪法教育,弘扬宪法精神。建立宪法宣誓制度,彰显宪法权威,增强公职人员宪法观念,激励公职人员忠于和维护宪法。

第二,完善立法体制。首先,要加强党对立法工作的领导,完善党对立法工作中重大问题决策的程序。凡立法涉及重大体制和重大政策调整的,必须报党中央讨论决定。党中央向全国人大提出宪法修改建议,依照宪法规定的程序进行宪法修改。法律制定和修改的重大问题由全国人大常委会党组向党中央报告,全国人大常委会依法将有关法律草案列入立法程序。起草综合性、全局性、基础性等重要法律草案,由全国人大相关专门委员会、全国人大常委会法制工作委员会组织有关部门参与,并形成常态化制度。坚持中国共产党对立法工作的领导,党本身也要遵守《宪法》和《立法法》以及其他法律的规定,在对立法工作做具体指导的过程中,要坚持法治思维、法治原则、法治方式,实现党对立法工作领导的制度化、规范化、程序化,从制度上、法律上保证党的路线方针政策的贯彻实施,使这种制度和法律不因领导人的改变而改变,不因领导人的看法和注意力的改变而改变。其次,要发挥人大在立法工作中的主导作用。健全有立法权的人大主导立法工作的体制机制,关键要明确最高立法机关内部的专属立法权。依照《宪法》和《立法法》,二者行使国家立法权的基本权限划分是:全国人大制定和修改刑事、民事、国家机构的和其他的基本法律；全国人大常委会制定和修改除应由全国人大制定的法律以外的其他法律。未来除了继续有效发挥全国人大常委会的立法职能以外，应相对加大和增强全国人大本身的立法职能，进一步实现立法的民主性。发挥人大主导立法工作，还需要明确不同立法主体的立法权力边界，协调处理好人大立法和行政立法、地方立法的关系，以全国人大及其常委会为中心展开有效的法律监督，保证行政立法和地方立法与宪法法律的统一，从体制机制和工作程序上有效防止部门利益和地方保护主义法律化。再次，要增加有法治实践经验的专职常委比例。依法建立健全专门委员会、工作委员会立法专家顾问制度。最后，要明确地方立法权限和范围，依法赋予设区的市地方立法权。

第三，加强和改进政府立法制度建设。十八届四中全会《决定》指出："加强和改进政府立法制度建设，完善行政法规、规章制定程序，完善公众参与政府立法机制。重要行政管理法律法规由政府法制机构组织起草。"其意义在于：明确政府立法在国家立法体制中的地位，加强政府立法工作，运用法律手段促进各地方各领域的经济社会协调发展，实现社会全面进步，体现了民主立法和科学立法相结合，人民参与和专家、专门机关相结合。首先，新《立法法》对行政法规的制定权限做了细致规定：国务院法制机构应当及时跟踪了解国务院各部门落实立法计划的情况，加强组织协调和督促指导。国务院有关部门认为需要制定行政法规的，应当向国务院报请立项（第六十六条）；行政法规由国务院有关部门或者国务院法制机构具体负责起草，重要行政管理的法律、行政法规草案由国务院法制机构组织起草（第六十七条）；行政法规的决定程序依照国务院组织法的有关规定办理（第六十九条）。其次，新《立法法》也详尽讨论了规章的制定权限：一是制定部门规章，没有法律或者国务院的行政法规、决定、命令的依据，部门规章不得设定减损公民、法人和其他组织权利或者增加其义务的规范，不得增加本部门的权力或者减少本部门的法定职责（第八十条）；没有法律、行政法规、地方性法规的依据，地方政府规章不得设定减损公民、法人和其他组织权利或者增加其义务的规范（第八十二条）。再次，考虑到地方实际工作的需要，新《立法法》规定，应当制定地方性法规但条件尚不成熟的，因行政管理迫切需要，可以先制定地方政府规章。规章实施满两年需要继续实施规章所规定的行政措施的，应当提请本级人民代表大会或者其常务委员会制定地方性法规（第八十二条）。最后，要求政府法制机构勇于担责，对各项重要的政府立法从事前、事中以及事后进行严格审查和监督，力求使政府的每一个立法活动从程序到实体内容都符合宪法和法律。

第四，加强科学立法、民主立法。法治的固有含义包含了良法（good law）和善治（good governance）两方面内容。只有那些反映最广大人民群众的意志和利益、符合公平正义要求、反映社会发展规律的法律，才具备良法和科学性、民主性的特点，也才能最大限度地得到民众的认同，充分发挥法治的效力。习近平指出："推进科学立法、民主立法，是提高立法质量的根本途径。科学立法的核心在于尊重和体现客观规律，民主立法的核心在于为了人民，依靠人民。要完善科学立法、民主立法机制，创新公众参与立法方式，广泛听取各方面意见和建议。"① 推进科学立法、提高立法质量的目的是增强立法工作的协调性、及时性、系统性，增强法律的可执行性和可操作性，使已经制定出来的法律法规、规章条例立得住、行得通、切实管用。这方面的具体措施包括：（1）坚持以科学发展观统领立法工作，即坚持以人为本，树立全面、协调、可持续的发展观，按照统筹城乡发展、统筹区域发展、统筹经济社会发展、统筹人与自然和谐发展、统筹国内发展和对外开放的要求推进立法工作。（2）创新立法思维，依据改革举措，从经济社会发展的实际问题和重点领域出发，制定科学的立法规划和立法工作计划，按照立法项目的轻重缓急组织实施。（3）坚持立、改、废、释并举，更加注重法律修改和法律解释，需要修改的法律按照程序及时修改，使重大改革于法有据、有序进行，使需要得到法律授权的重要改革举措按法律程序进行，实现从粗放型向集约型立法的转变。（4）划清中央与地方、权力机关与行政机关的立法权限，为科学立法提供制度保障；建设、完善立法决策支持系统，为科学立法提供智力支持。（5）建立科学、系统的立法工作机制，诸如立法选项机制、法案起草机制、立法协调机制、立法后评估工作机制、法的清理工作机制、法律法规配套机制等。（6）适应全面深化改革的法制需求，大力推进立法程序和立法机制创新，必要时采用集成式"打包立法"方式，除宪法修改外，通过一个集成的修法决定，将需要修改

---

① 习近平：《关于〈中共中央关于全面推进依法治国若干重大问题的决定〉的说明》（2014年10月20日），载《中国共产党第十八届中央委员会第四次全体会议文件汇编》，人民出版社2014年版，第84页。

的若干法律一揽子修改。推进民主立法的具体措施有：健全立法机关和社会公众沟通机制，开展立法协商，充分发挥政协委员、民主党派、工商联、无党派人士、人民团体、社会组织在立法协商中的作用，探索建立有关国家机关、社会团体、专家学者等对立法中涉及的重大利益调整论证咨询机制。拓宽公民有序参与立法途径，健全法律法规规章草案公开征求意见和公众意见采纳情况反馈机制，广泛凝聚社会共识。具体通过座谈、听证、评估、民意调查、聘请立法顾问、公民旁听法案审议、公布法律草案等拓展公民有序参与立法的途径、形式和程序，健全公众意见表达机制和听取、采纳公众意见情况说明制度，使立法更加充分体现广大人民群众的意愿，保证人民群众的意见和建议得到充分表达，合理的诉求、合法的利益得到充分体现。要改革法案审议制度、代表会议制度、会议议程制度，健全立法专家咨询制度，发挥立法工作机构的作用，建立和完善公众意见汇集和反馈机制等。除依法需要保密的外，所有地方性法规草案和政府规章草案，都要通过互联网等传媒向社会公布，公开听取社会各方面的意见。

第五，实现立法和改革决策相衔接。十八届四中全会《决定》提出，实现立法和改革决策相衔接，做到重大改革于法有据、立法主动适应改革和经济社会发展需要。实践条件还不成熟、需要先行先试的，要按照法定程序做出授权。《立法法》规定，全国人民代表大会及其常务委员会可以根据改革发展的需要，决定就行政管理等领域的特定事项授权在一定期限内在部分地方暂时调整或者暂时停止适用法律的部分规定（第十三条）。针对现行授权立法规定比较原则，以往有些授权范围过于笼统、缺乏时限要求等问题，《立法法》指出，授权决定应当明确授权的目的、事项、范围、期限以及被授权机关实施授权决定应当遵循的原则等。被授权机关应当在授权期限届满的六个月以前，向授权机关报告授权决定实施的情况（第十条）。

第六，加强重点领域立法。完善和发展中国特色社会主义法律体系，核心任务是推进国家治理体系和治理能力现代化，当务之急是加强重点领域立法。习近平多次强调："我们要加强重要领域立法，确保国家发展、重大改革于法有据，把发展改革决策同立法决策更好结合起来。要坚持问题导向，提高立法的针对性、及时性、系统性、可操作性，发挥立法引领和推动作用。"[①] 结合十八届四中全会和第十二届全国人大立法规划的实际进展，所谓"重点领域立法"，主要体现在以下几个方面：（1）推进公民权利保障法治化。尊重和保护公民的权利是法治国家和法治社会的重要特征。法治的重要意义就在于保障公民的人权和权利不受到侵犯。公民的权利只有经过法律的规定和保护，才能保证其实现。公民的权利在得到法律的确认之前，往往仅仅具有宣示意义和理论探讨价值，权利在受到法律的明确规定后，方可在受到具体侵犯时，通过法律程序和法律渠道对权利予以保护。为此要依法保障公民权利，加快完善体现权利公平、机会公平、规则公平的法律制度，实现公民权利保障法治化。增强全社会尊重和保障人权意识，健全公民权利救济渠道和

[①] 习近平：《在庆祝全国人民代表大会成立六十周年大会上的讲话》（2014年9月5日），人民出版社单行本，2014年，第9页。

方式。（2）完善社会主义市场经济法律制度。要以保护产权、维护契约、统一市场、平等交换、公平竞争、有效监管为基本导向，完善社会主义市场经济法律制度，使市场在资源配置中起决定性作用和更好发挥政府作用。（3）完善社会主义民主政治法律制度。要以保障人民当家做主为核心，坚持和完善人民代表大会制度，坚持和完善基本政治制度，推进社会主义民主政治法治化。（4）完善社会主义先进文化法律制度。要建立健全坚持社会主义先进文化前进方向、遵循文化发展规律、有利于激发文化创造活力、保障人民基本文化权益的文化法律制度。（5）完善改善民生和社会治理法律制度。要加快保障和改善民生、推进社会治理体制创新法律制度建设。（6）完善生态文明法律制度。要坚持用严格的法律制度保护生态环境，强化生产者环境保护的法律责任，制定完善生态补偿和土壤、水、大气污染防治及海洋生态环境保护等法律法规，促进生态文明建设。

从法治评估的角度考察，法律规范体系是反映法治体系规范基础的指标。评估时主要考察立法完备性、科学性和民主性，其中立法完备性是法律规范体系是否完备的表现形式，是对法律规范体系形式的要求，立法科学性是对立法内容的要求，民主性是对立法过程的要求。

二　高效的法治实施体系

建设中国特色社会主义法治体系，是一个从立法到执法再到守法、从理论到制度机制再到实践的伟大系统工程,需要付出长期艰苦努力。建设高效的法治实施体系,无疑是其中的重点、难点。古往今来,把制定的法律付诸实施始终是法制建设的最大难点。法律的生命力在于实施,法律的权威也在于实施。法律得不到实施将形同虚设。习近平强调指出:"如果有了法律而不实施,束之高阁,或者实施不力、做表面文章,那制定再多法律也无济于事。"① 改革开放以来,我们党领导人民建设社会主义法治国家,形成了中国特色社会主义法律体系。但把这个法律体系以及新制定的法律实施到位,永远没有完成时,法治建设永远在路上。

"天下之事,不难于立法,而难于法之必行。"法律的有效实施,是全面推进依法治国的重点和难点。目前,法律实施方面还存在诸多问题,有法不依、执法不严、违法不究现象比较严重,执法体制权责脱节、多头执法、选择性执法现象仍然存在,执法司法不规范、不严格、不透明、不文明现象较为突出,群众对执法司法不公和腐败问题反映强烈。从实践来看,人民群众对法治建设意见最大的地方,就是有法不依和执法不严,就是法律实施问题。如果这些问题长期存在而得不到有效解决,不仅会破坏社会主义法治的权威性,更会侵犯人民群众合法权益,有损社会主义制度的光辉形象。为了克服上述现象,我们要在党中央的坚强领导下,紧紧抓住法治实施这个重点难点,加强法治实施能力建设,不断完善法治实施制度机制,着力构建以法律规范实施为核心,以党内法规实施、

---

① 习近平:《关于〈中共中央关于全面推进依法治国若干重大问题的决定〉的说明》,《光明日报》2014年10月29日。

人民团体和社会组织规范实施、道德伦理规范实施以及乡规民约等社会生活规范实施构成的法治实施体系。

坚持人民主体地位，广泛动员全体公民和组织共同努力形成合力，形成高效的法治实施体系。人民群众是法制实施的主体和力量源泉，必须坚持法治实施为了人民、依靠人民、造福人民、保护人民，以保障人民根本权益为出发点和落脚点。在党中央的坚强领导下，广泛动员全体人民和全部社会组织力量，共同建设法治实施体系，并使之高效运行。党在率先垂范建设好党内法规实施体系的同时，坚持依法执政和在宪法法律范围内活动，发挥好保证执法、支持司法和带头守法的作用；各级行政机关要切实履行法律实施职责，坚持依法行政，全面落实行政执法责任制，抓紧推进行政执法体系建设；司法机关既要严格司法，又要充分发挥司法对法律实施的支持和保障作用；要在党员带头守法、领导干部带头守法的基础上，着力培育公民和社会组织自觉守法的意识和责任感，营造全社会共同守法的良好氛围，夯实建设法治实施体系的社会根基。

深化执法司法体制改革，依法构建法治实施体系，依法进行法治实施活动。在行政执法上，要合理配置执法力量，科学使用有限的执法资源；推进重点领域综合执法和跨部门综合执法，着力解决执法乱和执法散的问题；要完善市县两级政府行政执法管理，解决多头执法问题；要理顺行政强制执行体制和城管执法体制；要严格实行行政执法人员持证上岗和资格管理制度，建设高素质的执法队伍。在司法上，要优化司法职权配置，完善司法管理体制和司法权力运行机制，建设公正高效权威的司法制度和确保法律有效实施的司法体系；通过完善诉讼程序和执行程序解决立案难、诉讼难和执行难的问题；通过改革完善人民法院、人民检察院依法独立行使职权的制度机制，坚决排除领导干部、行政机关、公民个人或者社会组织对司法活动的干扰和干预；推进以审判为中心的诉讼制度改革，加强人民法院、人民检察院和公安机关在刑事诉讼中的相互配合和相互制约，避免影响司法公正和冤假错案的发生；充分发挥审判程序的最后把关作用，确保案件事实证据经得起法律的检验；设立巡回法庭，方便当事人诉讼，提高诉讼效率；设立跨行政区域的人民法院和人民检察院，防止地方保护主义对相关案件的干扰；合理调整行政诉讼案件管辖制度，有效解决行政诉讼程序的空转现象；健全行政机关负责人依法出庭应诉制度；推进执行体制机制改革，完善拒不执行判决、裁定罪的司法程序和定罪量刑标准，适时探索推动执行权和审判权相分离的体制改革试点。

以信息化为依托，构建公开透明的阳光法治实施机制，打造法治实施公开平台。要着力打造法治实施流程平台，让法治实施活动全过程公开透明，保障人民群众对法治实施的知情权、有效行使监督权，保障法治实施活动公开公正进行，杜绝暗箱操作；要着力打造法治实施过程中各类生效法律文书统一上网和公开查询平台，展示法治实施的结果和理由，实现法治实施信息的全社会共享，充分发挥其宣传法治、教育公民法人和其他组织以及引领社会风尚的重要作用；要着力打造法治实施强力执行平台，对于违反法治规范受到相应处理，但拒不执行执法机关处罚决定或者是司法机关生效裁决，或者拒不执行有关社会组织作出处理决定的行为，要探索统筹纳入强制执行平台范畴。以法治实施体系内的各种机制共同发力，形成强大的社会合力，实现良好的法治实施效果。

为了法治的快捷实施，避免正义迟到，必须坚持严格执法公正司法。一要牢固树立高效与公正相统一的法治实施理念。高效必须以公正为前提和基础，错误的裁判和执行只能让正义离人民越来越远；公正必须以高效为支撑，迟到的正义会使正义大打折扣，同样影响法治实施的权威和公信。二要健全严格执法公正司法的制度机制。建立行政自由裁量权基准制度，规范司法自由裁量权统一行使，保证执法、司法机关依法行使职权，公正处理每一起案件。三要完善司法解释制度和案例指导制度。加大司法解释和案例指导工作力度，适时发布高质量的司法解释和指导性案例，统一执法办案的尺度，为严格执法公正司法提供明确细致统一的依据。四要建立健全执法司法办案责任制。建立科学合理、切实可行的案件质量终身责任负责制度，将"让审理者裁判、由裁判者负责"这一要求落实到执法办案的具体工作中。五要建立健全错案责任倒查问责制。确保错案发生以后，倒查程序立即启动，保障错案的责任人和错案发生的原因及时查明；对错案的性质、危害后果、社会影响以及责任人的责任承担等，进行客观公正评估，为错案追究提供依据。

从法治评估的角度考察，法治实施体系反映法治体系实际运行状况。评估时可以从行政执法、司法适用和社会治理三大领域考察法律规范是否能够高效实施。（1）行政执法。行政执法的主体是行政机关，严格执法是对行政机关的主要要求，考察行政权的设置是否有法律根据，执法是否严格，行政是否公开和有效率，包括行政执法的合法性、严格性、公开性和高效性四个具体指标。(2) 司法适用。司法适用的主体是司法机关，公正司法是司法机关的基本职能，它包括依法独立行使司法权、司法公正性、便利性、公开性和司法效率五个三级指标。(3) 社会治理。社会治理是政府治理和社会自我调节、居民自治良性互动的治理。社会治理指标包括依法治理的程度、法律服务、人民调解、信访四个三级指标。

三 严密的法治监督体系

无论是党的执政权，还是立法权、执法权和司法权，都具有权力的天然属性，即缺乏监督的权力必然导致腐败。有了好的法治实施体系，还必须对法治实施进行严密的监督制约。否则，便难以形成良性循环的法治实施体系。严密的法治监督体系是依法治国的根本。科学立法、严格执法、公正司法，离不开对法律实施的强力监督。中国当前以权谋私、司法腐败、司法不公的现象依然存在，关系案、人情案、金钱案等情况时有发生。缺乏法律实施的监督或者监督不力是重要的原因之一。法治监督的核心，就是制约和监督权力。全面推进依法治国，要建立严密的法治监督体系，健全对权力运行的制约和监督，建立确保宪法法律得以有效实施的责任机制，真正做到将权力关进制度的笼子里，让权力不能任性。

法治监督，"严"字当头。为此，应当织就疏而不漏的法治监督之网，加强党内监督、人大监督、民主监督、行政监督、司法监督、社会监督、舆论监督制度建设，形成科学有效的权力运行和监督体系，增强监督实效。必须进一步强化法律监督，突出监督重点，加大监督力度，完善监督机制，提升监督能力。如果监督主体不明、监督范围过窄、监督程序不明、监督责任不清、监督疲弱乏力，那么，法治体系便会因为权力的膨胀性与扩张性而无法建立起来。所以，必须一手抓法律实施，一手抓法律监督，切实做到有权必有责、有责必追究；切实改变不愿监督、不敢监督、不会监督、不想监督的局面；坚决杜绝以权谋私、权钱交易，坚决破除潜规则、坚持对腐败的零容忍，坚决反对和克服特权思想、衙门作风、霸道作风，坚决反对和惩治粗暴执法、野蛮执法行为，确保法治在正确轨道上健康有序地运行。

形成严密的法治监督体系，是一项涉及面很广的系统工程，需要在法治中国建设的伟大实践中不断探索。针对十八届四中全会《决定》提出的强化法治监督的要求，我们应抓住法治监督体系建设的关键环节和重点内容。

第一，健全宪法实施和监督制度。维护宪法尊严、保证宪法实施，追究和纠正一切违反宪法的行为，是法治监督最根本的任务。为了充分发挥宪法的监督作用，应当完善宪法的解释制度，完善全国人大及其常委会的监督制度，切实健全宪法解释的程序机制。结合当前的改革实践，一项重要的举措就是要加强备案审查制度，把所有规范性文件纳入全国人大常委会的备案审查范围。

第二，强化对行政权力的制约和监督。行政权力具有管理事务领域宽、自由裁量权大等特点，法治监督的重点之一就是规范和约束行政权力。根据十八届四中全会的要求，要进一步加强对依法履行职权的监督，贯彻落实行政权力清单制度，建立并完善公众参与、专家咨询和政府决定相结合的决策机制，进一步加强对政府决策合法性的审查，保障行政决策的科学性和合法性。要对重大决策终身追责和责任倒查，完善纠错问责机制，政府行使公权力要以公开为原则，以不公开为例外，自觉接受人民群众的监督。

第三，加强对司法活动的监督。司法公正对社会公正具有重要引领作用。要进一步健全司法机关内部监督制约机制，明确司法机关内部各层级权限，明确各类司法人员工作职责、工作流程、工作标准，建立司法机关内部人员过问案件的记录制度和责任追究制度。完善检察机关行使监督权的法律制度，加强对刑事诉讼、民事诉讼、行政诉讼的法律监督。依法规范司法人员与当事人、律师、特殊关系人、中介组织的接触、交往行为。对因违法违纪被开除公职的司法人员、吊销执业证书的律师和公证员，终身禁止从事法律职业，构成犯罪的依法追究刑事责任。

第四，重视和规范舆论监督。当前，随着网络、微博、微信等新媒体迅速发展，舆论监督对促进司法公正、提升司法公信的影响越来越大。一方面，司法机关要及时回应社会关切。要以更加开放、坦诚、自信的态度，坚持阳光司法，推进执法办案信息公开，以正确的方式传播真实的声音；要认真听取媒体的意见、建议和批评，尤其要重视媒体所反映的司法活动和队伍中的问题，对反映的情况属实的依法依纪严肃处理，对情况不实或有偏差的，客观平和地说明情况，争取社会公众理解支持。另一方面，要规范媒体对案件的报道，防止舆论影响司法公正。媒体要从履行社会责任出发，加强对法治新闻报道特别是案件报道的审核把关，确保合法性和准确性。

从法治评估的角度考察，法治监督体系是对法治体系，包括立法、执法、司法运行的监督，是国家权力运行的不可或缺的环节。无论立法权、行政权还是司法权，都应贯彻"有权必有责，用权受监督"的原则。就监督对象而言，法治监督体系包括文件监督、执法监督、审判监督三个方面。（1）文件监督主要考察对立法和司法解释文件的合宪性、合法性审查机制是否起作用，是否有效。（2）执法监督是对行政机关的执法活动进行的监督，主要包括内部制约、审计监督、人大监督和行政复议四个具体指标，考察政府招标、财政预算、对漏税行为的处罚和财务审计的执法监督的成效。（3）审判监督是对司法机关的审判活动所进行的监督，通过检察监督、审级监督、内部监督、人大监督和舆论监督五个具体指标考察。

四 有力的法治保障体系

"徒法不足以自行"，法律最终还是要靠人来实施。法治的实施和监督不是无条件的、绝对的，在不同的保障条件下，法律规范和法律实施与监督体系的运行与实践效果必然会不尽一致甚至存在根本差异。法治保障体系严谨、强大有力、方向正确，则法治实施健康有序、成效显著；保障无力甚至缺少保障，法治制度便难以为继，不可能高效率地运行，更不可能达到预期的制度效果。所以，不仅要有一整套法治保障制度，还要确保法治保障体系强效而有力。

有力的法治保障体系是依法治国的标志，是全面推进依法治国的重要依托。近年来，中国法治保障体系不断完善，但仍然存在一些问题。如法治保障体制机制的部门化、行政化，人财物保障体制的"分灶"固化，进而滋生执法司法领域的人情案、金钱案，损害了法治威信。执法司法保障的低职业化现象较为明显，尤其是执法司法人员的准入、遴选、晋升、转任机制不健全，形成职业保障规则不公平、机会不公平、起点不公平，"驱逐人才"。

法治保障体系是由政治保障、思想保障、组织保障、能力保障、体制保障和履职保障以及实践运行保障构成的统一体。其中，坚持中国共产党的领导和中国特色社会主义是确保法治建设的根本政治保障，马克思主义法学思想和中国特色社会主义法治理论是根本思想保障，切实提高领导干部的法治思维和依法办事能力是法治队伍保障的关键，而体制制度保障更具有根本性、长远性和全局性。行政执法体制的优化、司法体制的改革、社会治理体制的形成和依法执政体制的完善，都为法治建设奠定了坚实的基础。

构建有力的法治保障体系是一个复杂的系统工程，涉及利益相关主体的冲突与磨合，亟须增强理念认同，对制约法治保障体系的深层次矛盾和问题必须进行系统梳理和逐一解决。

党的领导是全面推进依法治国的坚强政治保障。事在四方，要在中央。中国共产党的领导地位具有历史合法性和现实合法性，是历史的选择和人民的选择，中国宪法确立了中国共产党的领导地位而赋予其法律合法性。形成有力的法治保障体系，必须旗帜鲜明地坚持党的领导。党的领导是中国特色社会主义最本质的特征，是社会主义法治的最根本保证，是法治保障体系的首要内容。一方面，没有党的领导，法治事业就失去了主心骨，就会走入歧途和邪路，甚至引发混乱和失控，不仅无法实施法治，更会损害全体人民的共同利益；另一方面，全面推进依法治国是国家治理的全局性、整体性事业，只有依靠中国共产党发挥统揽全局、协调各方的作用，才能破除固有障碍，不断将法治事业推向前进。只有坚持党领导立法、保证执法、支持司法、带头守法，才能充分实现人民当家做主，真正把人民意志上升为国家意志，有序推进国家和社会生活法治化。各级党委要切实加强对依法治国的领导，提高依法执政的能力和水平，为全面推进依法治国提供有力的政治和组织保障。

高素质的法治工作队伍是全面推进依法治国的组织和人才保障。治国经邦，人才为先。十八届四中全会《决定》指出："全面推进依法治国，必须大力提高法治工作队伍思想政治素质、业务工作能力、职业道德水准，着力建设一支忠于党、忠于国家、忠于人民、忠于法律的社会主义法治工作队伍，为加快建设社会主义法治国家提供强有力的组织和人才保障。"为此，我们在法治教育方面要把思想政治教育放在首要位置，端正政治立场，强化职业操守，夯实专业知识。在法律职业保障方面要尊重司法规律，捍卫和维护职业的严肃性和神圣性。通过科学合理确定法规、检察官员额并切实提供财政物质保障，稳定司法队伍。通过保障律师依法行使职业权利，发挥律师队伍作为依法治国重要力量的积极作用，进一步深化律师制度改革。

中国特色社会主义制度是全面推进依法治国的牢固制度保障。基础实，则道路平。习近平总书记指出："我们要建设的中国特色社会主义法治体系，本质上是中国特色社会主义制度的法律表现形式。"这一论断科学揭示了法治体系与社会制度之间的内在联系，明确了中国特色社会主义法治体系的制度属性和前进方向。构建有力的法治保障体系，必须坚持人民代表大会这一根本政治制度，绝不能搞"三权分立"，必须坚持中国共产党领导的多党合作和政治协商基本政治制度，绝不能搞多党竞选、轮流坐庄。我们应当坚定这样的制度自信，不断改革和完善不符合法治规律，不利于依法治国的体制机制，切实推进社会主义民主政治法治化。

中国特色法治文化是全面推进依法治国的丰厚文化保障。习近平总书记指出："法治精神是法治的灵魂。人们没有法治精神、社会没有法治风尚，法治只能是无本之木、无根之花、无源之水。""只有内心尊崇法治，才能行为遵守法律。只有铭刻在人们内心中的法治，才是真正牢不可破的法治。"这些重要思想意蕴法治既是一种理性的办事原则，体现为普通民众知法懂法用法护法，更是一种文明的生活方式，体现为法治意识、法治观念、法治精神深入人心。古人云："立善法于天下，则天下治；立善法于一国，则一国治。"中华民族有着悠久的法律文化传统，是现代法治生活建构的重要本土资源。我们要汲取中华传统法律文化精华，借鉴国外法治有益经验，努力推动形成办事依法、遇事找法、解决问题用法、化解矛盾靠法的社会氛围，完善守法诚信褒奖机制和违法行为惩戒机制，使尊法信法守法成为全体人民的共同追求和自觉行动。

从法治评估的角度考察，法治保障体系是法治体系得以运行的保障措施，包括人员保障、经费保障和法学教育保障三个方面。（1）人员保障，主要考察法官、检察官、警察和律师数量是否充足，质量包括业务素质和道德素质是否合格。（2）经费保障，主要考察审判、检察、公安工作的经费保障是否充足，包括基础设施、基本装备、活动经费和工资福利四个具体指标。（3）法学教育与普法，主要考察法学教育与普法满足法治建设需要的水平，包括对法学专业毕业生的满意度和对普法教育的满意度两个具体指标。

五 完善的党内法规体系

治国必先治党、治党务必从严，治必依据法规。管理好我们党这样一个有着8600多万党员、430多万个基层党组织的大党，离不开完备的党内法规制度做保障。十八届四中全会《决定》指出："党内法规既是管党治党的重要依据，也是建设社会主义法治国家的有力保障。"全面推进依法治国，需要我们党以法治思维和法治方式管党治党、执政兴国。新中国成立以来特别是改革开放以来，中央制定和颁布了一批重要党内法规，初步形成了党内法规制度体系框架，为管党治党、执政治国提供了重要制度保障。但是，目前，党内法规的系统性、整体性和与国家法律的协调性不够、亟须推动党内法规制度建设，一手抓科学制定，一手抓坚决执行。王岐山同志指出，要认真总结我们党93年、无产阶级政党100多年、世界政党300多年制度建设理论和实践经验，立足当前、着眼长远，统筹推进党内法规制度建设，确保到建党100周年时，建成内容科学、程序严密、配套完备、运行有效的党内法规制度体系。

全面推进依法治国必须充分发挥党内法规对国家法律的保障作用。党制定党内法规，调整党内关系、规范党内生活，为党组织和党员提供行为规范；党又领导人民制定宪法法律，调整社会关系、规范社会秩序，为公民、法人和其他社会组织提供活动依据。党内法规和国家法律都是党和人民意志的反映，二者在本质上是一致的。事实上，加强党内法规制度建设，不仅不会削弱国家法律的权威，而且有利于国家法律实施，二者相辅相成、相互促进。历史经验告诉我们，如果党内法规执行得好，法律法规就能得到较好遵守，法治建设就能顺利推进；如果党内法规执行得不好，法律法规的权威也树立不起来，依法治国也就无法实现。党的十八届四中全会决定提出建立完善的党内法规体系，并将其作为"五大体系"的内容之一，这对于全面推进依法治国具有重要意义。为此，我们要形成完善的党内法规体系应从以下几个方面着手。

第一，完善以党章为根本、民主集中制为核心的党内法规制度体系。党内法规制度的完备程度是政党发展成熟与否和执政水平高低的一个重要标志。新形势下，党的建设面临一系列新情况新问题新挑战，党要管党、从严治党的任务比以往任何时候都更为繁重、更为紧迫。全面提高党的建设科学化水平，必须在"宪法至上、党章为本"基本原则指导下，建立健全以党章为根本、以民主集中制为核心的党内法规制度体系。党章是我们立党、管党、治党的总章程，是最根本的党内法规，在党内具有最高的权威性和最大约束力。它既为全党统一思想、统一行动提供了根本准则，又为制定党内其他规章制度提供了根据和基础。民主集中制是党的根本组织原则，也是党的根本组织制度和领导制度，贯穿于党的组织和活动的各个方面，体现在党的路线方针政策的制定和实施的全过程，是党内法规制度体系的核心。只有以党章为根本，以民主集中制为核心，推进党内根本制度、基本制度、具体制度的健全与完善，才能逐步形成完整、系统、配套、协调的党内法规制度体系。

根据《中央党内法规制定工作五年规划纲要（2013—2017年）》所提出的要求，要完善党内法规体系应该注意：一是进行党内法规的顶层设计和体系规划；二是做好党内法规的制定和修订工作；三是及时清理过时的党内法规。制定党内法规的目的在于规范党内行为，引导党员领导干部依规办事、依规用权，依规施政，实现党内事务的依法治理，因此付诸实施是党内法规的生命力所在。党内法规的实施在当前尤其要抓好以下两项重点工作：一是领导带头执行党内法规。一个地方党内法规执行得好不好，关键在领导干部，关键在"一把手"，如果主要领导能够以身作则，率先垂范，严格执行党内法规，就会起到良好的带动作用。二是严格问责，严肃惩戒。党内法规的价值是其严肃性，它应是带电的高压线，任何人不能触碰，凡是敢于以身试法者，都应该受到法律的严惩。党内法规在执行中由于涉及广大党员干部的切身利益，因此必须严格细致，客观公正，监督有力，既不能冤枉一个好同志，也不能放过一个违纪者，这就有赖于建立一个能够全方位监督党内法规执行的体制和机制。

第二，实现党内法规同国家法律的衔接与协调。中国共产党既要坚持依法治国，又要坚持依法执政，在治国理政方面的依据是宪法和国家法律，在管党治党方面的依据是党章和党内法规。十八届四中全会《决定》指出，要"注重党内法规同国家法律的衔接和协调"。因此，党内法规与国家法律的关系，是在理论和实务中都无法回避的问题。我们要建设中国特色社会主义法治体系，必须注重党内法规同国家法律的衔接和协调，处理好党内法规与国家法律之间的关系，不断提高党内立规和国家立法的科学化水平。

首先，要实现党内法规同国家法律的衔接与协调，必须正确把握二者之间的逻辑关系。党内法规和国家法律都是人民意志的反映，都是我们党依法执政的制度性基础，都是国家治理现代化的必备要素。但党内法规毕竟不是法律，它不是立法机关制定的规范性文件，其适用范围仅针对全体党员，不适用于全体公民，并且违反党内法规的后果不同于因违法而承担法律责任的后果。党内法规是管党治党的依据，通过完备的党内法规可以有效约束各个党员的行为，使党员干部遵纪守法，对管好党、治好党起着根本的规范作用，在一定程度上弥补了法律调整范围的不足。其次，要实现党内法规同国家法律的衔接与协调，必须坚持以党章和宪法为基本前提。党章规定："党必须在宪法和法律的范围内活动。"宪法明确规定必须坚持党的领导。要切实做好党内法规特别是党纪的立、改、废、释工作，对于党纪中虽有规定但可以由法律法规进行规范的，尽量通过法律法规来体现；对于法律既没有规定也不适合规定的事项，应由党纪逐步实现全面覆盖；对于同实践要求不相适应的党纪，应及时修订或废止；对于立法法明确规定应由国家法律规定的事项，党内法规不应做出规定；对于那些经过实践检验、应转化为法律的党纪，应及时通过法定程序将其转化为国家法律，逐步形成党的纪律与国家法律的衔接机制。最后，要实现党内法规同国家法律的衔接与协调，必须坚持党纪严于国法。党纪严于国法，主要表现为党纪对党员的要求比国法对公民的要求标准更高。凡是法律已有明确规定的违反法律的行为，也一定是违反党纪的行为。凡是党员和党员领导干部违法犯罪的，必是违纪在前。发现党员违纪问题，纪检监察机关查清其违纪事实，及时做出违纪处分，如涉嫌违法犯罪，必须移送司法机关依法处理。

第三，党的各级组织和党员干部要自觉遵守纪律，模范遵守国家法律。党的各级组织和党员必须受党的纪律和国家法律双重约束，既要做党的纪律的自觉遵守者，又要做国家法律的模范遵守者，坚决同违法乱纪行为做斗争。党的各级组织和党员领导干部要按照党领导立法、保证执法、支持司法、带头守法的要求，不断提高依法执政能力和水平，不断推进各项治国理政活动的制度化、法律化。各级领导干部要提高运用法治思维和法治方式深化改革、推动发展、化解矛盾、维护稳定能力，率先守法、以身作则、以上率下，成为全面推进依法治国的重要组织者、推动者、实践者，努力推动形成办事依法、遇事找法、解决问题用法、化解矛盾靠法的良好法治环境，自觉在法治轨道上推动各项工作。党的各级纪律检查机关要按照党要管党、从严治党的要求，切实承担起监督执纪问责的职责。

从法治评估的角度考察，党内法规体系虽然不是国家法律体系的组成部分，但是与法律体系有着密切的联系，作为执政党，党内法规对于法律的制定和实施起着保障作用，党员是否带头守法是决定法治体系运作成效的关键因素。考察党内法规体系，可以通过党内法规的完善性、执行力、党规与国法的协调性和党员带头守法程度四个方面考察。（1）党内法规完善性，包括党内法规体系的完善性和党内法规立改废释机制的完善性两个具体指标。（2）党内法规执行力，主要考察党员违反了党内法规在多大程度上能够得到严肃处理和党内法规执行的监督机制是否起作用，可通过党员违纪监督和违纪处罚的严格性程度两个具体指标考察。（3）党规与国法协调性，反映党内法规与国家法律的衔接与协调程度。（4）党员守法指标反映公众对党员是否带头守法的评价。

学理上说，除针对上述几大体系的评估外，还可以进行法治效果整体评估。根据中国人民大学法治评估中心的研究，法治效果可以从控权、人权、秩序安全和法治信念四个方面加以衡量，它们分别反映了法治效果的四个方面，即权力滥用是否得到控制，人权是否得到保障，社会秩序和安全是否有保证，人们对法律的信仰、国家机关的公信力和合法性认同是否提高。（1）控权反映对各类公权力的控制程度，防止权力滥用是法治的重要目的，一般通过权力法定、依法决策、廉洁和问责四个具体指标表现出来。（2）人权反映国家尊重和保护人权的程度，法治本身不是目的，保障人民当家做主，尊重和保护人权是法治的价值目标。人权指标主要考察平等权、选举权、表达自由、人身权利、财产权、医疗保障和受教育权的受保障和落实情况。(3) 社会秩序和安全指标反映社会秩序与安全受到保障的程度,这是法治社会的社会基础,否则权力滥用的现象不可能得到长期、规范的控制,公民的权利和自由也得不到稳定、有效的保障。它包括社区安全、社会秩序和解纷机制三个具体指标。(4) 法治信念是评价法治效果的观念性指标,法治效果的评价不仅要看物质层面、制度层面,而且要看信念层面,法治信仰是否建立。可分解为公信力、法治信仰、合法性认同三个具体指标。[1]

第四节　全面依法治国的基本格局

一　坚持依法治国、依法执政、依法行政共同推进

依法治国是治国理政的基本方式,是以法律权威至上为核心、以权力制约为机制、以人权保障为目标的治理模式。中国特色社会主义法治国家所要推进的依法治国,是指广大人民群众在党的领导下,依照宪法和法律规定,通过各种途径和形式管理国家事务,管理经济文化事业,管理社会事务,保证国家各项工作都依法进行,逐步实行社会主义民主的制度化、法律化,使这种制度和法律不因领导人的改变而改变,不因领导人看法和注意力的改变而改变。

---

[1] 朱景文主编:《中国法治评估报告2015》,中国人民大学出版社2016年版。

依法执政是党的执政方式在新时期的重要转变，是指党依据宪法和法律以及党内法规体系治国理政和管党治党，实现党和国家生活的法律化、制度化、规范化。全面推进依法治国、建设社会主义法治国家，关键在于执政党依法民主科学执政。依法执政的基本内容是，一是党领导立法，保证党的主张和意志通过法定程序上升为国家意志；二是依照宪法和法律、党法领导国家政权、运用国家政权、实现党的宗旨、目标和任务；三是保证和支持行政机关依法严格执法、司法机关公正司法，确保民主的法律化、制度化；四是带头遵守宪法法律，自觉维护宪法法律权威；五是通过依法执政的体制机制改革，自觉提升运用法治思维和法治方式进行执政的意识和能力；六是依法保障和规范党的机关和党员干部执掌和运用权力的行为，反对以言代法、以权废法、徇私枉法。

依法行政是指各级政府在党的领导下、依法行使行政管理权和依法执行法律。无论是哪一层级的政府及其部门，其权力的设定、取得、运行和监督都必须依法进行，确保始终不偏离法治的轨道。其基本要求是，以合法性原则为基本指导，坚持法定职责必须为、法无授权不可为、违法行为必追究。为此，应当改革行政执法体制，推进综合执法、严格执法责任，构建权责统一、权威高效、程序严谨的依法行政体制，切实防止选择性执法、多头执法、违法执法，牢固树立权力来源于人民、权力依据法律授予、权力为了人民的法治观念。

依法治国、依法执政和依法行政是相互联系、相辅相成的关系，具有价值取向的一致性、基本要求的统一性、运行机制的关联性。依法治国是全局、依法执政是核心、依法行政是关键，三者缺一不可、不可偏废，应当通盘谋划、共同推进。

二 坚持法治国家、法治政府、法治社会一体建设

法治国家是全面推进依法治国的根本目标。法治国家是指依法赋予、运行和制约国家权力、通过公正司法和严格执法来维护法律权威并实现人民权利的国家存在形式。一个成熟的法治国家首先是依法治理的国家。法律之治是法治国家的第一要件。在所有规范形式和调整方式中，法治是治国理政的基本方式。国家的政治、经济、社会、文化关系即一切国家权力形式之间及其与公民权利之间的关系，均被纳入法律调控的范围，接受法律的治理。其二，权力制约。依法制约公共权力。国家权力不是无限的，更不可主观任性地运行。相反，应当是有限的、分立的、受法律监督制约的。其三，注重程序。无论是司法过程、执法行为，还是政治决策与民主政治活动，都应该有一整套程序规范引导，并固化为法律程序，获得全体组织和所有人的一体遵循。程序是法治国家不同于人治国家的重要分水岭。其四，法律权威。法律与人尤其是领导者个人的权威比较是人治与法治的最根本区别。当法律权威高于个人尤其是领导者个人的权威时，便是法治，反之，便只会是人治国家。其五，人权保障。坚持人民主体地位，以人民的基本权利和利益为最高价值追求，是法治国家的生命力之所在。其六，良法善治。不仅要有

完备的法律体系，更需要抛弃恶法、弘扬良法，用文明进步的良善价值来主导和统率法律规范；不仅要依法治理，更要构建法治先行、透明公开、公平正义、以人为本、高效理性、权责统一的现代治理体系。依法进行良善治理的国家才是真正的法治国家。

法治政府是政府依据宪法法律设立、政府权力法定、政府决策和行为严格依据法律程序进行并对其后果承担相应责任的政府。政府依法行政和严格执法，是法治的重心。在所有的国家机关中，与群众关系最密切的是各级人民政府，国家的法律法规也需要各级政府来实施。政府的决策与执法活动是否符合法治精神和法治原则，不仅关系到法治国家依法治国能否建成，更关系到社会的稳定和人民的幸福。因此，必须牢牢抓住这个关键，在规范政府权力的行使、防止权力滥用、明确权力价值取向上做出全面的法治制度安排，并确保在法治实践中得到有效落实，只有这样，全面推进依法治国、加快建成法治国家才不至于流于形式。法治政府是有限政府，其权力受到法律的界分和限定，不能超越法律的界限运行；法治政府是责任政府，有权必有责，有责必承担；法治政府是人民政府，以人的基本自由和权利为依归；法治政府是程序政府，一切重大决策和行为活动都必须通过公共参与、专家论证、风险评估、合法性审查和集体讨论决定；法治政府是阳光政府，实行信息公开，赋予社会大众广泛的知情权和参与权，以民主决策和民主监督来实现公开公正、保障政府的法治本色；法治政府是诚信政府，应当自觉维护法律权威、自觉履行职责、为政令畅通、政民和谐奠定基础。为此，《决定》指出："加快建设职能科学、权责法定、执法严明、公开公正、廉洁高效、守法诚信的法治政府。"

法治社会是社会依法治理、社会成员人人崇尚法治和信仰法治、社会自治依法自治、社会秩序在法治下和谐稳定的社会。社会是人与人之间相互关系的总和，法治社会是与法治国家相互对应、相辅相成的。没有法治社会，便没有法治国家。因此，全面推进依法治国，必须推进法治社会建设。具体来说，第一，全社会树立法治意识。法律的权威来自人民的内心拥护和真诚信仰。通过法治宣传教育，弘扬社会主义法治精神、建设社会主义法治文化，使全体人民自觉依法行使权利、履行义务、承担社会和家庭责任。第二，社会多层次多领域依法治理。坚持系统治理、依法治理、综合治理、源头治理，提高社会治理法治化水平，支持各类社会主体自我约束、自我管理。第三，党和国家依据宪法法律治理社会。按照《决定》要求，建设完备的法律服务体系。推进覆盖城乡居民的公共法律服务体系建设，加强民生领域法律服务。完善法律援助制度，健全北京大学全依法维权和化解纠纷机制。强化法律在维护群众权益、化解社会矛盾中的权威地位，引导和支持人们理性表达诉求、依法维护权益，解决好群众最关心、最直接、最现实的利益问题。总之，法治国家、法治政府和法治社会三者内在统一、相互融合、相互促进，共同成长为社会主义法治国家。

三 实现科学立法、严格执法、公正司法、全民守法

在中国特色社会主义法律体系形成之后，提高立法质量成为立

法的中心任务。正如习近平在十八届中央政治局第四次集体学习时指出的："人民群众对立法的期盼，已经不是有没有，而是好不好、管不管用、能不能解决实际问题；不是什么法都能治国，不是什么法都能治好国；越是强调法治，越是要提高立法质量。"而在《说明》中再次强调指出："实践发展永无止境，立法工作也永无止境，完善中国特色社会主义法律体系任务依然很重。"

为此，一要尊重规律。科学立法的核心在于尊重客观规律，不仅要按照客观经济规律尤其是市场经济的价值规律、市场和自由关系的内在规定性等来及时进行法律的废改立，而且要充分反映社会规律，将社会文化以及民主政治建设和生态文明发展规律及时用法律的形式加以固定和强化，使改革发展稳定工作在良法体系的规范和保障下科学地推进。二要体现民意。立法应当回应人民群众的真实关切和心愿，而不是部门利益至上、利用立法搞地方保护主义。人民性是法律的最根本特征，也是衡量法律质量的根本标准。凡是人民群众呼声高、要求强的，就应当及时进行立法；凡是与人民利益和意志不尽相符或根本相背离的，必须及时进行废改。三要切合实际。立法必须立足现实，以解决现实问题和现实利益诉求为导向，既要有预见性和超前性，又要增强针对性和务实性。四要完善程序。民主立法是科学立法的保障，科学民主的立法程序是良法产生的基本途径，拓宽立法渠道、加强开门立法，为科学立法奠定基础。五要符合科学。立法应当按照科学的法治定理和原则加以完善，既要将人类法治发展史上凝聚的宝贵法治遗产如罪刑法定、无罪推定和非法证据排除等及时吸纳到立法之中，又要增强可操作性和逻辑性，明确具体的适用条件、行为模式和法律后果，克服权利义务关系不明、责任抽象、有效性不足的局限性。

严格执法是对行政机关而言的，是指行政机关应当严格、严明和严肃地执行国家法律。所谓严格是指行政机关及其工作人员严守法定的实质标准和程序要求，坚持在法律的轨道内按照法律的规格和标准行使行政权力、执行法律法规；所谓严明是指执法作风端正、执法纪律严明，坚决消除慵懒散，杜绝乱作为、瞎折腾；所谓严肃是对执法态度、执法精神方面的要求，执法者应当奉行法治精神、严肃认真地履行执法职责，确保公正执法、文明执法、理性执法。法律的生命力在于实施，法律的权威也在于实施，严格执法是全面推进依法治国的重要内容。然而，在现实中，有的执法人员法治意识淡薄、人治思想严重，有的部门权力制约不够、自由裁量权过大，导致不执法、乱执法、选择性执法、以权谋私、执法寻租等现象依然存在，偏离了法治的轨道、妨碍了法治的实施、损害了法治的权威，不符合人民群众的诉求和期待。为此，《决定》指出："依法惩处各类违法行为，加大关系群众切身利益的重点领域执法力度。完善执法程序，建立执法全过程记录制度。明确具体操作流程，重点规范行政许可、行政处罚、行政强制、行政征收、行政收费、行政检查等执法行为。严格执行重大执法决定法制审核制度。"

公正司法是对司法机关的基本要求。司法是正义的最后防线，也是法治的生命线。司法不公，则权利受损；司法不公，则社会不稳；司法不公，则法治不存。"一次不公正的审判，其恶果甚至超过十次犯罪。因为犯罪虽是无视法律——好比污染了水流，而不公正的审判则毁坏法律——好比污染了水源。"司法公信力是法治的基本要求，也是社会主体普遍关注的重点。正如习近平总书记在说明中指出的：当前，司法领域存在的主要问题是，司法不公、司法公信力不高问题十分突出，一些司法人员作风不正、办案不廉，办金钱案、关系案、人情案，"吃了原告吃被告"，等等。司法不公的深层次原因在于司法体制不完善、司法职权配置和权力运行机制不科学、人权司法保障制度不健全。所以，必须完善司法管理体制和司法权力运行机制，规范司法行为，加强对司法活动的监督，努力让人民群众在每一个司法案件中都感受到公平正义。

全民守法是法治建设的基础工程，法治根系于社会大众对法律的信守和遵从。正如卢梭所言："一切法律之中最重要的法律，既不是铭刻在大理石上，也不是刻在铜表上，而是铭刻在公民的内心里。"全民守法是指全体社会成员和一切国家机关、政党、社会团体、企事业组织，都必须尊重宪法法律权威，都必须在宪法法律范围内活动，都必须依照宪法法律行使权力或权利、履行职责或义务，都不得有超越宪法法律的特权。必须维护国家法制统一、尊严、权威，切实保证宪法法律有效实施，绝不允许任何人以任何借口任何形式以言代法、以权压法、徇私枉法。为此，必须深入开展法治宣传教育，大力弘扬社会主义法治精神，努力建设社会主义法治文化，增强全社会厉行法治的积极性和主动性；必须依法抑恶扬善、严格执法司法，形成守法光荣、违法可耻的社会氛围；必须发挥法治制度建设的强大效能，引导人民群众按照法律的规定和程序，依法表达利益诉求、依法维护自身权益；必须完善国家工作人员学法用法制度,坚持把领导干部带头学法、模范守法作为树立法治意识的关键,充分发挥领导干部率先垂范的带动效应,使全体人民都成为社会主义法治的忠实崇尚者、自觉遵守者、坚定捍卫者。

此外,还应注重人才强法。从法律大国向法治大国和法治强国的发展是治国强国的强大保障,而法治人才则是其中的主体性力量。法治与人治相对,但法治社会绝不是要否定人的作用,相反,人的素养和主观能动性对法治的成败意义重大。无论是法律的制定,还是法律的实施,抑或法律的监督,在全面推进依法治国的每一个层面,都需要高素质的法治人员。法治以人民主体为重要原则,法治的本源性主体是人民,但法治的执行性主体则是党和国家机关尤其是立法执法司法机关。法治的高度政治性、专业性和专门性以及技术性,要求必须重视法治专门人才的建设,发挥法治人才的作用。党的十八届四中全会《决定》指出:"全面推进依法治国,必须大力提高法治工作队伍思想政治素质、业务工作能力、职业道德水准,着力建设一支忠于党、忠于国家、忠于人民、忠于法律的社会主义法治工作队伍,为加快建设社会主义法治国家提供强有力的组织和人才保障。"

第五章

中国法治的模式特征和法治中国实现

任何现实而良善的法律都是在实然和应然中找寻和谐与平衡。

——笔者题记

◇ 第一节 中国法治的模式特征

如上所述,三十多年来,中国的法治改革和经济建设一样,都取得了长足进展。当前,"中国模式"及其经验教训成为国内外学者研讨的热门话题。① 从党的十一届三中全会到十八届六中全会,

---

① 在改革开放步入三十年之际,学术界总结中国法治经验教训的各类著作和文章非常多,有从现代性角度进行的观察,有立足于文化传统与本土资源所做的研究,还有基于全球化时代命题提出的论断,其间混杂着自由主义、保守主义、社群主义、民族主义、马克思主义的思想纠葛,众说纷纭,莫衷一是。参见邓正来《中国法学向何处去》,商务印书馆2011年版;季卫东《大变局下的中国法治》,北京大学出版社2013年版;高全喜《法制变革及"中国经验"》,《中国政法大学学报》2009年第2期;张文显《全面推进法治改革,加快法制中国建设》,《法制与社会发展》2014年第1期;等等。

党领导人民坚定不移地走中国特色社会主义法治道路,坚定不移地在法治轨道上推进经济社会发展,实现了从人治到法治、从强调专政统治到"建设中国特色社会主义法治体系,建设社会主义法治国家"的重大转变,取得了世人瞩目的巨大成就。回顾已经走过的法治建设历程,抛开法哲学(或政治哲学)层面的繁杂争论,依笔者拙见,中国法治建设的模式性特征,或者说法治发展成就的密码与经验,可以概括为以下八个方面。

一 协商型法治

从领导体制角度看,中国法治是中国共产党领导下各机关部门分工负责,各地方区域统筹兼顾、协作互动的协商性法治。通过人民代表大会制度、人民政协制度、基层民主制度以及共产党领导下各部门、各地区、各社会团体、各方面人士广泛的内部协商协作,最终凝聚共识、统一步调,实现发展目标。

根据执政党的权威说法,中国共产党的领导是中国特色社会主义最本质的特征,坚持中国共产党这一坚强领导核心,是中华民族的命运所系。[1] 坚持党总揽全局、协调各方的领导核心作用,是社会主义法治的根本保证,是支持和保证人民实现当家做主的关键。其基本要义在于:(1)法治是全体人民通过立法、执法、司法、法制监督、法治教育和法律实践等环节所建立起来的社会主义法律秩

---

[1] 习近平:《在庆祝全国人民代表大会成立六十周年大会上的讲话》,《法制日报》2014年9月6日。

序，具有鲜明的阶级性和人民性，中国共产党作为这种阶级性和人民性的代表，凝智聚力、依法执政。（2）社会主义民主是法治的基础和前提，共产党是争取民主、发扬民主、扩大民主、建设社会主义民主政治的领导核心，没有党的领导就不会有真正的民主，也就不会有社会主义法治。（3）法律的制定过程是党领导立法机关把党和人民的意志转化为国家意志，保证党的路线方针政策和决策部署在国家工作中得到全面贯彻和有效执行的过程。（4）法律的实施过程是党领导各级行政机关和司法机关依法行政、公正司法，尊重和保障人权，保证政治、经济、文化、社会和生态建设协调发展的过程。

"协商"是典型的中国概念，其核心理念是：利益相关者以商量的方式，沟通意见、协调利益，以达成共识、实现共存与共赢。笔者以为，中国和西方国家都奉行民主政治，但实现民主的核心方式则有不同，西方国家以选举民主为核心，中国则基于历史和现实的原因，以协商民主为主。协商民主从形式上、外观上、程序上似乎较选举民主（特别是直接选举）有着这样或那样不到位和缺陷之处，但是通过人民政协制度、人大制度和共产党领导下各部门、各地区、各社会团体、各方面人士广泛的内部协商协作（而非公开辩论的外部民主），凝聚共识、统一步调，最终实现社会发展目标。

新中国的协商民主源于中共革命建政的探索与实践。其制度实践包括以下三个要点：（1）协商民主是由共产党领导的，党的领导是整个政治框架的前提性条件。政治权力运行的基本结构是在中国共产党领导下，全国人大及其常委会、国务院、最高人民法院、最高人民检察院等国家机关各负其责、平等协商，共同完成执政党代表人民确立的中心任务。（2）人民代表会议制度。人民民主是社会主义的生命，人民性是人大制度的鲜明特征。坚持党性和人民性的统一，决定了人大工作要将选举民主和协商民主相结合，通过发挥协商民主的独特优势来进一步彰显人大制度（包括代议制、票决制、民主集中制）的优势，不断丰富其实践特色和时代特色，健全民主制度、丰富民主形式、拓宽民主渠道，推动人大制度与时俱进。（3）中国人民政治协商会议制度，它是中国共产党把马克思列宁主义统一战线理论、政党理论和民主政治理论同中国具体实践相结合的伟大创造，人民政协作为统一战线的组织和协商机构，具有搭建执政党与其他民主党派和非党人士协商对话平台的功能，联合团结各族、各阶层人民实践人民当家做主的功能，对国家大政方针的实施发挥经常的、重要的协商作用。

这一宏观政治环境决定了中国的协商民主截然不同于西方的协商民主，且具有以下独特优势：（1）使党的领导与国家治理体系现代化形成相互促进的关系。协商民主能够从促进和完善党的群众路线和统一战线这两个方面巩固和增强党的领导。（2）使超大规模的社会在中国特色社会主义制度下保持持久的和谐发展。中国协商民主内在地具有团结人民、整合国家、协调利益、促进和谐的功能，促进协商民主的广泛、多层、制度化发展，有助于增强党的执政能力、国家整合能力、政府民主科学决策能力、社会自我调节能力以及公民的有序参与能力。（3）使人民当家做主实践与国家治理体系和治理能力现代化有机统一。基于人民民主所形成的人民参与国家事务管理，不同于西方基于利益表达所形成的参与，它是专业化国家管理与有序化人民参与的有机统一。协商民主的平台和路径能够有效地保证党和国家所运行的公共权力做到以民为本、为民服务、为民谋利。[①]（4）使党总揽全局、协调各方的领导核心作用能够全面有效地发挥，并通过人大制度、人民政协制度等支持和保证国家政权机关依照宪法法律积极主动、独立负责、协调一致开展工作，从而保证党领导人民有效治理国家，切实防止出现群龙无首、一盘散沙的现象。

但从现代法治角度看，这种党领导下各部门分工负责的协商型法治尚存在四个突出弊端，需要严肃看待。

第一，过分强调"党的领导"，一切以党组织和领导人的意见为圭臬，在权力得不到制衡与监督的情况下，往往出现突破既有法律规定，法律为政策服务、为领导人服务的反法治现象。"文革"教训不远，薄熙来在重庆以"黑打"方式"打黑"更值得法律人高度警惕。党的权力过分集中、凌驾于人大之上的直接后果之一，是在实践中将民权体现的各级人大，变成由内部圈定的业余、兼职代表参与其中的"橡皮图章"。在人民政协内部，党际协商民主也存在着协商制度不健全、协商意识不强、协商过程不够民主等诸多问题。所以，全面推进依法治国，关键在于党科学而又有效地依法执政。通过依法执政的丰富实践，把党建设成为善于运用法治思维和法治方式治国理政的执政党，带头守法、在宪法法律范围内活动的

[①] 林尚立：《协商民主是我国民主政治的特有形式和独特优势》，《求是》2014年第6期。

执政党，坚守宪法至上、维护法律尊严和权威的执政党，坚守人权神圣、尊重和保障人权、促进社会公平的执政党，领导、支持和监督国家机关依法行使国家权力的执政党，实现党的执政方式和执政活动的法治化。

第二，虽然就中国政治的目前发展阶段来说，协商民主比竞争性的选举民主更受到执政党的重视，也更容易在社会中得以推广，但这并不能证明协商民主可以替代选举民主，或者选举民主可有可无。一般认为，民主制度包括"授权"与"限权"两个部分，授权体现为竞争性的选举民主，人民对国家的统治离不开代表，而代表就离不开选举，所谓"权为民所赋"；限权体现为众议公决的决策民主也即协商民主，即通过政党之间、国家机构之间、中央与地方之间、基层政治中政府与民众之间的协商对话，民主决策。这两个环节中，授权是限权的基础，解决权力产生问题的选举民主是协商民主之根，过分强调协商民主或以协商民主代替选举民主，其实就是伪民主，违反了国家的人民性和人民主权原则。

第三，中国共产党依法执政所依据的"法"，包括国家法律体系和党内法规体系，这两大体系再加上社会制度体系（政治协商和基层自治制度等）共同构成了国家治理体系。但略显遗憾的是，目前国家法律体系和党内法规体系彼此间甚少有衔接机制，关于党对国家机关的领导程序，党向立法机关提出宪法修改建议和其他立法建议的程序，党委推荐、选派党员干部担任国家公职人员的程序，党委领导和监督政府和司法机关执法和司法的程序，各级党委对党的领导干部及公职人员的监督、决定程序等，均需要法律和党内法规的双重形式加以规定。在人大、政府、司法机关的工作中，也要进一步在法律上和党内法规上理顺党组与国家机构的关系，既发挥党组在国家机构中的领导核心作用，保证党的路线方针政策和决策部署得到落实，又支持人大、政府、司法机关依照宪法法律独立负责、协调一致地开展工作，确保宪法、法律、法规的正确有效实施。

第四，宪法和有关法律已经确定了法律监督制度，但尚未真正运作起来，无论全国人大常委会还是国务院几乎没有正式启动过一次审查违宪和违法的行政法规、地方性法规。至多打一个电话，或非正式地沟通一下，以"鸭子凫水"方式内部解决。所谓"改变撤销机制"基本处于闲置状态。应当清醒地看到，在市场经济、利益多元化的环境下，维护法制统一，就是维护统一、公平、有序的市场秩序；在政治上则是维护国家的统一和党的领导。当发生地方与中央、行政机关与立法机关相抵触的制度和规范时，应当把法律监督制度严肃运作起来，除应从法律制度上建立违宪审查制度外，还应启动对违反宪法法律的规范性文件"改变撤销机制"。实际操作中，可先选择某些违宪违法严重、负面影响大的典型规范性文件，予以改变或撤销，以发挥警示作用，提高各级各类机关、组织维护法制统一的自觉性，而不宜一律采用以往的"党内解决""内部协商"的办法。这是现代民主法治的应有之义。

二 权力主导型法治

从实现方式角度看，中国法治是自上而下推行的权力主导型法治。这种体制使得各种改革措施较少地受到传统价值观念、社会多元力量、现实复杂利益的钳制，能够快速实现目标，及时获取成果。众所周知，中国共产党和中央政府在改革开放和现代化建设中扮演了核心角色，自上而下的权力主导体制，使得各种改革措施易推行，比较少地受到传统价值观念、社会多元力量、现实复杂利益的牵绊钳制，能够快速实现改革目标，及时获取改革成果。

如果放宽我们的视野，考察整个东亚区域历史文化及其现代化进程，这种自上而下的权力主导型"变法改制"或者法律发展模式十分普遍，并非中国一家。远者如日本"明治维新"，近者如韩国、新加坡、印度尼西亚、马来西亚、泰国、越南以及蒋经国在中国台湾地区的"解严"，其国家治理体系的重大制度变迁基本上都是同一套路。究其原因，首先，东亚传统社会具有集权性、封闭性、等级性、家长制、官本位等特点。在从传统走向现代过程中，这些传统治理要素必然对转型中的国家权力、社会结构、组织方式、决策过程以及社会控制系统产生影响，进而总体制约着法治道路的选择和法律调整的效果。其次，东亚区域各国的（法治）现代化普遍存在以公权力为主导的"路径依赖"特征。二战之后，东亚各个新兴经济体（以韩国、新加坡、中国台湾地区等"四小龙""四小虎"为其代表）的政治运行模式大多数都奉行新权威主义（New Authoritarianism），以"开明专制"为圭臬，强调政府在现代化进程中扮演主角，其策略内涵是在政治上保持权力高度集中，通过强制性的政治整合维持秩序和稳定，同时发挥现代自由经济和市场配置资源的优势。之后的事实证明，采取这种转型策略的国家几乎都创造了举世瞩目的经济奇迹,达到了促进社会进步的目的。① 证诸日本、韩国、新加坡、马来西亚、中国台湾地区以至中国大陆、越南、柬埔寨,皆是如此。最后,新中国成立后的最大变化,就是结束了旧中国"一盘散沙"的局面,依靠执政党的组织体系和计划经济模式,将各项权力高度集中起来,由此形成一个高度集权的单一制国家。改革开放中,尽管不断向地方"放权让利"、向企业和社会组织"简政放权",但中国共产党始终保持对经济体制改革和法治改革的坚强领导,确保了中国社会朝着快速现代化、法制化方向迈进。

反过来看,这种自上而下推进的权力主导型法治模式也暴露出不少弊端:第一,纵向公权力集中过多,横向私权利缺乏保障,发挥市场作用不足。市场经济是法治经济,权力过分集中,就会使市场主体、市场关系、市场监管的法治化始终不到位、各种经济"失范"现象严重。第二,政治专制主义与理性建构主义的独断论结合,曾经对中国法制造成了巨大的灾难。第三,发扬民主不足。人民民主走形式,各种选举摆样子,并直接表现为人大制度权利虚置,无从体现人民代表大会的人民性和执政模式的民主性。第四,社会治理参与不足。社会团体、非政府组织制度空白、权力捆绑,地方特别是基层组织自治不足,新闻出版自由迟迟不能破题,宗教

---

① 作为一种政治实践,新权威主义有如下五点特征:(1) 在经济上具备明确的现代化导向;(2) 在政治上凭借庞大而有效的官僚体制及强有力的军事力量,进行自上而下的权威统治;(3) 对西方的资本与先进技术、文化采取开放的政策;(4) 在意识形态与价值观方面,新权威主义政治往往借助于传统的价值体系与符号,作为凝聚全社会成员的精神支撑点;(5) 其合法性并非立基于某种终极性的价值原则之上,而是立基于政治实效,尤其是经济发展。参见李炳烁《新权威主义、立宪政体与东亚法治转型》,第七届东亚法哲学研讨会提交论文,2008年。

信仰自由实现效果较差，公民权利的保障机制相对缺乏。第五，市民社会相对弱小，社会治理体系不健全，社会治理能力弱小，各类中间组织和公益团体尚不发达，其对政府权力的监督更是付之阙如。对于上述弊端，也许有人会反驳说过去三十多年的法制改革，并不全是自上而下推进的，也有自下而上的社会力量以及轰动性新闻事件（个案）的推动，如曾引发国内关于收容遣送制度的大讨论进而由政府颁发新法规废除收容遣送制度的"孙志刚案"等。需要指出的是，这类法律自主性的扩展和推进，基本上都是在现有政治体制和权力运作框架下进行的，其内在动力存在很大制约因素，许多自上而下的制度创新常常偏离初衷甚或改变了正常路径，致使法条主义盛行，形式主义泛滥，引领法制改革的思想观念成为扭曲的法治主义或修辞学的法治主义。①

这种法治模式在立法方面的突出问题是，过于强调维护国家法制统一，而忽视了地方立法②的特殊性和创新性，在很大程度上限制了地方立法的主动性和积极性，造成地方重复立法和特色不足。

第一，对地方立法权限限制过紧、过死，使之无所适从。典型

---

① 高全喜：《法制变革及"中国经验"》，《中国政法大学学报》2009年第2期。
② 地方立法是中国立法体制的重要组成部分，中国大陆享有地方立法权的主体涵盖31个省级立法主体（省、自治区、直辖市）、27个省会市、18个经国务院批准的较大的市、4个经济特区所在地的市，1979年至2009年10月1日，中国大陆31个省、自治区、直辖市总共制定一般地方立法和特殊地方立法约3万件。其中，地方性法规约1.7万件，全国人大法工委原副主任张春生对地方性法规发展状况评价说，"地方性法规从当地实际出发，对法律、行政法规进行补充细化，对地方的改革、发展、稳定起了很大作用"。引述和数据参见王亦君、崔丽《中国式民主的生动实践——地方人大设立常委会30年》，《中国青年报》2009年7月20日。

者如《行政处罚法》第十一条第二款规定，"法律、行政法规对违法行为已经作出行政处罚规定，地方性法规需要作出具体规定的，必须在法律、行政法规规定的给予行政处罚的行为、种类和幅度的范围内规定"。事实上，各地情况千差万别，国家法律、行政法规设定的行政处罚行为，只能是带有共性的社会危害行为。严格限定"对有社会危害性的问题只有法律、行政法规规定了才给予处罚"，各地就难以及时有效地规范和处理违法行为。这导致在实践中，地方性法规增设行政处罚和超出行政处罚幅度的现象普遍存在。尽管我国宪法和宪法性法律规定全国人大常委会有权撤销同宪法或法律相抵触的行政法规，有权撤销同宪法、法律、行政法规相抵触的地方性法规；国务院有权改变或撤销不适当的部门规章和地方政府规章，但迄今为止，这些机构没有一个行使过撤销权，没有一件地方性法规因"抵触"而被"撤销"的案例。[①] 与其对这种"违法立法"情况采取视而不见的"鸵鸟政策"，还不如区分不同情况，该撤销的撤销，该授权的授权。

第二，地方立法中存在大量"重复立法"现象。即一些地方立法在内容上甚至条文上大量重复和照搬照抄中央立法或者上位法，地方立法重复中央立法的情况，一般要占到地方立法全部条文的2/3左右，更有甚者能占到80%—90%之多。[②] "重复立法"

[①] 肖迪明、谭鹏：《关于完善我国立法权限划分的思考》，中国立法学研究会2013年年会论文。

[②] 封丽霞：《中央与地方立法关系法治化研究》，北京大学出版社2008年版，第451页，注释1。

不仅使地方立法篇幅冗长，而且一些符合本地实际的特色内容也被冲淡了。它不是创造性地运用立法资源，来解决本地迫切需要通过法律形式来解决的问题，而是造成了地方立法资源的浪费，使地方立法的大量投入归于低效甚至无效。① 究其原因，主要还是将地方立法的任务局限于根据中央立法或者上位法制定在本地贯彻落实的实施细则和配套措施这样狭隘的范围里。因而表现为地方立法不敢贸然进行自主性和创新性立法，大多数只是在中央已经进行相关立法的前提下，在中央立法设定的框架内围绕一些具体事项进行实施性立法。② 而像第十二届全国人大常委会授权国务院在中国（上海）自由贸易试验区暂时调整有关法律规定的行政审批的决定，鼓励地方创制性立法，对于加快政府职能转变，创新对外开放模式，进一步探索深化改革开放的经验，有重要的现实意义。当然，在强调和鼓励地方创制性立法的同时，也要对地方越权立法或同中央"争权"立法的现象保持足够的关注。③ 尽管学术界就越权立法有所谓"良性违法"甚至"良性违宪"的争论，但毫无疑问，保持立法统一性和地方立法自主创新的平衡，对于

---

① 游劝荣：《法治成本分析》，法律出版社 2005 年版，第 59—60 页。
② 据不完全统计，全国各地截至目前共有《教师法》的实施办法 31 部，共有《义务教育法》的实施办法 23 部，共有《消费者权益保护法》的实施办法 30 部。
③ 例如，有的地方立法在未经授权的情况下，对本属于中央立法范围的事项做了规定，例如《福建省普及初等义务教育暂行规定》中，实际上就增设了刑法的罪名，规定阻挠女学龄儿童入学的父母，情节恶劣构成犯罪的，按照虐待妇女儿童罪论处。又如，《广东省实施〈中华人民共和国消费者权益保护法〉办法》中明确规定了精神损害赔偿。而《消费者权益保护法》中并没有关于精神损害赔偿的规定。抚顺市人民政府 2000 年制定的《价格调节基金征管办法》，涉足了本应只能由中央和省级权力机关才能设定的基金和收费项目。参见崔卓兰等《地方立法实证研究》，知识产权出版社 2007 年版，第 62—63 页。

中国这样一个正处于快速发展和转型进程中的社会来说,非常必要。

三 意识形态型法治

从价值目标角度看,中国法治是追求公平正义与社会和谐的社会主义法治。中国法治之所以带有明确而浓厚的意识形态属性,同中国近代170年来的积贫积弱历史有关,同经济社会发展极不平衡的特殊国情有关,只有社会主义才能救中国,只有社会主义才能发展中国,这个真理性认识的凝结构成中国法治的底色。

毫无疑问,法治中国的建设具有明确而浓厚的意识形态属性,这是中国法治不同于西方资本主义法治的核心特质。官方文件是这样表述的:"我国的法治和依法治国,是从中国国情和实际出发,立足于社会主义初级阶段,具有中国风格、中国文化和中国特色的社会主义法治。我们走的是一条坚持中国共产党领导、人民当家做主和依法治国有机统一的法治发展道路。它同时也意味着我国已经拥有了严谨的、科学的、系统的中国特色的社会主义法治理论,有自己独立的话语体系,从而破除了西方在法治理念上的话语霸权。"[1]

公平正义是社会主义理论体系和国家制度的核心价值追求,也

---

[1] 中共中央政法委:《社会主义法治理念读本》,长安出版社2009年版。

是社会主义法治的核心价值追求。①公平正义的基本含义是：(1)国家尊重和保障人权，"给每个人他应得的"，保证所有社会成员，不论其年龄、性别、民族、地域、文化程度、职业、身份、贫富等状态，在法律地位和权利义务方面一律平等。(2)公正合理地调整利益关系，在公平正义理念和和谐精神的指导下，实现各个阶层、群体利益的最大化。(3)通过公正高效权威的社会主义司法制度，维护人民权益，让人民群众在每一个司法案件中都感受到公平正义。坚持公平正义的价值追求，就要尊重每一个人，维护每一个人的合法权益，在自由平等的条件下，为每一个人创造全面发展的机会。如果说发展经济、改善民生是政府的天职，那么推动社会公平正义就是政府的良心。②

社会和谐稳定是社会主义法治的基本任务。相对于人治而言，法治是现代文明的产物，是国家形态由传统走向现代的标志。一个不实行法治的国家不可能是现代化国家。国家主要以法律手段来治理国政和进行社会管理，社会生活的基本方面和社会关系纳入法制的轨道，国家权力的行使和社会成员的活动处于严格依法办事的状态，社会调控和管理才能摆脱随意性和特权，经济、政治、文化和

---

① 习近平总书记2014年1月7日在中央政法工作会议上讲话强调："要把维护社会大局稳定作为基本任务，把促进社会公平正义作为核心价值追求，把保障人民安居乐业作为根本目标，坚持严格执法公正司法，积极深化改革，加强和改进政法工作，维护人民群众切身利益，为实现'两个一百年'奋斗目标、实现中华民族伟大复兴的中国梦提供有力保障。"参见中共中央政法委编《社会主义法治理念读本》，长安出版社2009年版，第6—7页。

② 温家宝：《公平正义是社会主义国家制度的首要价值》，2008年3月18日，中国网（http://www.china.com.cn/2008lianghui/2008-03/18/content_12946346.htm）。

谐发展与社会全面进步才有基本的秩序保障，整个社会才能既充满活力又和谐有序，成为一个民主法治、公平正义、诚信友爱、充满活力、安定有序、人与自然和谐相处的社会。

从法制改革的实现方式角度看，追求公平正义与社会和谐的崇高价值，首先体现为经济社会法制的先行发展，私权保护和市场法律秩序日益完善，社会公益和民生立法不断发展。以改革开放三十年的立法实践为例，民商法、经济法、社会法和涉及经济管理的行政法，占全部已制定法律的80%以上，见表5—1。

表5—1　中国制定的各类法律的数量和比例（1979—2009）　　单位：件；%[①]

年份	总量	宪法及宪法相关法		行政法		刑法		民商法		经济法		社会法		程序法	
		数量	百分比	数量	百分比	数量	百分比	数量	百分比	数量	百分比	数量	百分比	数量	百分比
1979—1989	96	30	31	28	29	2	2	12	13	17	18	2	2	5	5
1990—1999	138	21	15	49	35	3	2	23	17	29	21	9	7	4	3
2000—2009	140	12	9	44	31	6	4	29	21	37	26	8	6	4	3
总计	374	63	17	121	32	11	3	64	17	83	22	19	5	13	3

中国于1979—2009年制定的全部374件法律中，宪法和宪法相

[①] 根据《中国法律年鉴》等相关数据资料制作，又参见朱景文主编《中国法律发展报告2010：中国立法60年——体制、机构、立法者、立法数量》，中国人民大学出版社2011年版。

关法律 63 件，占总数的 17%，但其所占比重下降明显，80 年代占 31%，90 年代占 15%，2000—2009 年占 9%；行政法 121 件，占比 32%，其中有很大部分属于经济管理方面的法律；改革开放以来共制定刑事实体法 11 件，只占全部法律数量的 3%；民商事立法在改革开放前 30 年只制定了 3 件，改革开放后无论在绝对数量还是在比重上都急剧增加，由 80 年代的 13%，上升到 90 年代的 17%，2000—2009 年又上升到 21%；经济法所占比重在改革开放后的上升趋势更加明显，由 80 年代的 18%，上升到 90 年代的 21%，到 2000—2009 年的 26%；社会法共制定 19 件，占 5%，其中 80 年代 2 件，占 2%，90 年代 9 件，占 7%，2000—2009 年 8 件，占 6%，最近几年增长尤其快；程序法领域共制定和修改法律 13 件，占 3%，是各部门立法中比重最小的。

其次体现为国家与社会二元结构初步建立和成熟。"国家与社会"的关系，是政治哲学与法学长期关注的经典问题。西方的讨论主要围绕"国家与 Civil society"展开，并产生诸多理论模式。20 世纪 90 年代初，市民社会理论以及"国家与社会"分析范式开始在中国学界勃兴，该理论认为中国应当自觉地为市民社会与国家之间的良性互动创造条件和基础，实现国家与社会间良性的结构性安排以及这种安排的制度化。[①] 在成就与危机中启动的全面深化改革的目标是：（1）在国家领导体制和政治制度层面，全面推进依法治

---

① 邓正来、景跃进：《建构中国的市民社会》，载邓正来《国家与社会：中国市民社会研究》，北京大学出版社 2008 年版，第 1—20 页；邓正来：《国家与社会——回顾中国市民社会研究》，载张静编《国家与社会》，浙江人民出版社 1998 年版，第 263—302 页。

国，加快建设法治中国，推进国家治理体系和治理能力的现代化，使权力运作法治化、程序化、透明化。（2）在国家与社会关系层面，党和国家从更多的社会领域中退出，依法设定国家机关的权限范围和运作方式，合理划分中央和地方事权关系和支出责任，对国家权力对社会和个人事务依法予以限制，扩大人民有效参与国家公共事务的通道，通过人民民主、宪政法治以及保障个人权利等为国家重新奠定正当性基础。（3）在社会建设层面，继续发展社会主义市场经济，建设社会主义新农村，创新社会治理，激发社会组织活力，创新有效预防和化解社会矛盾体制，健全公共安全体系，形成有序、自治与公正和谐的社会。

诚然十八届三中全会已经高屋建瓴地指出了全面深化改革的60个要点，以实现追求公平正义与社会和谐的社会主义法治。但是，这轮改革面临的困难之大、问题之多也是空前的。例如，在政治制度领域要解决权力过度集中和权力寻租（贪污腐败）问题；在政治权力与市场之间、国家与社会之间要划定边界，在缩小国家权力空间的同时推进治理能力的提高；采取合适的进程与步骤，避免重蹈苏东国家和中东阿拉伯国家"颜色革命"的覆辙，即因大规模民主化导致国家、社会失控；重组和优化国家领导体制和治理体系，维护社会总体上的和谐稳定，避免城乡之间、沿海与内地之间、不同地区和阶层之间的利益失衡与断裂；借助社会主义公有制的基础，同时推进政治民主与经济民主建设，促进政府治理和社会自我调节、居民自治良性互动，协调社会财富的初始分配和再分配，构建一个党委领导、政府主导、社会各方面积极参与的社会救助、保障、福利制度体系,实现"人"的现代化,避免官民矛盾、贫富差距、食药风险、生态危机等造成社会倒退。① 毫不夸张地说,这些危险已经成为法治中国发展乃至国家富强文明的重大挑战。

四 建构型法治

从制度形成角度看,中国法治是强调理性主义目标规划的建构型法治。国民经济和社会发展方面,有"一五"规划、"二五"规划,直到这次"十三五"规划;法制建设方面,国家关于立法、司法、执法以及普法宣传工作的五年规划和年度规划也很多、很细。这清楚地表明,中国的法治改革不是断裂、解构或者漫无目标的,而是有领导、有规划、建设性的。

从社会现代化的角度看,中国属于后发现代化国家,与许多已经完成现代化的发达国家相比,在各个方面皆有"赶英超美"的远大理想,并具体表现在经济建设和法治建设中的理性主义建构态度。这种基于"历史使命感"和"改革责任感"油然而生的理性主义建构态度,让中国的法治改革者在文件表述和政策传达时呈现出某种思辨的、教条的、唯理主义特点。它借以表明整个改

---

① 江兴景:《法治的中国语境与当代使命——国家与社会的视角》,《中外法学》2009 年第 6 期;王绍光:《安邦之道:国家转型的目标与途径》,生活·读书·新知三联书店 2007 年版,第 536—537 页;孙立平:《断裂——20 世纪 90 年代以来的中国社会》,社会科学文献出版社 2003 年版。

革进程不是断裂、解构或者漫无目标的，而是有领导、有规划和建设性的，中共中央、全国人大及其常委会、国务院、最高人民法院和最高人民检察院等政权机关均高瞻远瞩，可以制定绝佳的法制改革方案。这与其他国家（除去苏联）的情况明显不同，既不同于普通法系国家，也有别于大陆法系国家。以立法当局对法律体系的认识和实践为例，从1997年中共十五大明确提出建设"建设法治国家"起"到2010年形成有中国特色的社会主义法律体系"算，只有短短12年时间。但从上到下，从未有人对立法者从事和完成法律体系建设的能力手段产生过质疑。立法者们也确信自己经过不懈努力必将完成自足圆满的法律体系的目标——事在人为、志在必成。而按照中国立法当局对法律体系的理解——一个国家所有法律规范依照一定的原则和要求分类为不同的法律部门而形成的有机联系的统一整体，其唯有采取理性主义建构态度，才可能不仅在数量上完成拟议建成的"法律体系"，而且要实现对应由法律调整的社会生活关系的充分覆盖，同时实现法律体系内容有机整合的系统性要求。① 事实上，这种理性主义建构态度体现在立法、司法、行政执法以及普法等各个法治环节。20世纪90年代，全国人大就开始制定五年立法规划、年度立法规划；司法改革方案也以五年规划和年度计划方式公之于世；即便是司法行政部门的普法工作，也是按照中央、省、市、县、乡逐级有计划、

---

① 张志铭：《转型中国的法律体系建构》，《中国法学》2009年第2期。

分步骤贯彻实施的。①

诚然如此,这种理性主义建构的实践结果并不完美。以法律体系的建构为例,按照预先设想到2010年形成中国特色的社会主义法律体系,即便从1978年中共十一届三中全会提出加强社会主义民主和法制建设起算也只有32年,这同西方发达国家大多经历了数百年时间才形成法律体系形成鲜明反差。2011年3月10日,中国全国人民代表大会吴邦国委员长在第十一届全国人民代表大会第四次会议做报告,宣布法律体系如期形成。但仔细分析报告措辞,也只是强调基本制度、主体框架已经形成,而并非体系完备无缺。众所周知,法律体系是一个动态发展的体系,需要不断在解决实际问题的基础上完善和发展。而且,相对于政治家的宏伟决策和"纸面上"的法律法规逐步完善来说,法律思维和法治理念深入人心,法律得到全面彻底实施,法律权威真正树立才是最重要的。

再看立法规划,通说认为其"主要任务和目的在于使立法工作有计划、有步骤、有目的地进行,从而使立法工作科学化、系统化"②。有学者甚而指出,立法规划源于内生性的需求,它适应了国家或个人对制度需求的预期和理性选择。在立法资源有限的前提下,立法规划在立法需求与供给关系中可以节约立法成本,优化立法次序,寻求立法均衡,从而实现科学立法、民主立法、有序立法

---

① 中国自1986年起连续开展了六个五年普法(法制宣传教育)活动,迄今已有28年时间。考虑到中国960万平方公里的幅员、近14亿人口,这种持续的大规模普法活动已经创造出一项世界之最。

② 周旺生:《立法学》,北京大学出版社1998年版,第502页。

和有效率的立法。① 但就1991年至今全国人大及其常委会立法规划的实现率来看，具有理性主义建构风格的立法规划一直"可行性差""执行率低"、落实情况不理想。七届人大常委会立法规划（1991年10月—1993年3月），一类项目21件，已审议13件，占比61.9%；总项目为64件，已审议15件，占比23.4%。八届全国人大常委会立法规划项目中，规划一类项目共115件，已审议70件，占比60.9%；总项目为152件，已审议78件，占比51.3%。九届全国人大常委会立法规划项目中，规划一类项目共63件，已审议45件，占比71.4%；总项目共89件，已审议56件，占比62.9%。十届全国人大常委会立法规划项目中，规划一类项目共59件，已审议39件，占比66.1%；总项目共76件，已审议43件，占比56.6%。② 十一届全国人大常委会立法规划项目总共64件，其中一类立法项目49件，二类立法项目15件，实际立法中属于立法规划项目占比仅为47.62%，这说明立法规划对实际立法的影响力逐届减弱，立法规划的实施率和科学性有待提高。究其原因，主要有以下几个方面：（1）立法规划制定后，社会客观情势发生了重大变化，导致立法规划中原定的某些立法项目的紧迫性或必要性发生改变，使其不具备制定条件。（2）立法规划编制缺乏科学性，立法调研和立法预测不够，部分立法项目脱离客观实际，未经筛选和充

---

① 苗连营：《立法程序论》，中国检察出版社2001年版，第167页。
② 全国人大常委会法工委立法规划室：《中华人民共和国立法统计》，中国民主法制出版社2008年版，第325—326页。转引自李雅琴《立法规划与科学立法》，中国立法学研究会参会论文。

分论证，重点不突出，随意性较大，在编制立法规划时"盲目上马"，同时体系设计不合理，立法项目之间及立法项目和现行法律、法规之间既有交叉重叠，又有空白地带，难以立法落实。（3）立法规划缺乏制度规范，权限归属、效力等不明确，使得已制定的立法规划没有约束力，是否实施随意性很大，相关单位或部门组织实施不够得力。（4）立法规划制定和实施过程中过分强调部门和地方利益，立法"寻租"问题突出，发生利益冲突时，缺乏有效的协调机制，而实际立法中回避矛盾、避重就轻、拈易怕难，在一定程度上影响了立法规划的有效落实。[①]

五 混合型法治

从文化背景角度看，中国法治是本国传统法律文化、苏联法律文化和西方法律文化交互影响下的混合型法治。我们对这些法律文化采取了一分为二、兼容并包的态度，在此基础上形成了以马克思主义为指导，既面向世界，又立足中国；既充分体现时代精神，又继承优秀历史传统，适应现代化要求的、不断发展的有中国特色的社会主义法律文化。

法律文化泛指一定国家、地区或民族的全部法律活动的产物和结晶，也可以仅限于法律观念、意识或心理的领域。法律文化与现行法、法律实践、法律意识等法律现实有着密切的联系。当代中国

[①] 易有禄：《科学立法规划与法律体系的完善》，中国立法学研究会参会论文。

的法文化在形成和发展过程中受到多种法文化的影响。主要包括：中国传统法律文化、西方法律文化、苏联法律文化以及社会主义建设和改革过程中形成的法律文化。具体而言，清末中国社会遭逢"千年未有之大变局"（李鸿章：同治十一年五月《复议制造轮船未可裁撤折》），成为现代化道路上的后发国家，被迫全面放弃中华法系的典章制度，远学德国，近学日本，立宪修律，变法自强；新中国成立后，采取"一边倒"政治方针，全面学习引进苏联社会主义法律体系、法律思想、法学研究范式和法学教育体系；改革开放之后，又大规模地使中国法律"同国际通行规则接轨"，向欧美国家和中国台湾、中国香港地区学习现代法治的理念、制度与实践体系。与此同时，受基本国情、政治制度、经济社会发展的影响，渐次形成并不断充实扎根于本国土壤的中国特色社会主义法律文化。它是以马克思主义为指导，既面向世界，又立足中国；既充分体现时代精神，又继承优秀历史传统、不断发展的法律文化。中国特色社会主义法律文化的形成，无疑极大地促进了中国法治的进步。

过去几十年中国法律发展的一个成功经验，就是面对现代化道路、全球化浪潮、新技术革命的时代潮流和巨大挑战，积极融入世界主流法制体系，确立现代法治观念，健全法律体系，在迎接而不是抗拒中逐步调适我们自身的法制模式，构建一种回应时代需求的法治中国框架。这种融入世界、走向现代，不但排除了闭关锁国、固守旧制的僵化观念，也拒绝照搬西方的法律体系和制度模式，或者翻版苏联强调法律阶级性和专政作用的片面做法，而是对外国先进法律文化和中国传统法律文化采取一分为二、兼容并包的"扬弃"态度，既肯定又否定，既批判又吸收，在保持中国特性的前提下，积极合作，博采众长，锐意改革。①

从中国法近现代化的百年历史看，始终处在一个不断学习、借鉴、吸收、消化外国法律和外国法治经验的进程之中，其与欧美法和日本法律密不可分，是一个不争的事实。② 当前中国法律体系中的各项制度、原则和用语，许多都是从欧美以及日本移植或改变而来，只是又充分考虑到中国的国情和文化传统而有所变化，原本来自外域的法律已然成为现代中国法不可分离的重要的主体部分了。从改革开放以来的法治发展看，它也是在一个与外部世界广泛交往的过程中发展演变出来的，而不是自我封闭独自构建的。由于外部世界的刺激，与世界经济、贸易、政制、文化、军事、技术等诸多方面的全方位联系，促使我们的法制必须实施现代体系，与国际接轨。条约法、国际法、WTO规则、海洋法公约、国际人权公约等，它们都迫使我们的法制如同我们的社会一样，全方位地开放，走向世界，参与国际事务的规则制定，既捍卫国家利益，又维护世界和平，这是一个成熟的大国法制的姿态。尽管我们的三十多年法制变

---

① 冯玉军：《法律与全球化一般理论述评》，《中国法学》2001年第4期。
② 何勤华教授认为，"中国近现代法的基干，并不是中国传统社会的法律，而是外国法，主要是西方法。法律移植是中国近现代法发展的一个基本历史现象"。详细参见何勤华、李秀清《外国法与中国法——20世纪中国移植外国法反思》，中国政法大学出版社2002年版。另外，贺卫方在《比较法律文化的方法论问题》中指出："现代中国法律制度的概念分类、结构、司法机构设置乃至法律教育模式等均是从西方学来或自日本'转口'而来。"（《中外法学》1992年第1期）张乃根在《论西方法的精神——一个比较法的初步研究》（《比较法研究》1996年第1期）中指出："自清末民初，除了在一个不太长的时代，中国一直面临着西方法的移植问题。"

革还不能说塑造出一个从容的大国政制,但它表现出来的面对世界的开放性,以及实现出来的促进中国走向世界的法制路径,不失为中国经验的一个表征。① 需要指出的是,中国法治的"混合型"表征,不仅在立法、司法、执法、守法等各个法治环节,而且在法学教育、法律研究、法律职业和法律观念等各个方面,都能得到充分印证。仅以法学高等教育为例,目前的法学教育课程体系,基本上就是以苏联社会主义法系为基调,以大陆法系公认的部门法划分为主干,以英美法系的特色法律领域和法教义学为前沿,再辅之以中外法律思想史、制度史,共同为法科学生描绘(拼凑)的一幅色彩斑驳交错混搭的学术油画。

然而,坦率地讲,这样一种"古今"与"中外"冲突打架、时空交叠的混合型法治(文化),既包含不少特殊优势,也存在很多不利因素,需要谨慎对待。上述法律文化并非内在融贯、并行不悖,其间一定有许多不相适应和彼此冲突之处。例如,传统法律文化中的等级制度、神判报应、清官意识同现代法律文化中的主体平等、程序正义、客观证据思想,苏联法律文化强调党权至上,注重法的阶级性和专政功能,西方法律文化则强调分权制衡、选举民主和个人权利。这些内在的矛盾冲突,既表现在价值理念层面(如情理法的矛盾、主权与人权的冲突、国家主义与自由主义的冲突、集体主义与个人主义的冲突等),也存在于法律规范层面,自然也糅

---

① 朱景文:《全球化条件下的法治国家》,中国人民大学出版社2006年版;朱景文:《比较法社会学的框架和方法——法制化、本土化与全球化》,中国人民大学出版社2001年版。

杂在丰富的法律实践和个案操作当中。

六 开放型法治

从法治格局角度看，中国法治是"一国两制三法系四法域"的开放型法治。不同政治法律制度和思想观念在实践中相互摩擦、冲突、博弈、协调，使中国成为法律全球化的伟大实验室，也给世界带来了法系融合、趋同的生动样本。

"一国两制"是中国共产党为解决祖国大陆和台湾和平统一的问题以及在香港、澳门恢复行使中国主权的问题而提出的基本国策。即在中华人民共和国内，大陆坚持社会主义制度作为整个国家的主体，同时允许台湾、香港、澳门保留资本主义制度。从法律角度看，在统一"中国"管辖的四个区域，存在"三个法系四个法域"，即中国大陆属于社会主义法系，施行中国特色社会主义法律制度；香港特别行政区原有的法制是从英国留传下来的普通法法制，其在殖民时期又有独特的法律发展；澳门特别行政区受其原殖民宗主国葡萄牙的影响，属于大陆法系的拉丁一支；台湾地区施行的法律传统上受到德国、日本法的影响，二战之后则受美国法影响甚深。因此，中国是一个"复合法域"或"多法域"国家。

难能可贵的是，这四个法域之间法律制度相互冲突、相互博弈、协调融合的过程，为三大法系及其法律制度的融合、趋同提供了珍贵的实验模本。中国是法律全球化的天然"实验室"，举凡立法体制、司法体制、监督体制、反腐肃贪体制、警察体制以及各种法律规范设计、机制运转和案件审理等各个层面，"两制度三法系四法域"都形成了鲜明的对比，可以相互借鉴学习。① 目前两岸四地在这方面已经建立了很多沟通平台，取得了很好的效果。

但同样不可否认，由于两岸四地政权和民众对一些涉及基本价值、法治理念、体制模式的基石性问题尚存在差异性认识，一些原本存在的矛盾冲突反而愈演愈烈，某种程度上阻碍了彼此融通。作为一个复合法域国家，四个不同地区的法律制度存在各种各样的矛盾冲突，彼此间日益紧密的经济文化和政治联系必将进一步加剧这种矛盾冲突。② 仅以全国人大常委会解释香港基本法引发的广泛争议为例，几个释法案例中最具代表性的是居港权案。1999年1月，香港终审法院裁定所有香港永久居民在内地所生的子女均拥有居留权。香港政府估计会有167万人来港，故行政长官提请人大常委会解释基本法。人大常委会通过关于基本法的解释，指出只有在出生时，父或母已成为香港永久居民的内地子女，才可拥有居港权。而有关申请必须在国内申请，同时，释法亦宣布将单程证与居留权证

---

① 例如，有学者指出，大陆、台湾、香港、澳门四个法域之间在死刑政策和立法、司法上是不一致的。然而这种冲突不仅不会成为废止或者限制死刑的障碍，反而会成为一种促进。参见卢建平《"一国两制三法系四法域"语境下中国死刑废止前景展望》，《法学杂志》2009年第10期。

② 如2014年台湾地区学生以反对签署"两岸服务贸易协定"为名，占领"立法院"。围绕着香港部分民众掀起"占中公投"运动，香港和内地均出现了批评声音。但针对2014年7月24日《环球时报》社评标题《香港非法公投人再多，也没13亿人多》，香港特首梁振英也郑重表示不同意这种讲法，不能把香港人和全国人民对立起来。

明书重新挂钩。该释法遭到香港法律界的强烈反对。[1] 这些冲突对香港的法治和法律文化都产生了重大影响。从法律文化角度观察，基本法释法使香港比较统一的法律文化出现了赞成或反对人大常委会释法的二元法律文化，造成意见对立、政争不断。

七 渐进型法治

从制度运行角度看，中国法治是先易后难、稳步推进的渐进型法治。法治实践中，从中央到地方，从科学立法到司法改革，都审慎拟订改革方案，防范改革风险，渐次实现改革目标。

作为改革开放的总设计师，邓小平有过这样的论断："改革是中国的第二次革命。……我们的方针是，胆子要大，步子要稳，走一步，看一步。"[2] 改革就是难事。每项改革都是人们利益的重新调整，都会受到既得利益者显性或隐性的反抗。在过去三十多年的法治变革当中，中国政府和民众恰当地发挥了传统的实践理性精神，没有强行突破改革开放前初步定型的路线政策、法律制度，而是通过"放权让利"，鼓励人民群众的创新精神，大打"擦边球"、大搞"增量改革"。

---

[1] 普通法与基本法（基本上属于大陆法）的冲突，具体体现在以下几个问题：（1）行政长官是否有权向全国人大常委会提请释法；（2）若行政长官有权提请全国人大常委会释法，但他应否动用该权力去启动人大常委会释法程序；（3）应否使用普通法原则解释基本法；（4）释法的定义。

[2] 邓小平：《改革是中国的第二次革命》，载《邓小平文选》第3卷，人民出版社1994年版，第113—114页。

所谓"先易"和"后难"其实都是相对的。无论经济体制改革、政治体制改革、文化体制改革还是法治改革，都是一个相当长的、复杂的历史过程，或者说是一项系统工程，实际改革（制度变迁）当中，总应该明确目标，尽快组织专门班子，对改革方案进行系统研究和设计，细分成许多个改革单元，一个一个、一步一步地解决、推进。有些事比较简单，可以马上办，例如反腐败交给执政党的纪律检查委员会、人民检察院和政府监察部门，信访交给司法行政部门，这样小步快跑、不停步地改革，最终效果还不错。根据经验观察，这种策略可以有效避免改革走过场或者"大呼隆"式改革，还能避免欲速不达、陷于失败的情况。

当然，这种做法在实践中并不总能收到好的效果。在改革开放初期，法治基础缺乏、法律体系尚不完备的条件下，我们提出了"摸着石头过河"①的总体思路，先探索实践、试点试验，改革成果经过检验后，再通过立法予以确认，这是立足改革的复杂性与推动工作的稳妥性平衡的结果，体现了风险较低、容易实施且极为有效的改革哲学。三十多年来，正是通过"摸石头"，我们才跨过一条

---

① "摸着石头过河"这句话最早由陈云提出。1950年4月7日，陈云出席政务院第二十七次政务会议。在发言中指出："物价涨不好，跌亦对生产不好。上月物价跌了百分之五，对此要先收后放，先少后多，使物价先跌后涨。要摸着石头过河，稳当点好。"1980年12月16日，陈云在中共中央工作会议开幕式上又强调，"我们要改革，但是步子要稳。因为我们的改革，问题复杂，不能要求过急。改革固然要靠一定的理论研究、经济统计和经济预测，更重要的还是要从试点着手，随时总结经验，也就是要'摸着石头过河'。开始时步子要小，缓缓而行。这绝对不是不要改革，而是要使改革有利于调整，也有利于改革本身的成功"。在不同的历史发展时期，基于发展过程的稳妥性与改革进程相互平衡的需要，国家领导人也提出过"摸着石头过河"的思想，以指导国家整体的改革进程。

又一条的改革"大河",取得了改革的成功,为世界提供了中国发展的经验。然而,任何事物都有两面性,随着时空的转换和社会的发展,为适应特定历史背景而产生的改革哲学的局限性也逐渐暴露出来,原来具有的积极一面可能会逐渐消退,而消极的一面却越来越明显。

依笔者之见,其消极方面表现在两个方面:第一,改革中一味埋头拉车,不去抬头看路,发现"石头(困难)大了就绕着走"。回避紧迫的矛盾和困难,却积累了大量后患及矛盾,错过了立法和法治改革的最佳时机。例如,《劳教条例》这样一项行政法规制定出来就是五六十年,到后来其不利于人权保障的一面愈演愈烈,却迟迟未能下决心废除,一直到2013年十八届三中全会才决定废除。再比如关于计划生育的规定,中国自1980年开始实行一胎化生育政策,当时声明30年后政策可以做相应改变。尽管有专家从人口学、经济学、历史学、社会学、统计学、遗传学、法学、医学等多角度对该政策予以反思和批评,[1] 但由于制度惯性等多方面因素的阻碍,直到2013年才正式推行"单独二孩政策",即一方是独生子女的夫妇可以生育两个孩子。还有像新闻法、出版法、宗教法等,依照宪法关于公民权利与政治权利的规定,理应单独立法,但执政集团中总有人患得患失,导致这些立法迟迟出不了台。不仅贻误了大好时间,也留下不少人权保障方面的缺憾。

---

[1] 穆光宗:《中国人口转变风险前瞻》,《浙江大学学报》(人文社会科学版)2006年第6期;易富贤:《大国空巢——走入歧途的中国计划生育》,中国发展出版社2013年版,第13—14页。

第二，改革与法治长期处于紧张状态，在一定程度上损害了法律的权威性，并导致"改革就是要突破现有法律"的认识误区，一些人打着改革的旗号理直气壮地绕开法制，甚至冲击法治。随着中国特色社会主义法律体系的形成和各方面制度体系的成熟，我们有条件也有必要从政策推动改革转变为法治引领改革，实现改革决策与立法决策的协调同步。立法不仅仅是对实践经验的总结，更要通过立法转化顶层设计、引领改革进程、推动科学发展；立法不仅仅是对实践的被动回应，更要对社会现实和改革进程进行主动谋划、前瞻规划和全面推进。①

有宪法学者提出"摸着石头过河"方式在宪法与改革关系上带来如下负面作用：（1）国家决策与改革思路上，目前仍依赖于频繁的"改革""顶层设计"，习惯于"摸着石头"的方式推进改革，缺乏国家发展的稳定目标与方向性。在已经有具体制度设计，特别是宪法和法律已经明确规定国家改革路线图的背景下，有时我们不愿意通过法治路径推动改革，宪法和法律在整个改革进程中未能成为主流的思想来源，"领导批示""领导小组"等法治外模式仍发挥着重要作用，甚至出现了国家治理中的二元规则。（2）"摸着石头过河"的价值内涵被滥用，导致改革成本的提高。有些地方以"摸着石头过河"为借口，不顾客观规律，不计成本，大拆大建，盲目造城，不但劳民伤财，而且浑水摸鱼，趁机中饱私囊。有些人在改

---

① 王乐泉：《从摸着石头过河走向法治引领改革》（2014年9月4日在第九届中国法学家论坛上的讲话），中国网（http://news.ifeng.com/a/20140904/41866718_2.shtml）。

革开放的过程中,不顾国家的核心利益与价值,摸着了一块对自己有利的"石头",便停下脚步,宁愿继续"在河里摸石头"也不愿"过河"。还有一些人已经"摸到正确的石头过了河",却不愿与后面的过河之人分享经验,独占改革成果,忘记了改革的目标是"共同富裕";更有甚者,忘记了"摸石头"的目的是到达"彼岸",摸着摸着就倒退回原来的"老路"上去了,坚持"左"的一套,不愿意失去既得利益,表面上看似乎是坚持"马克思主义",实质上背离了马克思主义的基本思想,固守着保守、落后的观念与行为方式。(3)容易导致"改革"的庸俗化,无法为国家生活确定稳定而可期待的规则。改革是十分严肃的概念与话语体系,是目标与过程的统一。那些不利于社会发展的观念、机制、体制与制度是需要改进的。但是,任何一种改革都基于特定的价值与正当性的考量,如为什么改革,如何改革,哪些领域改革,如何保证改革的正当性,如何评价改革的效果等问题涉及改革本身的界限。其实,改革是需要论证的,需要提供有说服力的理由。但片面理解"摸着石头过河"时,我们无法坚持改革的正当性,甚至出现以"改革"的名义破坏社会规则,民众通过所谓的"改革"失去了正当利益,所享受的实际利益不如改革前的状态。(4)"摸着石头过河"的滥用也带来了宪法虚无主义和人治的思维模式。实际上,1982年宪法为改革开放设定了明确的制度与程序保障。从国家的指导思想到基本制度,国家与公民、社会之间的关系,国家机构的职权与运行程序等做了明确规定。三十多年来,中国根据宪法制定了240多件法律,700多部行政法规以及大量的地方性法规与规章。"过河"所需要的

"石头"的确不少,如我们严格遵循宪法和法律规定的"路线图"可以完成国家建设的基本任务,不必推动所有领域的改革,完全可以通过法律和制度权威推动改革的进程,也许这种治理模式更加稳固并具有效率,但法治有时无法控制"改革"本身,人治的思维模式借"改革"之名重新抬头,甚至有些领域已经形成"以人治推动法治"的局面,甚至给人一种"法治正在倒退"的感觉。因此,当下的正确选择应该是,寻找更可靠、更稳定同时更安全的"石头",设定改革的界限,以法治思维和方式思考"过河"的路径。换言之,应该以宪政坚固宪法制度,顺着宪法过河,遵循宪政精神,实现从"摸着石头过河"向"摸着宪法过河"的飞跃。[①]

八 学习型法治

从绩效评估角度看,中国法治是注重实验与推广,以点带面的学习型法治。法治改革的实际过程是:反复试验,不断学习,抢抓机遇,持续调整,从而极大地消解了法律保守性与创新性之间的矛盾。这种充满了实验主义精神的做法可被形象地概括为"摸着石头过河",这既是法治实践的突出经验,也是我们的建政和执政经验。

法治是规则之治,法律是一种能建立确定预期的正式制度,其主要功能在于建立和保持一种可以大致确定的预期,以便利人们的相互交往和行为。中国过去三十多年制定政策和法治改革的实际过

[①] 韩大元:《"摸着石头过河"不如"摸着宪法过河"》,《财经》2013年10月14日版。

程是：反复试验、不断学习、抓住机遇、持续调整。这种情形可以形象地概括为"摸着石头过河"的实事求是精神，本质上也是一种中国式实用主义。即为了灵活应对外界的不确定性，行为主体必须不断尝试各种方法、步骤和组织机构，以适应具体环境，从而找出与可行性成本相符的适用政策。这是在理性主义建构前提下采取有机的、试错的、缓进的发展模式，从而导致中国具体的改革试验很少具有整体配套改革的特征，而更多的是一种分期分批的改革过程，这种做法的好处不在于统一性而在于开放性，意料之外的、试验性的政策解决方案一旦出现就被立刻抓住。从中国当代的法治实践看，法律试行是消解法律保守性与创新性之间张力的有效办法。如同有些外国人难以理解中国改革将经济中的大胆实验与政治上的稳健发展巧妙结合起来一样，在必须具有能对抗事实变更的预期稳定性的法律领域中，充满了实验主义精神，是中国法制改革中的特点和优点。法律试行，在内容上包括立法、司法、执法几大领域，形式上则包括法律试行、暂行和区域（单位）试点多种办法。从经济学角度看，由法律试行而发生的法律创新主要是法律主体"边干边学"的经验积累过程，它可以汲取经由反复试错的学习收益、反思收益、决策主体多元化收益、体系化和日常化收益等。[①]

以立法为例，如果从1949年公布的海关总署试行组织条例及1950年公布的契税暂行条例算起，法律试行在新中国已经存续了60多年。数以百千计的试行、暂行法律法规，特区立法、特别行

[①] 冯玉军：《法经济学范式》，清华大学出版社2009年版，第七章第四节"正式法与试行法"。

政区立法以及刚刚开始推进的中国（上海）自贸区立法，构成了波澜壮阔的法治实验运动，其效果是非常显著的。但需要指出的是，法律试行及其关联现象也可能引起法治变革的如下矛盾和紧张关系：第一，在法律的变与不变、创新与保守、稳定性与灵活性之间存在着深刻的矛盾：既要紧跟时代的脉搏，进行必要的和有效的法律创新（改革），又必须避免因法律试行或者频繁地"修改完善法律法规"而难以建立法律的预期和权威，甚至破坏本来法律所要保证的已经建立的社会预期。大量试行法在给人以除旧布新印象的同时，其多数只开花不结果，迟迟不具有确定的法律效力，在社会公众不能对其准确评价时，法律试行只会造成人们观念上的混乱。[①] 第二，为适应社会根本性变革的需要而颁布的试行法律，常常引起上下位之间、平位法律效力关系的紊乱。例如，中国地方性破产法规和国有企业破产法（试行）公布时，国营企业法和公司法均未制定，相关配套措施也不到位，导致企业改革中的债权债务机制改革严重滞后，经济效益不能依法实现。有时因法律试行还会发生违宪问题，例如中国宪法（1982年）曾经禁止土地使用权转让，但时至1988年4月七届全国人大通过关于土地使用权的宪法修正案，以深圳特区为代表的一些省市允许土地使用权转让的法律条例却已经生效了很长时间。第三，法律试点地区（如经济特区、沿海开放城市、计划单列市等）或单位内部的权利义务关系与其他地区不同，同一种行为产生不同的法律后

[①] 有些暂行法律的实施期限长到超出一般预想的程度。例如1951年6月8日公布的《保守国家机密暂行条例》至1988年实施了37年之久。

果，往往导致人们利于地区差异合法"寻租"。这种人为的不公平以合法的形式存在，对于法律的尊严具有挑战意义。加之由于社会过程具有不可逆性，法律试行的错误就会产生深刻持久的不良影响。第四，法律的成熟与完备总是相对的，试行措施在实践中往往具有长期化和固定化的倾向。如果不能从法理上予以清晰解释和说明，或者从制度上（主要是立法法、行政法规制定程序条例、规章制定程序条例等程序性法）加以解决，当法律试行成为恒常性制度时，规范的安定性和可预测性必然减损。第五，法律试行的主体（即立法者）是权力机关的"委任立法者"，实践中常常是由国务院及其所属各部委担纲，由行政机关制定的各种暂行条例和试行法规约占试行法律总数的95%以上。因此，试行法律在实践中往往还具有部门化、本位化和垄断化的倾向。许多试行规定在立法之初，就深深地打上了行政干预的烙印，其典型表现是试行规章中的强行性规范条款数量远多于任意性规范，管理性规范条款远多于平权性规范。从而出现了地方立法只强调地方利益，行业立法只强调行业企业效益而不管不顾国家整体利益和公民利益的局面。第六，法律作为具有普遍性和强制性的行为规范，要求逻辑上首尾一贯和效力上范围明确，否则在适用于具体案件时就会遇到无所适从的困难。法律试行通过授权立法、暂行措施和正当性追认等技术手段来缓和上述紧张关系，是可行的，但仍不充分。立法和法律试行的权限划分及程序步骤应该进一步立法使之合理化、制度化，在规则变更和规则不完备的情况下，法律系统就会失去其自我依据的完整性。此外，有必要完善发现、补充和修改具体规范的法律解释，而后者是以法官的良好职业素养和独立审判为前提的。①

就上述八个模式特征而言，我们既能从中看见中国法治建设的卓越成就和巧妙经验，又会发现其与生俱来的危机与困难。在中国全面建成小康社会进入决胜阶段，我们必须以五中全会精神为指导，深刻认识创新在国家发展全局中的核心位置，运用法治思维和法治方式推动发展，加强党对立法工作的领导，加强法治政府建设，深化司法体制改革，推动法治建设工作在创新中发展，不断迈向新的水平。

◇◇ 第二节 法治中国的实现原则

无论采取什么样的法治改革举措，无论创新出何种法治理论，要实现全面依法治国所规划的建设法治国家和法治体系的总目标，都必须始终坚持五个基本原则，即坚持党的领导、坚持人民主体地位、坚持法律面前人人平等、坚持依法治国和以德治国相结合、坚持从中国实际出发。其中，党的领导是核心、人民主体是关键、法律平等是保障、法治美德是基础、中国实际是条件，五者相互关联、相互补充、缺一不可。

---

① 冯玉军：《法经济学范式》，清华大学出版社2009年版，第七章第四节"正式法与试行法"。

一　坚持中国共产党的领导

党是全面依法治国的领导核心。坚持党的领导所要解决的是全面依法治国的政治前提问题。深刻认识党的领导在全面依法治国中的历史地位、现实意义、实践方式，既是中国当代法治成败得失的关键，又是党的事业兴旺发达的关键。

在全面依法治国的伟大实践中，坚持党的领导是一条必须坚持的首要原则，在任何时候、任何情况下都必须把党的领导置于法治实践的头等地位，时刻把握党的领导对全面依法治国的"最本质"属性和"最根本"价值。这既反映了历史规律性，又具有现实合理性和合法性。必须时刻保持清晰的头脑，坚定不移地在党的领导下建设中国特色社会主义法治体系，与时俱进地完善党对法治的领导，强化党对法治体系建设的各领域、诸环节实行全方位领导。

党的领导也是中国特色社会主义制度的最大优势，也是实现国民经济和社会发展持续健康发展的根本的政治保障。具体表现在法治方面，就是要把党的领导贯彻到依法治国的全过程，关键是要落实党领导立法、保证执法、支持司法、带头守法的"十六字"方针。

由于党既是领导的政党，又是全面推进依法治国的一个重要的主体，因此必须坚持党依法执政、依宪执政。依法执政，既要求党依据宪法法律治国理政，也要求党依据党内法规管党治党。具体而言，要求：（1）坚持依宪执政；（2）完善党委依法决策机制；

(3)加强党内法规制度建设;(4)提高党员干部依法办事能力,特别是增强领导干部运用法治思维和法治方式推动发展、促进改革、化解矛盾、维护稳定的能力。

二 坚持人民主体地位

人民是全面依法治国的主体力量。坚持人民主体地位所要解决的是全面依法治国的治者与被治者之间的关系问题。这个问题以往一直没有得到有效的解决,正如《荀子·君道》所言:"法者,治之端也;君子者,治之源也";《管子·明法解》指出:"法度者,主之所以制天下而禁奸邪也","以法治国,则举措而已";《孟子》强调:"劳心者治人,劳力者治于人。"这显然是把君王、公权力执掌者与百姓、人民之间的关系看成本源与派生、治者和被治者的关系,在根本上颠倒了法治的主客体关系。坚持人民主体地位,对全面依法治国、建设法治体系具有重大意义,其根本目的就是科学而清晰地回答人民在法治中的主体地位,始终坚持法治建设为了人民、依靠人民、造福人民、保护人民,以保障人民根本权益为出发点和落脚点,保证人民依法享有广泛的权利和自由、承担应尽的义务,维护社会公平正义,促进共同富裕;充分发扬民主,保证人民在党的领导下,依照法律规定,通过各种途径和形式管理国家事务,管理经济文化事业,管理社会事务,让法律为人民所掌握、所遵守、所运用。坚持人民主体地位具有深刻的政治意义,体现出高度的党性原则。

首先，坚持人民主体地位是由我们国家的基本性质所决定的。人民群众是推动国家建立和发展的根本力量，实现好、维护好广大人民的利益是我们国家和政权的根本目的。中国的国体是人民民主专政，政体是人民代表大会制，其本性要求发展人民民主，维护社会公平正义，保障人民平等参与、平等发展权利，充分调动人民积极性、主动性、创造性。

其次，坚持人民主体地位是全面推进依法治国的题中应有之义。早在1997年，党的十五大报告当中，就确立了中国特色社会主义法治的内涵是人民群众当家做主、依法治国和党的领导三个方面的有机统一。2014年召开的党的十八届四中全会，进一步确认了建设中国特色社会主义法治体系，建设社会主义法治国家必须坚持中国共产党的领导、坚持人民主体地位、坚持法律面前人人平等、坚持依法治国和以德治国相结合、坚持从中国实际出发五个原则。

最后，坚持人民主体地位是发扬社会主义民主的必然要求。就民主和法治的关系而言，民主是法治的基础和前提，法治是民主的体现和保障；就人权和法治的关系而言，尊重和保障人权和公民权利是法治国家和法治社会的基本特征，也是建设法治中国的强大动力。形成完备的法律规范体系的前提是建构比较齐备的公民法律权利体系。

三　坚持法律面前人人平等

平等是社会主义法律的基本属性。坚持法律面前人人平等所要解决的是全面依法治国的价值准则问题。任何法治总是与特定的价值形态、价值观念、价值准则融为一体的。社会主义法治体系建设，在实质上就是为了通过法治制度规范确立和维护社会主义的公平正义这一价值原则，以确保法治的社会主义性质。这一原则要求，任何组织和个人都必须切实尊重和自觉维护宪法法律的统一、尊严和权威，始终在宪法法律范围内活动，依照宪法法律行使权力或权利、履行相应的职责或义务。把平等性从各种价值属性当中抽取出来作为中国特色社会主义法治的基本原则，有其鲜明的针对性，即针对特权思想、特权人物、特权阶层，针对权大于法、钱大于法、情大于法。坚持法律面前人人平等，必须旗帜鲜明地反对任何人以任何借口、任何形式以言代法、以权压法、徇私枉法，尤其是要以规范和约束公权力为重点，加大监督力度，做到有权必有责、用权受监督、违法必追究，坚决纠正有法不依、执法不严、违法不究现象。

四　坚持依法治国和以德治国相结合

如前所述，全面依法治国有以下意义和内涵：（1）全面依法治国是建成社会主义法治国家、发展社会主义政治文明的生动体现和创新实践。（2）全面依法治国是完善和发展中国特色社会主义制度伟大实践的重要内容，是全面建设中国特色社会主义法治体系的必由之路。（3）全面依法治国是通过提升党依法执政的能力、巩固党的执政地位的基本途径。（4）全面依法治国是通过推进国家治理体系和治理能力现代化、法治化，巩固国家长治久安、确保人民安居乐业、维护社会公平正义、全面建成小康社会的必由之路。（5）全面依法治国是增强中国在全球治理中的法治话语权、实现中华民族伟大复兴中国梦的根本保障。

法律是外在的道德、道德是内心的法律。坚持依法治国和以德治国相结合所要解决的是全面依法治国的精神动力问题。社会主义法律与社会主义道德具有共同的价值取向和理念内涵，全面依法治国、建设法治体系，必须坚持一手抓法治，一手抓德治，大力弘扬社会主义核心价值观，弘扬中华传统美德，培育高尚的社会主义道德情操。国家和社会治理需要法律和道德共同发挥作用，既重视发挥法律的规范作用，又重视发挥道德的教化作用，以法治体现道德理念，强化法律对道德建设的促进作用，以道德滋养法治精神，强化道德对法治文化的支撑作用，实现法律和道德相辅相成、法治和德治相得益彰。

五　坚持从中国实际出发

中国实际是全面依法治国的现实基础。坚持从中国实际出发所要解决的是全面依法治国的实践条件问题。任何法治制度与法治实践总是与特定的社会实际和国情结合在一起的，中国的法治建设必须从中国国情尤其是法治国情出发。中国是世界上文明发达最早的国家之一，法制文明是中国古代文明的重要构成和明显标志。例如，注重法律的人文精神，强调以人为本，以民为本，社会和合；注重礼法互补，强调明德慎刑；注重法律的教育功能，主张以法为教，强调法律的任务不仅是"禁暴惩奸",而且要"弘风阐化",仁义礼乐者皆出于法等。要实现全面依法治国的总目标,就要在充分认识中国国情和实际的大背景下加强法律文化研究,细心梳理和认真甄别中华法律文化传统,并在此基础上合理地吸收。同时,西方法治文明是人类法治文明的一部分。诸如依法而治(法治国)、权力制约、人权保障、法律平等、契约自由、罪刑法定、正当程序等法治理念,反映了人类治理国家和社会的智慧和经验,反映了人类社会法治文明发展的一般规律,具有普遍意义。在建设中国特色社会主义法治体系中,我们应当认真分析西方法治文明要素并理性地借鉴其合理成分。在全球化时代,我们还要有全球意识、全球视野,统筹国内和国际两个大局,处理好国家治理与全球治理的辩证统一关系。必须牢记,法治中国建设绝不能脱离中国实际,更不能盲目地照搬照抄西方国家的法治模式。

◇◇ 第三节 结语

英国哲学家伯特兰·罗素在1928年所著《怀疑论》中曾说过:"中国是一切规则的例外。"也有人转述黑格尔曾说:"中国是一切例外的例外,西方的逻辑一到中国就行不通了。"(经查黑格尔《历史哲学》没有这样的话语。)我们且不去管他是否在刻意贬低中国,他至少提醒我们,在中国进行法治建设,其困难不是构建西方式法治的困难。由于问题、语境和背景的"例外",中国既无必要也不

第五章　中国法治的模式特征和法治中国实现

可能建成西方式的法治而只能建成中国式的法治，也即法治中国。

诚然我们说，法治（Rule of law）作为一种国家治理模式，它是社会文明发展到今天最能体现全人类价值追求、协调处理社会关系、配置社会资源、维护社会秩序的一整套制度体系及其实践。但就其起源和各国的实践来看，它又是一种"地方性知识"，从来没有统一的标准和模式。时至今日，不仅当代西方各国运行中的法治已同古希腊罗马传统大相径庭，而且各国之间的法治也基于不同国情、历史传统和特殊社会背景，存在很大差异。近代以来，欧美国家逐渐发展出不同的法治模式：英国"法的统治"（Rule of law）模式、德国"法治国"（Rechtsstaat）模式、法国"合法性"（Legalite）模式、美国的宪政分权法治模式。以美国法治模式为例，随着20世纪以来"美国霸权"的持续影响，世界各国唯美国式法治马首是瞻。美国宪政分权法治模式的特点是：（1）制宪行宪，努力维系国家主权和法治统一。（2）主权在民，以保障公民权利和自由为宗旨。（3）权力分立制衡。纵向上，中央与地方对等分权的联邦制；横向上，强调立法、行政和司法的分权制衡。（4）实行违宪审查制度，通过普通法院，维护公民宪法规定的权利和自由。尽管大家都赞赏美国人将法治理解为保护人权、实现自由、限制权力、诉讼救济的一整套实体与程序兼备的制度和实践体系，但若要简单照搬美国式法治到中国，显然不行。

笔者认为，任何现实而良善的法律都是在实然和应然中找寻和谐与平衡。除了前文已经提及的重要建议外，未来法治中国建设与发展的任务还有：政府权力运作公开透明、信息公开；积极吸纳、整合本土资源，实现中华法制创新；法律规则及其运作必须与本土生活相适应；法律制定和实施必须有助于实现基本人权；平等保护公民、法人的财产权利和人身权利；避免意识形态干扰，推进具体法治；彼此靠拢，避免政治家的法治决策和学术研究和建言方案相互脱节。这样的法治，应该是一个开放的、民主参与的、不断试错的法治，是多元统一、合理均衡的法治。

只要我们脚踏实地，坚守法治理念和法治精神，总结和吸取过去30多年民主法治建设的经验教训，就会为共和国法治发展的第二个60年奠定坚实的基础，开启美好的未来。